조선시대 여성들의 연애사

조선시대 여성들의 연애사

초판 인쇄 2023년 12월 15일
초판 발행 2023년 12월 20일

지은이 변원종
펴낸이 이찬규
펴낸곳 북코리아
등록번호 제03-01240호
주소 13209 경기도 성남시 중원구 사기막골로 45번길 14
우림라이온스밸리2차 A동 1007호
전화 02-704-7840
팩스 02-704-7848
이메일 ibookorea@naver.com
홈페이지 www.북코리아.kr
ISBN 978-89-6324-308-5 (03910)

값 19,000원

조선시대 여성들의 연애사

변원종

북코리아

작가의 말

이 책은 연애소설이 아니라 조선시대에 생존했던 여인들의 연애 실화이다. 당시에는 입이나 글로 거론하기조차 어려웠던 연애사가 시대의 변화에 따라 자연스럽게 풍자가 되었다. 세상은 '변화'를 기본으로 한다. 세상에 변화하지 않는 것은 존재할 수 없으므로 변화를 기본으로 세계를 관찰하고 인간의 삶을 인도한다.

『주홍글씨』는 청교도 목사 딤즈데일의 죄책감과 그와 간음한 헤스터의 순수한 마음을 대비시켜서 17세기 미국 청교도들의 위선에 대해서 말하고 있다. 간음한 헤스터에게 'A'라는 붉은 낙인을 찍는다는 설정에서 붉은 낙인 주홍 글씨는 인간을 얽매는 굴레를 뜻한다. 즉 한번의 잘못에 대해서 영원히 지워지지 않는 낙인 같은 것이다.

이 책이 처음 출판되었을 때는 모든 사람이 절대 읽어서는 안 될 금서였다. 그런데 지금은 모든 사람이 읽어야 필독서로 권장되고 있다. 바로 사회의 변화에 따라 인간의 사고 단위도 변화했기 때문이다.

우리는 문명의 발전으로 변화로 가득한 시대에 있다. 이러한 시대적 변화에 인간다운 삶을 위한 참된 가치판단은 어디에서 찾아야 할까? 우리가 진정으로 찾아야 할 핵심은 현상 속에 숨어 있는 변화의 본질이다. 그것은 겉으로 드러난 현재의 모습이 아니라 현재를 만든 과거의 전통이나 사상의 흐름을 고찰하는 가운데 발견할 수 있다.

근대 이후 사회의 도덕 규범에서 전통적인 정절 관념은 근본적으로 변화를 가져오게 된다. 부녀자가 이혼하거나 남편을 잃었을 때 재혼하는 일은 관념적으로나 도덕적으로 모두 합리적이고 이성적 판단이 되었으며, 이는 부녀자의 여성 해방에 중대한 의의를 갖는다.

그러나 역사적인 입장과 윤리적인 관점에서 보자면 이 문제는 일반적으로 이해되는 것처럼 그렇게 단순하지 않다. 사회의 변화와 발전이 전통적으로 내려왔던 도덕 규범의 속박에 이의를 제기했을 때, 신구의 이론에 대한 비판 역시 만만치 않다는 점이다. 만년에 마르크스는 원시시대의 성도덕을 비난한 바그너에 대해 신랄하게 비판하면서 원시시대에는 그러한 성도덕이 도덕적이었음을 지적하였다.

그러므로 '조선시대 여성들의 연애사' 문제는 먼저 조선시대의 여성들의 연애사를 조선시대 사회 규범에 맞추어 조명하는 것도 문제 해결에 도움이 될 것이다. 그렇다고 해서 그녀들의 난삽한 연애사에 대해 찬사를 보내거나 긍정하는 것도 아니다. 예나 지금이나 부부 사이의 사랑은 인륜의 정상적인 표현일 뿐만 아니라 '천지합덕'의 지극한 음양의 함의까지도 지니는 행위이다. 그러나 자기의 사사로운 욕망을 만족시키기 위해 남의 배우자를 유혹하여 남의 가정을 파괴하는 것은 패륜이다. 또 힘에 의한 억지나 강요로 상대방에게 고통과 슬픔을 강요하면서까지 욕망을 충족하는 것도 법의 제재를 받아야 한다.

이 책은 현대사회의 관점에서 이치와 욕망의 문제를 거론하지 않았다. 다만 조선시대 '여성들의 연애사'를 거론할 때, 먼저 조선시대의 역사의 흐름을 정확히 이해해야만 '여성들의 연애사'를 공정하게 이해할 수 있다는 점을 기술하였다. 어떤 사회에서 올바른 원칙으로 인정받는 윤리·가치 체계를 살펴볼 때, '규범'은 어떠한 경우에도 '욕망'에 대해 우선성을 보이고 있다는 점이다.

역사적 관점에서 조선시대 전통적 가치관이 그대로 현대사회에 적용될 수 있겠는가 대해서는 비판적이고 회의적 시각이 많다. 특히 여성 차별, 맹목적 충성, 수직적 인간관계, 혈연과 지연, 학연, 지나친 형식주의, 대가족적 가부장제 등등은 비판의 대상이 되고 있다. 그 이유는 이러한 문제들이 현실적으로 부합하는 것도 있지만 전혀 현실과 동떨어진 옛 풍속에 지나지 않다는 점이다.

오늘날 우리에게 필요한 것은 오히려 이러한 전통 속에 숨어 있는 변화의 정신이며 그 정신을 배워야 한다. 이를 위해서 여성들의 가치관 역시 새로운 해석이 필수적이라는 사실 또한 잊어서는 안 된다.

마지막으로 이 책이 출판되기까지 물심양면으로 도움을 주신 이찬규 사장님, 정성껏 한자 한자 심혈을 기울여 수정과 교열을 꼼꼼히 보아주신 김지윤 선생님, 오유경 선생님께 진심으로 감사드린다.

2023년 12월

변원종

차례

IV 왕과 사대부, 한량들의 연회 도우미

들어가면서

동양에서는 서양과 달리 사람의 신체나이를 셈할 때, 남녀를 다르게 표현한다. 남자는 8년을 한 주기로 셈하고 여자는 7년을 한 주기로 셈한다. 즉 남자는 여덟 살이면 음양의 이치를 알게 되는데, 이때부터 자연의 사물에 대한 이해와 판단력이 생긴다고 하여 비로소 배움에 입문하는 서당에 들어간다. 지금도 여덟 살을 즈음해서 초등학교에 입학하는 것도 여기에 기인한다고 볼 수 있다.

또 동양의 신체나이는 어머니 뱃속에서 생명이 잉태되는 순간부터 나이가 시작되니, 출생하면 나이를 한 살 더 먹게 된다. 따라서 조선시대 왕세자의 성균관 입학례와 책봉식을 모두 여덟 살에 한 것도 나이와 관련되어 있다. 이후 16살이면 아이를 생산할 능력이 있다고 보아, 16살에 성인식에 해당하는 관례를 올렸다. 그리고 24살이면 생체 성장이 완료된다고 보았고, 32살이면 청년의 삶이 끝나고 장년이 시작되며, 40살이면 장년의 절정에 이르고, 48살이면 장년이 끝나고 노년이 시작된다고 보았다.

이에 비해 여자는 일곱 살에 이성에 눈뜨고, 14살에 아이를 잉태

할 능력을 갖추게 된다. 그래서 '남녀칠세부동석'이라는 말도 나왔다. 일곱 살이면 여자아이가 이성에 관심을 가질 나이니, 남녀를 한자리에 함께 있도록 하지 말라는 말이 생겼을 정도다. 『경국대전』에 15살 이전의 여자아이를 시집보내는 것을 금지하고 있는데, 이는 14살에 생리를 시작하게 되므로, 적어도 그 1년 뒤에 시집을 보내야 아이를 생산할 수 있기 때문이다. 물론 왕실에선 이것을 지키지 않았다. 대신 왕실에선 어린 시절에 결혼식을 하고 나서 합혼례, 즉 신랑신부의 첫날밤을 갖는 예식을 별도로 치렀다. 그 나이가 곧 15살이었다. 말하자면 일찍 결혼하더라도 15살이 되어야 정상적인 부부관계를 시작할 수 있었던 것이다. 또 여자는 21살에 성장을 멈추고, 그때부터 7년 동안인 28살까지 가장 건강한 아이를 낳을 수 있는 시기로 보았다. 이후 여자는 35살까지 젊음을 유지하고, 42살부터 노화가 시작되며, 49살이 되면 생리가 멈춰 더 이상 아이를 생산할 수 없는 나이가 된다고 생각하였다.

인륜의 도리는 신체나이처럼 언제, 어디서나 모든 사람이 지키면 사회문제가 될 수가 없다. 그러나 시대와 상황에 따라 변하는 것이 인륜의 도리이다. 그리고 지켜야 할 윤리는 항상 모든 사람이 준수하는 것도 아니다. 남녀의 사랑은 남녀의 생체 시계에 관계없이 이성의 상상을 초월한다. '간음하지 말라'는 준칙이 있다고 해서 세상에 간음하는 사람이 없어지는 것은 아니다.

성과 사랑은 배우지 않아도 자연발생적으로 생겨나는 지칠 줄 모르는 충동적이고 본능적인 욕구다. 지칠 줄 모르고 작동하는 인간의 욕구를 프랑스 정신분석학자이자 철학자인 라캉은 무의식적 욕구를 통해 설명한다. 인간은 태아일 때는 어머니와 한 몸을 이루고 있다. 그러나 탄생과 더불어 두 몸으로 분리된다. 어머니와 본래 한 몸이었던 태아는 출생 이후에도 '출생 이전의 상태'를 무의식적으로 기억한다. 따라서 분리되기 이전의 상태로 돌아가고자 하는 욕구가 있지만 한 몸의 상태로 돌아갈 수는 없다. 그러므로 이런 근원적 결핍감이 어머니를 대신하여 다른 이성과 결합하고 싶어하는 욕구로 나타난다.

근원적 결핍감에 대한 결합 욕구는 플라톤의 대화편 「향연」에 나타나는 에로스 신의 탄생과 관련이 있다. 제우스 신은 지혜와 미를 관장하는 여신 아프로디테를 딸로 얻자, 너무도 기뻐서 모든 신들을 초대하여 잔치를 벌인다. 잔치에는 풍요의 남신 폴로스와 빈곤의 여신 페니아도 초대를 받는다. 페니아는 너무도 가난하여 잠잘 집도 없고 끼니를 때우는 것도 어려워서 항상 자신의 처지를 비관하면서 어떻게 하면 빈곤한 상황에서 벗어날 수 있을까를 고민하고, 풍요의 신 폴로스를 남몰래 동경한다. 페니아가 신들의 잔치에 마음껏 음식을 먹고 마시고 있는데, 그때 폴로스가 술에 취해서 곤히 잠들어 있는 것을 발견하고 그 품에 몰래 안겨서 낳게 된 아이가 바로 사랑의 신 에로스다. 그러므로 에로스 신은 풍요와 빈곤의 양극단 사이에서 태어났기 때문에 극단적 결핍감이 작용하여 풍요와 만족감을 추구한다.

사랑의 신 에로스는 극단적 결핍감을 해결하고자 하는 욕구와 갈망이 늘 상존한다. 이런 욕구와 갈망이 결합 욕구로 나타나고, 결합 욕구는 이성과의 육체적 결합 욕구로 나타난다. 특히 이성을 사랑하는 사람은 사랑의 감정을 육체적으로 표현하고 싶어한다. 육체적 표현 욕구는 이성과의 육체적 결합 욕구이다. 이 결합은 사람으로 하여금 최고의 쾌감과 즐거움을 동반하기 때문에 결핍감을 추구하는 만족감이 채워진다.

정신 분석학자 프로이트에 따르면 사람의 원초적 충동은 에로스와 타나토스다. 에로스는 삶의 충동이고 사랑과 섹스는 이 충동의 대표적 표현 방식이다. 타나토스는 죽음의 충동이고 자살뿐 아니라 폭력, 살인 등으로 표현된다. 그리고 사디즘으로 유명한 프랑스 사상가 사드에 의하면 극도에 이른 삶의 충동은 죽음의 충동과 다르지 않다. 섹스 쾌감의 절정에서 느끼는 오르가슴은 자아의 경계가 없어지는 작은 죽음이다. 특히 이성을 사랑하는 사람은 사랑의 감정을 육체적 결합으로 표현하고 싶어하는 것도 이와 관련이 있다. 이성과의 육체적 결합은 사람으로 하여금 최고의 쾌감과 즐거움을 동반하기 때문이다.

성은 이 시대 중요한 화두들 가운데 하나다. 예나 지금이나 성은 언제 어디서나 성인 누구에게나 중요한 문제이므로 이 시대의 화두라고 보기 힘들지 모른다. 그러나 성욕은 음식, 수면과 더불어 삶의 필수조건이다. 음식을 제대로 먹지 못하거나 수면을 제대로 하지 못하면 생활 자체가 불안정할 수밖에 없고, 성욕이 없다면 세대로 이어지는 인류라는 집단의 존속이 불가능하다. 성욕과 음식, 수면은 상황에 따라 쾌락과 즐거움이 동반한다. 맛있는 음식을 상상하였을 때 자신도 모르게 입안에 침이 돌고, 건강하고 만족스러운 성 또한 생활의 활력소가 된다.

그런데 어떤 음식의 맛에 대해 말하는 것은 서로 어색하지 않지만, 성에 대해 자연스럽게 말하는 것에는 사회적 제약이 따른다. 시대가 변하였어도 성에 대해 말하는 것은 어색하고 장애물을 몇 번 넘어야 가능하다. 하물며 조선시대의 여성에게는 그 표현이 불편할 수밖에 없었다.

국가 이념인 성리학은 명분과 실질을 중시하는 수양공부를 최우선으로 삼는다. 심성을 수양하고 수신하여 욕망을 억제하고 자신을 도야하는 도덕적 이념체계였다. 유학에서는 외물의 유혹으로부터 오는 욕심을 인심(人心)이라고 하고, 선천적인 본성을 바탕으로 한 착한 마음을 도심(道心)이라고 한다. 따라서 도심을 보존하고 인심을 제거해야만 본성을 회복할 수 있다. 이처럼 도덕적 본성을 방해하는 것은 바로 지나친 욕심이거나 외물의 유혹, 혹은 사사로운 이익을 추구하는 마음이 있기 때문이다. 아무리 어려운 현실을 만나더라도 이 모든 것이 자신으로 말미암아 벌어진 것이라고 자각하고, 자신의 내면을 성찰하고 수양함으로써 현실의 어려움을 극복해야 한다. 이런 윤리 강상의 성리학으로 재무장한 500년 조선사회의 영향으로 성은 터놓고 말할 수 없었고 아직도 꼭꼭 싸맨 보자기에 비밀스럽게 싸여 있었다. 하지만 감추고 숨긴다고 해서, 인간의 본질적인 성의 문제가 해결되거나 사라지는 것은 아니다.

인간은 존엄하고 행복하게 살 자유와 권리를 갖고 있다. 이런 조건을 충족시키기 위해서는 정신과 육체가 잘 조화를 이룬, 즉 자연스러운 삶을 영위할 수 있어야 한다. 성은 억지로 가진 감정도 아니고 일부러 안 갖겠다고 해서 안 가질 수 없는 욕망도 아니다. 성을 건강한 육체의 어둠 속에만 감추어두지 않고, 밝고 자유로운 정신을 도울 수 있는 행복으로 안내할 필요가 있다. 즉 건강한 육체를 유지하기 위해 맛있게 먹고 숙면하고 사랑할 수 있도록 말이다.

그러나 옛날의 성은 대부분 남자의 쾌락을 위한 전유물처럼 사용되었던 것이 사실이다. 오직 남자의 욕망을 해결하기 위해 여성들이 슬픔과 아픔을 감수해야만 하였던 애달픈 성의 역사가 존재한다. 오히려 그것도 권력을 가지고 있는 남성에게는 당연한 일상사이고, 또 윤리나 죄의식과는 전혀 상관이 없는 일이었다. 사회가 만든 성은 여성에게 '아름다움', '순종', '수동적', '의존적' 등으로 수식되었고, 오직 남편이나 자식을 위해 희생하고 봉사하는 역할을 담당하곤 하였다. 이런 사회적 성의식에 반기를 든 조선시대의 여인들이 있었다.

조선시대의 성인 남녀는 개인의 사랑과 연애 감정을 배제한 채 집에서 정해주는 배필과 평생을 해로하는 것이 불문율이었다. 『주역』에서는 "남녀가 결합하여 부부가 되는 것은 천지가 결합하여 운행되는 것과 같은 의미를 지닌다"고 보았다. 남녀의 혼인을 '인륜지대사'라 부르고, 혼인의 절차를 여러 단계로 나누어 신중하게 진행한 것은 모든 인간관계가 바로 부부관계에서부터 출발하기 때문이다. 부부관계는 가정의 출발점이 되고, 가정은 개인에서 사회로 통하는 길을 연결하는 교량과 같다. 특히 여성을 위한 교과서인 『여논어』를 보면 화목과 유순을 여성의 덕목으로 강조하며, 집 안에서 시부모를 모시고 남편을 뒷바라지하며 자녀를 양육하고 집안의 내조하는 것을 여성의 역할로 보았다. 바로 현모양처 되는 게 미덕이던 그 시절에 인간의 자연적 본성을 억제하지 못하고 사회적으로 엄청난 파문을 일으켰던 여인들이 있었다.

조선시대 연애사건는 왕들만의 전유물도 아니고, 왕자와 종친, 부마 등도 있었고, 왕비와 후궁, 옹주 그리고 종실의 여인들도 풍문을 남겼다. 그리고 사대부나 한량들만 일부 여성이나 기생을 선호한 것이 아니라, 오히려 일부 여성이나 기생들은 남성들을 선호했다는 사실이다. 따라서 조선시대 여인들의 연애사를 조명하면 우리가 알지 못했던 역사적 내밀한 속살과 사회적 보이지 않았던 이면을 살펴볼 수 있게 될 것이다.

I

권력을 이용한
욕망

1
이복 여동생과 사통한 제나라 양공

춘추시대 제나라는 14대 왕으로 양공이 즉위하였다. 양공의 아버지 희공은 재위 중일 때 양공의 사촌동생인 조카 공손무지를 무척 사랑하였다. 그리하여 그의 녹봉과 복장 등을 태자인 제아(제나라 14대 왕 양공)와 똑같이 해주었다. 이런 일로 태자와 공손무지는 무척 사이가 좋지 않았다. 그러던 중 태자 제아가 즉위하자 공손무지의 녹봉과 복장을 격하시켰다. 당연히 공손무지는 양공의 소행에 원한을 품게 되었다.

제나라 14대 왕으로 등극한 양공은 폭군 중의 폭군이었다. 그는 무고한 신하를 무수히 죽였을 뿐만 아니라 여자를 너무 좋아하였다. 도가 지나쳐 자기 나라 여자뿐 아니라 남의 나라 여자에까지 손을 뻗쳐 노나라 왕의 부인과도 정을 통하고 있었다. 그런데 그 노나라 왕의 부인은 사실은 자기 배다른 여동생 문강이었다.

양공은 일찍이 문강이 시집가기 전에 사사로이 정을 통한 사이였다. 문강이 희공 때 노나라 환공에게 시집가서 그의 부인이 되었는데, 환공과 함께 제나라에 볼일로 오게 되자 양공이 또다시 몰래 정을 통하였다. 노나라 환공은 이를 눈치채고 부인에게 화를 내자 부인은 반성하지 않고 그것을 정부인 제나라 양공에게 알려주었다. 양공은 노나라 환공과 함께 술을 마셔 그를 취하게 하고는, 장사인 팽생으로 하여금 환공을 수레에 태우는 척하면서 늑골을 부러뜨려 죽게 하였다. 노나라 사람들이 이 일을 알고 분개하여 성토하자 양공은 팽생을 죽여 노나라에 사죄를 대신하였다.

그러나 그 후에도 문강을 제나라에 불러다가 노골적으로 불륜을 계속하였다. 이렇게 되니 국내정치가 제대로 될 리가 없었다. 대신들은 음탕하고 잔인한 임금에 질려 숨도 제대로 쉬지 못하였다. 이렇게 되자 양공의 동생들은 형의 무도함에 겁을 냈을 뿐 아니라 대신들의 원한이 자신들에게 미칠까 전전긍긍하게 되었다. 그러나 그에 대한 원한은 속으로 깊어졌고, 끝내 사촌동생인 공손무지에 의해 시해당하고 왕위를 공손무지한테 빼앗기는 수모를 당하였다.

2
시아버지와 재혼한 양귀비

당나라 제6대 왕인 현종은 자신의 며느리를 비로 맞아들인 인물이다. 양귀비는 서시, 왕소군, 초선과 더불어 중국의 4대 미인 중 한 사람이다. 나라를 기울게 할 만큼 아름다웠다는 여인, 경국지색(傾國之色)이었다. 사람의 마음을 미혹하고 중독시키는 아름다운 아편 꽃에 양귀비란 이름을 붙인 걸 보면 그녀의 미모는 사람의 생명을 위태롭게 할 정도로 치명적이었던 것으로 보인다. 그녀의 본명은 양옥환이며 잠시 도교에 입문하였을 때 법명은 태진이다.

당 황실을 건국한 고조는 3교를 노자, 공자, 석가의 순으로 차례를 정하였다. 고조의 아들 태종도 "노자는 이씨 성으로 짐의 시조이다. 그러므로 명칭이나 지위가 당연히 부처보다 앞서야 한다"라고 명하여 도선후불(道先後佛) 정책은 당나라 황실의 기본방침이 되었다. 특히 당나라 제5대 왕 예종은 노자가 도교를 창시하였다고 하여 노자를 칭송하여 그의 여덟째 딸과 아홉째 딸까지 도교에 입문케 하고 이들을 천황천후(天皇天后)로 받들었을 뿐 아니라, 또 이들을 위해서 도관(道觀)을 설립하고 도교 세력 확장에 온 힘을 기울였다. 현종은 관설(官設) 도관에 노자의 진용(眞容)을 매주(每州)와 제부(諸府)에 금과 동으로 주조된 상을 안치하여 도교를 숭상하였다.

양옥환은 노래와 춤에 능하고 미모가 출중해 17세에 당 현종의 18번째 아들인 수왕 이모의 비가 되었다. 수왕 이모는 당 현종과 무혜비 사이에서 태어난 왕자로 황제 계승권으로부터는 멀리 떨어진 수많은 왕자 중 한 명에 불과하였다.

6년간 수왕 이모의 부인으로 살던 23살의 양옥환은 현종 처소의 환관인 고력사의 은밀한 방문을 받는다. 고력사는 총애하였던 무혜비가 죽고 나서 외로워하는 현종을 위로하기 위해 중국 전역의 미녀들을 백방으로 수소문하였다. 그중에 수왕 이모의 아내 양옥환이 특히 아름답다고 들은 고력사는 그녀를 현종의 술자리로 불러낸다. 양옥환은 이 자리에서 음악 애호가였던 현종이 연주하는 가락에 맞춰 자신의 장기인 아름다운 춤을 선보였다. 춤이 끝나기 전에 남녀 간에 이루어질 수 있는 모든 것이 시작되었다. 당시 예순을 바라보던 현종의 마음에 사랑의 불길이 당겨진 것이다. 현종은 양옥환이 아들의 부인이고 며느리라는 사실도 잊은 채 그녀를 품기 위해 온갖 노력을 기울였다. 망설이는 양옥환을 고력사가 특별히 파견한 궁녀들이 설득하기 시작하였고 물량공세와 구애가 이어졌다. 마침내 양옥환은 남편 수왕을 버리고 시아버지 현종의 여자가 되기로 결심한다.

아무리 황제라 하더라도 이목이 신경 쓰이는 법. 아들의 아내를 바로 빼앗을 수 없었던 현종은 일단 양옥환을 화산으로 보내 도교의 도사로 입문시킨다. 도교에서는 일단 입문을 하면 그 이전에 있었던 속세의 모든 일들은 다 지워지는 것으로 여겼기 때문에 현종은 이런 도교사상을 자기의 떳떳치 못한 사랑에 이용하였다. 일단 도사를 모셔와 가르침을 받는다는 핑계로 양옥환의 도교 법명인 태진궁을 짓고 그곳에 양옥환을 살게 하였다. 이때부터 태진궁은 시아버지와 며느리만의 사랑을 나누는 장소가 되었다. 이후 양옥환은 27세가 되던 해 귀비 책봉을 받아 양귀비가 되었다. 현종이 양귀비를 맞으면서 당나라는 큰 변화를 맞이한다.

현종은 젊었을 때 꽤나 정치에 소질이 있는 황제였다. 치세 전반기는 현종의 연호를 따 「개원(開元)의 치(治)」라는 칭송을 받으며 중국 역사상 몇 안 되는 태평성세를 구가하였다. 그러나 현종은 양귀비를 맞으면서 사랑에 눈이 멀어 정치는 관심 밖의 일이 되고 말았다. 양귀비를 낀 환관과 탐관오리가 득세하면서 부정부패가 만연하였고 백성들의 삶은 급속히 어려워져 민심은 흉흉해졌다.

한편 양귀비는 현종의 사랑을 영원히 붙잡아두려고 매번 새로운 화장법을 개발하였고 또 목욕을 즐겨 하여 늘 희고 매끄러운 피부를 유지하였다고 한다. 양귀비는 날씬하고 가녀린 미녀와는 거리가 있다. 역사서에는 그녀의 용모를 '자질풍염(資質豊艶)'이라 하였는데 이는 풍만하고 농염하다는 의미이다. 통통한 몸매에 희고 매끄러운 피부를 가졌던 양귀비는 매일 온천물에 몸을 닦고 새로운 화장법으로 미모를 가꾸어 밤이나 낮이나 현종을 자신의 침실로 이끌었다.

일설에는 현종이 양귀비에게 빠진 이유가 그녀가 늘 허리에 차고 다닌 사향 때문이라고 하였다. 양귀비가 죽고 난 후 그녀의 무덤 주변에는 황제의 후궁들이 보낸 도적들이 끊이질 않았다고 한다. 행여나 양귀비가 차고 다닌 사향을 구할 수 있지 않을까 해서였다.

3
미인이라면 물불 안 가렸던 고려 충혜왕

충혜왕은 고려의 제28대 왕으로, 고려 정치에 원나라의 영향력이 강력하였던 14세기 전반에 두 차례 왕위에 있었다. 첫 번째 재위 기간은 1330년(충숙왕 17년)부터 약 2년 정도였고, 두 번째 본격적인 재위는 충숙왕이 죽은 뒤인 1340년(충혜왕 원년)부터 약 3년 반 정도 이어졌다. "악소배들을 가까이하고 황음무도하였다"는 『고려사』 찬자의 평가대로, 그의 생애는 기행에 가까운 온갖 악행으로 점철되어 있다. 두 차례의 즉위에도 불구하고 거듭 폐위된 것은 그의 악행 탓도 있었지만, 원나라 정국의 변동과도 무관하지 않다. 왕위에서 쫓겨난 뒤에는 멀리 중국의 남쪽으로 유배를 가던 도중에 죽었으나, 그의 죽음을 슬퍼하는 이가 아무도 없었다고 사신의 논평이 있을 정도였다. 『고려사』에의 기록을 보면 다음과 같다.

5월 병인일, 왕이 그 장인인 삼사좌사 홍융의 계실 황씨를 간음했다.

5월 경오일, 왕이 서모인 수비 권씨와 정을 통했다.

5월 환관 유성의 처 인씨가 미인이라는 소문을 들은 왕이 구천우, 강윤충을 거느리고 그 집에 가서 유성더러 술을 올리라고 했다. 그 자리에서 유성이 왕에게 "전하께오서는 곧 복위하실 것이니 백성들을 잘 다독거리고 아낌없이 상을 내리소서"라고 진언했다. 왕의 속내가 그 처를 꾀어내는 데 있는 것도 모르고, 유성은 왕이 자신을 진심으로 아껴준다고 착각하여 행동거지를 매우 조심스럽게 하니, 주위 사람들이 몰래 비웃었다.

8월 갑오일, 경화공주가 왕을 초대해 잔치를 열었는데 술자리가 파했으나 왕이 취한 체하며 궁궐로 돌아가지 않고 있다가 날이 저물자 공주의 침실에 들어가 정을 통했다.

복위 2년 3월 초하루, 예천군 권한공의 둘째 처 강씨가 아름답다는 소문을 듣고 호군 박이라적을 보내 궁중으로 데려오게 하였는데, 이라적이 먼저 간통한 사실을 알고 노하여 두 사람을 모두 때려 죽였다.

같은 해 8월에는 날마다 사냥을 다니다 겨울이 되어 여의치 않자 내시 전자유의 집에 가서 그의 처 이씨를 강간하였고 전에 때려 죽인 바 있는 박이라적의 첩과 상관하였으며, 재상 배전의 집에서 그의 처와 그의 아우 금오의 처를 번갈아 간음하기도 하였다.

그런데 재미있는 사실은 자신은 무수한 여자들을 강간, 간음하였으면서도 본인 귀에 강간 사건이 보고되면 당사자를 무참히 죽여 버리거나 귀양 보냈다는 점이다. 만호 전찬이 이포공의 처를 강간하자 형장을 쳐서 귀양을 보냈으며, 불량배 봉골 등 세 명이 임금이라고 거짓말을 하며 주부 공보의 집에 들어가서 그의 처를 간음하자 행성에서 잡아 죽였다. 또한 복위 4년 10월, 강간범 세 명을 잡아 돌로 눌러 죽였다.

충혜왕의 주색잡기에 신물이 난 현효도라는 자가 독약으로 충혜왕을 시해하려다 발각되어 사형당하는 사건도 일어난 적이 있었다. 또 한 번은 신하 최원이 "진사 우물골이란 곳에 예쁜 처녀가 있습니다"라고 보고하여 충혜왕이 최원과 함께 그 집에 가서 처녀를 찾았더니, 주인집 노파가 "저의 집에는 본래부터 처녀가 없습니다"라고 하자 왕은 노파가 숨기는 줄 의심하였고, 동시에 최원이 자신을 속였는가도 의심하여 둘 다 죽였다.

충혜왕은 예쁜 여자뿐만 아니라 남의 재물도 자기 마음대로 하였다. 밤에 왕이 승신의 집에 행차해 술자리를 열고 크게 즐기다가 닭이 울자 대뜸, "닭이 주인의 뜻을 아는구나" 하고 칼을 들어 닭의 머리를 잘라버렸다. 그리고는 승신더러 "네가 필시 마음이 아프겠지"라고 하자, 승신은 "닭이 때를 알아 울었는데도 무고하게 죽임을 당하였으니 어느 누가 마음이 아프지 않겠습니까?"라고 대꾸하였다. 그러자 왕이 즉시 베 1백 필을 하사하였다.

왕이 용맹한 군사들을 거느리고 씨름을 구경한 후 밤에 좌우사낭중 김영후와 함께 북궁에서 술을 마시다가 김영후가 취해 드러누워버리자 왕이 측근들을 시켜 부축해 말에 오르게 하고는 그의 종자를 불러, "너의 주인이 자기가 타던 말을 나에게 선물하였다"고 말하니 김영후가 이튿날 즉시 그 말을 바쳤다.

잔인무도한 충혜왕이었지만 모든 사람의 욕망인 장생(長生)에 대해서 관심이 있었다. 왕이 홍법사에 행차해 승려 학선을 만난 자리

에서 장생의 비결을 묻자 학선이,

"사람에게는 저마다 정해진 분수가 있을 뿐 그 한도를 넘어설 수는 없는 법이니 다만 악행으로써 수명을 재촉하지 말아야 할 따름입니다."

라고 대답하였다. 당시 왕이 술사의 말을 믿고 숭교사를 헐고자 하므로 학선이 그 이유를 물었다. 왕이,

"서운관(書雲觀: 고려 말부터 조선 초까지 천문, 역수, 측후, 각루 등의 일을 맡아보던 관청)에서 이곳에 절이 자리 잡고 있으면 반드시 역신(逆臣)이 난다고 하기에 내가 조적(曹頔)* 같은 역신이 다시 생길까 우려해 헐고자 한 것이오."

라고 대답하였다. 그러자 학선이,

"목종 때로부터 이미 이 절이 있었는데 그간에 역신이 몇이나 있었습니까?"

---

* 조적(曹頔): 충혜왕이 경화공주를 협박해 간음하자, 공주가 수치스럽게 여겨 원나라로 돌아가려고 했다. 마침 조적이 병을 핑계로 관직에서 물러나 있었는데 공주가 그를 불러 강제로 폭행당한 사정을 자세히 설명했다. 조적이 홍빈(洪彬) 및 행성(行省)의 관리들과 함께 충혜왕의 궁을 찾아갔으나 군소배들이 문을 막아서는 통에 들어가지 못하고 돌아왔다. 충혜왕이 뒤쫓아가 불렀으나 듣지 않고 영안궁으로 가 백관을 불러 모은 다음 군소배들을 쫓아내겠다고 큰소리를 쳤으나 사실은 은밀히 심왕(瀋王)을 위해 그리한 것이었다. 충혜왕이 만호 인승단과 전영보 등 20여 기병을 거느리고 영안궁으로 갔으나 문이 닫혀 들어갈 수 없었기에 윤계종, 구천우를 시켜 조적을 불렀지만 그래도 나오지 않았다. 조적이 전 호군 이안, 장언, 오운을 순군수령관으로 임명하고 국인(國印)을 회수해 영안궁에 두고 전 군부총랑 유연, 좌사보 이달충, 군부좌랑 성원도, 예문검열 김득배를 시켜 지키게 했다. 마침 김주장이 원나라에서 귀국해, 황제가 충혜왕의 왕위 계승을 허락했다고 거짓말을 하자 충혜왕은 크게 기뻐해 말 두 필을 하사했으며 그 소식을 들은 조적 일당은 슬금슬금 꽁무니를 뺐다.

라고 반문하였다.

그는 인간으로서 넘어서 안 될 선까지 넘으면서 장인의 후처와 부왕의 후처들까지 겁탈하였다. 충혜왕이 겁탈한 충숙왕의 아내는 두 명으로 수비 권씨와 당시 충숙왕의 정비격인 위치에 있었던 경화공주였는데, 경화공주를 범할 때는 인면수심 그 자체였다.

『고려사절요』를 보면 충혜왕이 왕위에 오른 지 얼마 되지 않아 경화공주를 위해 향연을 베풀었고 경화공주도 그 답례로 연회를 베풀었다. 연회가 끝나자 충혜왕은 경화공주의 침실에 들어가 저항하는 경화공주를 간신인 송명리 등의 아랫사람들을 시켜 사지를 묶고 자신의 욕망을 채웠다.

『고려사』 충혜왕 말미에는, 왕은 성품이 호협하고 주색을 좋아하였으며 놀이와 사냥에 탐닉해 황음무도하게 행동하였다. 남의 처나 첩이 아름답다는 소문을 들으면 친소와 귀천에 관계없이 모조리 후궁으로 들이는 바람에 그 수가 백 명이 넘었다. 또한 재물에 관계되는 것이면 아무리 자잘한 것이라도 따져 항상 이익을 올리려 하니, 군소배들이 다투어 계략을 올려 남의 토지와 노비를 빼앗아 모두 보흥고에 소속시켰으며, 궁중의 마구간을 준마로 채웠다. 또 회회(回回: 아라비아인) 사람들에게 베를 주고 그에 대한 이자를 챙겼으며 소를 도축해 그 고기를 날마다 15근씩 바치게 하였다. 새 궁궐을 지을 때에는 깃발을 벌여놓고 북을 설치한 다음 친히 담에 올라 깃발을 흔들고 북을 치며 독려하였다. 궁궐이 완성되자 각 도에서 옻칠을 거두어들였으며 단청을 올릴 물감을 기한보다 늦게 가져온 사람들에 대해서는 그보다 몇 배에 해당하는 베를 징수하였다. 관리들은 이를 기회로 백성들에게 세금을 혹독하게 거두고 재물을 강제로 수탈하였기 때문에 백성들은 근심과 원한에 사무쳤다. 군소배들은 출세하고 충직한 사람들은 쫓겨났으며 한 사람이라도 직언하면 반드시 죽여버리니 사람들이 처형당할까 두려워 감히 말을 꺼내는 자가 없었다.

4
남녀 간의 피할 수 없는 정욕

조선 중기의 문신으로 문장이 뛰어나 1593년 세자 시강원문학이 되어 왕세자에게 글을 가르쳤던 유몽인(1559~1623)의 『어우야담』에는 남녀 간의 정욕에 대해 다음과 같은 기록이 있다.

"남녀 사이에는 보이지 않는 큰 욕정이 존재한다. 성인이 예법을 만들어 분별을 두었는데, 금하는 것을 막아 방지하고자 한 것이 주밀하였다. 열 살 때부터 자리를 같이하지 않을 것이며, 길은 함께 가지 않을 것이며, 밤길에는 등잔불을 밝힐 것이로되 등잔불이 없으면 행차를 그칠 것이다. 비록 형제나 생질처럼 가까운 친척 사이일지라도 서로 대면할 때는 절도가 있어야 한다. 혹은 문지방을 넘지 말아야 하고, 혹은 왼쪽 문짝을 닫아두어야 하며, 혹은 문을 반쯤 열어두고 말을 나누어야 하는데, 이는 옛 제도이다. 우리나라에서는 방의 범절을 중하게 여겨 사족 가문의 문지방 안은 외부 사람이 엿보기 어려운 바다."

'성악설'을 주장한 순자는 현실적이고 과학적인 사고 체계에서 출발하여 그의 인성론도 이러한 전제에서 시작한다. 즉 인간은 나면서부터 자연적 욕구가 있는데 이러한 욕구는 일정한 도량이나 한계가 없어 서로 다투게 된다는 것이다. 그래서 성인이 예의를 만들어 인간의 욕망을 조절하였다고 하였다. 따라서 사람을 사람이라 할 수 있는 근거는 그들이 단지 두 다리를 가지고 있고 털이 나지 않는 동물이라는 특징에 있는 것이 아니라 바로 분별함이 있기 때문이라고 보았다.

"새와 짐승에게도 아비와 아들은 있지만 아비와 아들 사이의 친밀한 윤리는 없으며, 암컷과 수컷이 있기는 하지만 남자와 여자를 분별하는 윤리는 없다. 그러나 사람의 도에는 어디에나 분별할 수 있는 예의가 존재하여 남녀 간의 정욕도 금수와 다르다."

조선 중기의 한문소설로 궁녀의 몸인 운영과 소년 선비 김 진사의 비극적 사랑 이야기를 그린 『운영전』에도 남녀의 정욕이 잘 나타나 있다.

"남녀의 정욕은 음양의 이치에서 받은 것이므로 귀천을 막론하고 사람은 누구나 다 가지고 있습니다. 한번 심궁에 갇히자 외로운 몸이 되어 꽃을 봐도 눈물이 눈을 가리고 달을 대하여도 넋을 잃어, 매화나무에 앉은 꾀꼬리로 하여금 짝을 지어 날지 못하게 합니다."

조선 중기 사회모순을 비판한 문신 허균은 총명하고 영민하여 능히 시를 아는 사람이라 하여 문장과 식견에 대한 칭찬을 아끼지 않았다는 긍정적인 측면이 있는 반면에, 다른 쪽에서는 그 사람됨에 대해서 경박하다거나 인륜도덕을 어지럽히고 이단을 좋아하여 행실을 더럽혔다는 등 부정적 평가를 내리고 있다. 그의 생애를 통해 보면 몇 차례에 걸친 파직의 이유가 대개 그러한 부정적 견해를 대변해주고 있다. 또 부정적인 평가는 아마 그의 자유분방한 삶에서 기인한 것으로 보인다.

그의 자유분방한 삶은 여느 사대부와 달리 기생과 정신적인 교감을 할 정도로 당시로서는 파격적인 생활을 하였다. 한 번은 그가 아끼던 부안의 기생 계생이 죽자, 그녀의 죽음을 애도하는 시를 짓기도 하였다.

"신묘한 글귀는 비단을 펼쳐놓은 듯	妙句堪擒錦
청아한 노래는 가는 바람 멈추어라	淸歌解駐雲
복숭아를 딴 죄로 인간에 귀양 왔고	偸桃來下界
선약을 훔쳤던가 이승을 떠나다니…."	竊藥去人群

계생은 유명한 부안 기생 매창의 다른 이름이다. 여기서 "남녀 간의 정욕은 하늘이 준 것이며, 남녀유별의 윤리는 성인의 가르침이다. 성인은 하늘보다 한 등급 아래다. 성인을 따르느라 하늘을 어길 수는 없다"고 한 허균의 발언을 통해서 그의 남녀 간의 정욕을 짐작해볼 수 있다.

이와 같은 허균의 생활 태도는 학문에도 그대로 반영되어, 글 쓰는 재주가 매우 뛰어나 수천 마디의 말을 붓만 들면 써내려갔다.

"남녀 간의 정욕은 하늘이 준 것이고, 윤리와 기강을 분별하는 일은 성인의 가르침이다. 하늘은 성인보다 높으니, 차라리 성인의 가르침을 어길지언정 하늘이 준 본성을 거스를 수는 없다."

허균에 의하면 남녀 간의 정욕이란 하늘이 준 본성이다. 배우고 익혀서 아는 것도 아니고 행하는 것이 아니라 하늘이 준 자연적인 본성이다. 그러나 당시 사회제도와 관습은 이러한 자연적 본성을 남성의 전유물로 여겨 강제하였기 때문에 특히 여성에게는 성과 관련된 문제는 가혹할 만큼 제재를 가하였고, 남녀 간의 정욕도 여자가 몸단속을 하지 못하여 막고 방비함에 예법을 잃어 남자가 의외의 일로 도모하게 한 것으로 여겼다.

조선 신여성의 꿈과 사랑의 발판이 된 나혜석에게는 우리나라 최초 여성화가, 최초 여류 소설가, 세계일주를 한 최초 여성, 최초 여권운동가 등 많은 별칭이 있다. 하지만 그런 나혜석에게는 별칭이 하나 더 있으니 바로 바람피우다 이혼당한 '불륜녀'라는 불명예 딱지였다. 나혜석은 1934년 '이혼 고백서'란 장문의 글을 『삼천리』 잡지에 발표하였다. 그녀는 남성 중심의 당시 사회를 적나라하게 다음과 같이 비판하였다.

"조선 남자들은 참으로 이상하오. 잘나건 못나건 간에 그네들은 적실, 후실에 몇 집 살림을 하면서도 여성에게는 정조를 요구하고 있구려. 하지만 여자도 사람이외다. 한순간 분출하는 감정에 흩뜨려지기도 하고 실수도 하는 그런 사람이외다. 남편의 아내가 되기 전에, 내 자식의 어머니이기 전에 나는 사람이오. 내가 만일 당신네 같은 남성이었다면 오히려 호탕한 성품으로 여겨졌을 거외다. 조선의 남성들아, 그대들은 인형을 원하는가. 늙지도 않고 화내지도 않고 당신들이 원할 때만 안아주어도 항상 방긋방긋 웃기만 하는 인형 말이오. 나는 그대들의 노리개를 거부하오."

자신에게 쏠린 비난과 달리 밀회를 같이 즐긴 남자, 이혼 전부터 다른 여인과 동거하던 남편, 자신보다 고작 한 살 많은 어린 첩까지 둔 아버지에게만 너그러운 세상을 향해 '여성 인권'을 외친 그녀에게는 외로운 시대적 투쟁이었다.

“조상이 벌어놓은 밥, 그것을 그대로 받은 남편의 그 밥을 또 그대로 얻어먹고 있는 것은 우리 집 개나 마찬가지지요. 보리밥이라도 제 노력으로 제 밥을 먹는 것이 사람인 줄 압니다.”

아버지 앞에서 당당히 외치던 나혜석의 자전적 소설 속 ‘경희’의 말이다. ‘그놈의 사랑’ 때문에 빈손으로 쫓겨난 나혜석은 가까운 친인척에게도 철저히 외면당하였고, 자신의 혈육인 자녀들과 만나는 것조차 허용되지 않았다. 그녀는 1948년 12월 무연고자 병동에서 쓸쓸히 눈을 감고 말았다.

조선시대의 여성은 그저 집에서 얌전히 지내다 좋은 남편을 만나 현모양처 되는 게 미덕이던 시절에 인간의 자연적 본성을 억제하지 못하고 엄청난 파문을 일으켰던 여인들이 있었으니, II장에서 이와 같은 부분을 살펴보고자 한다.

Ⅱ

조선 왕실, 종친여인들의 외도

5
환관과 눈이 맞은 인덕궁 여인 기매

『맹자』「이루상」 17장에 순우곤이 "남자와 여자가 물건을 주고받는 것을 직접 하지 아니하는 것이 예입니까?"라고 묻자, 맹자가 "예이다"라고 말하였다. 그러자 순우곤이 "동생의 아내가 물에 빠지면 손으로 구원합니까?"라고 묻자, 맹자가 "동생의 아내가 물에 빠졌는데도 구원하지 않으면 승냥이나 이리 같은 무리이다. 남자와 여자가 물건을 주고받는 것을 직접 하지 아니하는 것은 예이고, 동생의 아내가 물에 빠져 손으로 구원하는 것은 권(權: 상황에 따라 달리 대처해야 하는 행동원리)이다"라고 하였다.

남자와 여자가 직접 물건을 주거나 받지 않아야 한다는 것은, 남자와 여자가 직접 물건을 주거나 받다 보면 문란해질 수 있고 그 때문에 인륜을 해칠 수 있기 때문이다. 그런데 이러한 예의 정신을 모르고 남자와 여자가 직접 손을 잡지 않는다는 형식에만 얽매여서 물에 빠진 동생의 아내를 구하지 않고 죽게 내버려둔다면 이는 인륜을 위하여 만들어놓은 예 때문에 오히려 인륜을 해치는 결과를 초래한다. 예의 정신에 입각해서 상황에 맞게 변통할 수 있어야 하는 행동원리가 권도이다. 그러므로 성인 남자와 여자는 극한적인 상황이 아니면 대면해서 서로 물건을 주고받는 오해를 만들지 말아야 한다.

조선시대의 주거공간도 안채는 집안의 주인마님을 비롯한 여성들의 생활공간으로, 대문으로부터 가장 안쪽인 북쪽에 위치한다. 안채의 안방은 조선시대에 여성들의 출산, 육아, 임종 등 집안의 중요한 일이 이뤄지던 여성들의 주된 생활터전이다. 이는 여성들의 사회활동을 제한하여 남편이나 가까운 친척 외에는 남자들을 만나지 못하도록 하는 당시의 관습으로 생긴 것으로, 여성들이 바깥출입을 제한하던 당시 사회상을 반영하는 공간배치라고 볼 수 있다. "은행나무도 마주 서야 연다"는 속담이 있다. 은행나무의 수나무와 암나무가 서로 바라보고 서야 열매가 열린다는 뜻으로, 사람이 서로 마주 보고 대하였을 때 관심과 이해가 깊어져 인연을 맺을 수 있다는 말이다.

궁중에서 일어난 일은 보고도 못 본 척, 들었어도 못 들은 척해야 한다는 불문율이 있다. 작서의 변(灼鼠之變)* 사건처럼 쥐도 새도 모르

---

* 작서지변(灼鼠之變): 조선 11대 왕 중종 대에 들어와 이름을 숨기고 게시하는 글이나 나무로 만든 패에 익명서의 형태로 당사자를 비방·모략·저주하는 경우가 자주 발생하였다. 이 사건도 이러한 상황에서 발생한 것인데, 당시 이러한 저주 행위를 통해 위해를 가하려 했던 동궁은 13세였다. 동궁이 저주를 당해 안위가 위태로우면 이롭게 될 인물은 후궁인 경빈 박씨의 소생인 복성군이었다. 1527년 3월, 좌의정 이유청과 우의정 심정이 동궁과 대전 근처에서 쥐를 불태운 사실을 알리면서 발생하였다(『중종실록』 22년 3월 22일). 경빈 박씨의 시녀들을 중심으로 추문하였으나 뚜렷한 증거는 밝혀지지 않았다. 그러나 이 사건은 처음부터 동궁을 저주한 것으로 간주되면서 대왕대비 정현왕후에 의해 경빈 박씨가 주모자로 지목되었고, 곧바로 경빈 박씨는 폐서인되고 복성군은 작호가 박탈되었다. 이 사건은 1533년 경빈 박씨와 복성군이 죽음을 당하며 일단락되었다. 이 사건의 전개 과정에서 유배되었던 김안로가 풀려나 정계에 재등장하였고, 오히려 이 사건을 조정에 처음 알린

게 처리한 일을 어떻게 궁궐 밖 사람들이 아나 싶지만 곳곳에서 보고 듣는 사람은 있게 마련이다. '발 없는 말이 천 리 간다'는 속담이 있다.

조선 제2대왕 정종은 재위 기간은 2년 2개월로 단명이다. 그 기간마저도 정사는 대부분 동생 이방원의 뜻대로 처리됐으니 이방원의 꼭두각시에 불과하였다. 『정종실록』 정종 원년(1399) 1월 19일에 의하면 정종은 재위 기간 동안 격구나 사냥을 즐기며 정치에는 관여하지 않았다고 한다. 격구를 하다가 곁에 있던 사관에게 "내가 격구하는 것도 다 기록되느냐?" 하고 질문하자 사관이 "당연합니다"라고 대답하는 일도 있었다. 그러자 정종은 "옛날 사람들이 격구한 일을 어떻게 기록하였는지 봐야겠으니 『고려사』를 가지고 오라"라고 말하였다. 발 없는 말이 천 리 간다.

그뿐 아니라 『정종실록』 정종 원년, 1월 9일에는 경연을 하다가도 "내가 병 때문에 팔다리가 저려서 격구를 해서 몸 좀 풀려고 한다"고 말하자 지경연사 조박이 "하시는 건 좋은데 환관이나 간사한 애들하고는 같이 하지 마십시오" 하고 권하는 일도 있었다.

아울러 격구와 관련해 태조에 대한 효심을 드러내는 내용도 있다. 『정종실록』 정종 원년 5월 1일에 대간에서 격구를 비판하며 "태조가 환관의 꾐에 빠져 격구를 궁에 도입하였다"고 간하자 대간을 불러 "내 허물을 가지고 왜 부왕을 욕되게 하냐"며 화를 낸 적도 있다. 사냥

좌의정 심정이 죽음을 당하면서 정치 주도 세력이 교체되었다. 1532년에 유생 이종익이 김안로의 아들 김희가 이 사건을 일으켰다고 주장하였으나 명백한 증거는 없었다(『중종실록』 27년 3월 20일). 결국 이 사건으로 권신 김안로가 재등장하여 1537년에 죽음을 당하게 될 때까지 정계의 주도권을 장악하였다.

을 나가면 언제나 중도에 사람을 시켜 잡은 짐승을 태조에게 보냈다고 한다.

그런데 재위 기간이 짧고 남긴 정치적 업적도 없는 정종이 후궁은 무려 열 명 넘게 두었다. 아마 그 어렵고 버거운 시간들을 보낼 돌파구가 필요하였고, 그 돌파구의 시선을 여인들에게 돌렸는지 모른다. 그가 후궁에게서 얻은 자식의 수가 무려 25명이었으니, 자식 수로 따지면 28명을 둔 성종에 이어 두 번째이다. 그가 상왕으로 물러나 살던 별궁 인덕궁에 머물렀을 때, 그곳에서 한 여인을 만난다. 그의 눈에 들었던 여인은 인덕궁 소속의 여종 기매였고, 그녀는 정종과의 사이에서 아들 지운을 낳을 정도로 사이가 괜찮았다. 그녀는 본래 기생 출신이었는데, 바람기가 대단해서 많은 남자들과 바람을 피웠다.

문제는 정종의 총애를 받던 기매가 지운을 낳은 뒤에 조정을 발칵 뒤집어놓은 간통 사건이 발생하였다. 인덕궁에 상주하는 환관 정사징과의 간통사건이었다. 그는 이미 왕위 계승의 야심을 품고 다섯째 동생 정안대군 방원을 질시하던 중에, 박포의 거짓 밀고를 믿고 군사를 일으켜 방원을 공격하였으나 실패하여 유배를 당한 회안대군 방간의 첩과도 간통한 전력이 있었던 인물이다. 그런 그가 다시 상왕이 총애하던 기매와 눈이 맞았으니 조정에서는 이 사실을 묵과하지 않았다. 이 사건의 전말에 대해 실록은 태종 17년(1417) 8월 8일에 상세히 기록을 남기고 있다.

> 환관 정사징을 베었다. 정사징은 고려 공양왕 때부터 환관 같지 않다는 말이 있었는데, 또 회안대군(태조의 네 번째 아들 방간)의 첩과 간

통하였고, 인덕궁을 섬기면서 시녀 기매를 간음하였다. 기매는 상왕(정종)의 본궁 여종이었다. 상왕이 알고 기매를 내치니, 정사징이 도망하였다. 이때에 이르러 붙잡히자 곧 베었다. 의금부 제조에서 기매를 아울러 베자고 청하니, 임금이 말했다.

"기매는 상왕에게서 아이를 배어 자식을 낳았으니 차마 못하겠다."

의금부 제조 등이 요청하였다.

"기매가 이미 죄를 지어 쫓겨났으니, 상왕인들 어찌 아끼겠습니까?"

임금이 그 말이 옳다고 여기어 장차 베려 하였다. 그런데 상왕의 명령으로 베지 못하였다.

정사징은 고려시대부터 내관으로 일해왔던 사람인데 정사징을 둘러싸고 들려오는 소문은 대단히 이상한 것이었다. 내관은 내관인데 수염이 자라나는 데다가 남성성을 완전히 잃지 않았다는 소문이 바로 그것이다. 상식적으로 환관이라고 하면 남성의 기능을 상실한 사람으로 알고 있는데, 궁중의 여인과 간통을 하였다면 납득할 수 없는 일이었다. 물론 성관계는 할 수 없지만 다른 여타의 방법으로 남녀의 정분을 교류할 수는 있을 것이다. 그런데 고려 시대 환관 중에는 남성의 기능을 완전히 제거하지 않은 내시가 있었다.

남자 구실을 못할 거면 여성을 시중으로 부리면 될 일이지만 굳이 남성을 제거하면서까지 환관을 왜 활용하였을까? 우리나라의 환관은 통일신라 시대의 흥덕왕 때부터로 기록된다. 흥덕왕은 왕비가 죽자 슬픔에 빠져 새로 맞은 왕비와 시녀를 가까이 하지 않고, 심부름꾼인 환관만 옆에 두었다고 한다. 이것이 환관의 시작이다. 궁에 있는 여자는 모두 왕의 여자이므로 다른 남자가 건드릴 수 없도록 지켜야 하고, 특히 그 임무는 왕비나 후궁의 정조에 위협이 되지 않을 남자가 맡아야 하였던 것이다.

왕정이 확립되고 일부다처제가 뿌리 깊은 국가에서 운용된 제도다. 신하나 고용인이 왕의 궁궐에 침범해서 왕의 여자들을 건드리는 것도 불경스러운 일이기도 하였지만, 행여 아이라도 생겨 그 아이를 왕의 적자랑 바꿔치기해서 왕위라도 물려받는 최악의 경우도 염려될 수밖에 없었다. 그래서 그런 사태를 사전에 차단시키고자 남성의 기능을 제거한 환관을 기용하게 된 것이다. 환관은 기본적으로 남성의 기능을 활용할 수 없으므로 왕비나 후궁들의 정조를 위협할 수 없었고, 설령 왕비나 후궁들의 침실에 불려간다 해도 씨앗이 없어 아이가 생길 위험도 없다. 생식능력만 제거되면 고자로 인정하는 경우가 많았기 때문에 환관도 부위를 절제하는 정도에 따라서 종류가 여러 가지였다.

고려 조정에서도 환관의 영향이 확대되었고, 공민왕 시대에는 환관들로 이루어진 내시부가 만들어지기에 이른다. 공민왕은 특히 환관들과 인연이 깊은 왕이었는데, 홍건적의 침공으로 인하여 흥왕사에 피신해 있을 당시, 김용이 난을 일으켜서 죽을 위기에 처한 일이 있었다. 그때에 왕을 호위하던 이들은 모두 달아났으나, 안도치라는 환관은 다른 환관인 이강달로 하여금 왕을 업고 피신하게 한 후 자신이 왕으로 가장하고 침전에 누워 있다가 반역자들에게 대신 살해당하였다. 그야말로 자신의 몸을 바쳐 왕을 구한 셈이다.

고려는 거세하는 형벌이 없었으므로 환관은 대개 어릴 때 개에게 물려 남성의 기능을 잃은 사람이 태반이었다. 따라서 환관의 수는 그다지 많지 않았다. 그러나 의종이 측근정치를 하면서 환관의 힘이 극대화되었다. 심지어는 환관이 정4품의 궁궐 내직인 합문지후에 임명되기도 하였으며, 2백 칸이 넘는 집을 소유하고 수백 명의 노비를 거느리는 경우도 있었다. 그 대표적 인물이 정함이다. 정함은 고려 인종 때 내시서두 공봉관이 되었으며 의종의 유모를 처로 삼았다. 그리고 의종이 왕위에 오르자 대저택을 하사받고 내전숭반 벼슬에 올랐다.

한편 기매가 낳은 아들 지운은 궁궐에서 나간 뒤, 출가하여 승려가 되었다. 그런데 기매 사건이 있은 지 7년이 지났을 때, 지운은 스스로 왕자라고 칭하고 다니다가 잡혀왔다. 그때는 이미 정종도 죽고 태종도 죽은 뒤였다. 실록 세종 6년(1424) 4월 23일, 그 내용이 다음과 같이 기록되어 있다.

> 진성 현감 이반이 중 지운을 잡아왔음으로 의금부에 하옥하도록 명하였다. 지운이라는 자는 공정왕의 시비 기매의 자식이었다. 기매가 항상 음란한 행동을 하므로, 왕이 가끔 곤장으로 다스렸다. 지운을 낳았으나, 왕은 자기의 자식이 아님을 알았던 까닭으로 여러 아들과 달리 그를 항렬에 넣지 않았다. 왕이 승하한 뒤에 지운은 머리를 깎고 절에 우거하면서 왕자라고 자칭하였다. 태종이 듣고 불쌍히 여겨서 의식(衣食)을 하사하고자 하니, 병조참의 윤회가 아뢰었다.
>
> "공정왕께서 지운을 아들이라 하지 않으셨는데, 지금 왕자라고 하면 외방에 떠돌아다니게 함이 마땅하지 못하고, 왕자가 아니라고 하면 어찌 은사를 입게 할 수 있겠습니까? 신은 옳지 못한가 합니다."

이에 태종이 말했다.

"나도 역시 의심은 하지만 이것은 분별하기가 매우 어렵다."

그러면서 마침내 의식을 하사하였다. 그러나 공정왕이 일찍이 자식이라 하지 않았던 까닭으로 지운에게 이렇게 말했다.

"너는 지금부터 왕자라고 자칭하지 말고 멀리 도망하는 것이 옳다."

그런데 이제 와서 지운이 다시 왕자라는 호칭으로 횡행하면서 폐를 끼치는 까닭으로 잡아오도록 명한 것이었다.

세종이 즉시 관원을 풀어 그를 잡아들여 확인해보니, 과연 기매의 아들 지운이 틀림없었다. 그는 원래 병이 있어 절에 맡겨진 것인데, 세종은 그를 찾아내어 환속시키려 하였다. 그리고 그가 붙잡혔을 때, 그를 측은하게 여겨 살려주려 하였으나 중신들은 그를 죽이라고 간언하였다.

세종 6년 6월 7일, 의금부에서 아뢰기를,

"기매의 아들 중 지운이 망령되게 인덕전의 아들이라고 일컬은 죄는, 난삽한 말이 임금에게 범하여서, '정리를 매우 해롭게 한 자는 참형에 처하고, 가산은 적몰하라'고 하신 교지에 의하기를 청합니다."

하니, 세종 스스로 생각해도 그의 존재가 왕실을 부끄럽게 만든다고 생각하였고, 결국 중신들의 주청대로 사형에 처하였다.

지운의 일은 정종의 여러 문제와 무관치 않다. 사실 정종은 명목상 왕이지 실질적인 권력은 동생 이방원이 갖고 있었기 때문에 이방원의 허수아비 노릇을 하였고, 정치 역량에서도 이방원에게 한참 미치지 못하였다. 그러다 보니 자연스럽게 정종의 입지 또한 제한적일 수밖에 없었다. 정종은 1419년(세종 원년)에 승하하였으나 오랫동안 제대로 조선 국왕 대접을 받지 못하였다. 명나라가 조선 국왕으로 인정하기 전에 태종에게 양위하고 죽었으므로 명나라는 정종을 권서국사(權署國事), 즉 임시로(권서) 나랏일(국사)을 처리하였던 자로 간주하였다.

태종은 형이 살아있는 동안은 상왕이자 형으로서 제대로 대우하였고, 세종 역시 큰아버지 정종이 살아있는 동안은 왕실의 웃어른으로서 정종을 극진히 모셨으나 막상 정종이 승하하고 시호를 올릴 때가 되자 문제가 심각해지게 되었다.

일단 세종은 정종을 정식 선대왕으로서 취급하지 않았다. 왕실의 웃어른으로 인정하고 종묘에 모시기는 하였으나, 그 대접이 매우 어중간하였다. 먼저 정종에게는 묘호를 올리지 않았다. 또한 시호도 처음에는 온인공용순효대왕(溫仁恭勇順孝大王)이라고 올렸는데, 명나라가 공정(恭靖)이라는 시호를 내리자 공(恭)이라는 글자가 겹친다는 이유로 시호에서 공용(恭勇)을 삭제하였다. 즉 조선에서 정종에게 올린 시호는 (대왕을 제외하고) 온인순효, 단 4글자에 불과하였다. 조선에서 국왕들에게 올리는 시호는 (대왕을 제외하고) 8자가 기본이고, 사람에 따라 추가적인 글자를 덧붙였다. 정종에게 시호를 단 4글자만 올렸으니(삭제된 공용을 합쳐도 6글자에 불과하다) 그 대접이 어떠한지 알 수 있다. 아예 종묘에서 삭제할 수는 없었으나, 그렇다고 제대로 선대 왕으로 인정할 수도 없었다. 명나라로부터 정식 조선 국왕으로 책봉을 받지 못하였다는 문제와, 태종의 왕통을 이은 후손으로서 정종을 제대로 인정하기가 녹록지 않다는 문제까지 합쳐진 결과였다.

6
세조의 후궁 박덕중의 연애편지 사건

세조 이유는 12살에 결혼하고, 사춘기로 접어든 14살의 어린 나이에 기생집을 드나들었다. 차천로가 지은 『오산설림(五山說林)』에 보면 다음과 같은 내용이 있다.

> 세조가 대군으로 있을 때인 14살 때 어느 기생집에서 자는데, 밤중에 기생과 관계하는 중에 어떤 자가 와서 문을 두드렸다. 세조가 놀라서 발로 뒷벽을 차서 벽이 넘어지자 곧 밖으로 나와 몇 길이나 되는 담을 뛰어넘었다. 그러자 그 사람 역시 뒤를 따라 뛰어넘으므로 세조는 또 이중의 성을 뛰어넘었더니, 그 사람 역시 뛰어넘었다. 세조가 1리쯤 가다가 길가에 속이 텅 빈 늙은 버드나무 한 그루가 있어 그 속에 숨었더니 그 사람이 따라오다가 찾지 못하고 투덜거리면서 가버렸다.

이와 같이 세조는 어려서부터 기생집에 자주 드나들어 마음에 드는 기생들을 첩으로 들였지만 세종은 이를 문제 삼지 않았다. 그만큼 세조는 여자 문제를 잘 관리하였던 것으로 보인다. 소용 박씨는 세조의 후궁이다. 이름은 덕중이다. 원래 세조가 즉위 전 잠저에 있을 때 첩으로 맞이하였다. 이후 계유정난으로 세조가 즉위하자 소용 첩지를 받고 후궁의 반열에 올랐다. 세조가 무척 총애하였었던 모양이어서 왕자 아지를 낳았으나, 아지는 4세의 어린 나이로 요절하였다. 이후 세조는 박씨를 찾는 일이 뜸해졌고, 박씨도 외로움을 참지 못하고 딴 남자에게 마음을 품었다.

박씨가 연정을 느낀 남자는 환관 송중이었다. 그런데 송중은 박덕중이 자신에게 접근해오자, 두려워 세조에게 이 사실을 고하였다. 덕분에 송중은 화를 면하였지만, 박덕중은 신분이 후궁에서 궁중에서 잔심부름을 하는 나인으로 강등되었다. 그러나 그녀는 여기서 그치지 않고 다시 엄청난 큰 사고를 쳤다.

나인으로 강등된 덕중은 다시 환관 최호와 김중호를 이용하여 당시 장안에 인기 있는 남자로 유명세를 탔던 세조의 조카 귀성군 이준에게 언문 연서를 보내게 하였다. 당시 이준은 25살 청년으로 훤칠한 용모에 학덕이 뛰어난 인물로 궁 안에 소문이 자자하였다. 덕중은 궁중에서 이준을 한번 보자마자 그만 반해서 그에게 연모의 편지를 썼던 것인데, 이 연서를 받은 귀성군과 그 아버지 세조의 동생 임영대군은 뒤탈이 두려워 이 사실을 곧바로 세조에게 고하였다.

실록 세조 11년(1465) 9월 4일, 아침에 급히 종친과 재추·승지 등을 불러 전교하기를,

"궁인 덕중이 언문으로 편지를 써서 환관 최호·김중호에게 주어,

귀성군 이준에게 통하여 생각하고 연모하는 뜻을 말하였는데, 이준이 그 아비 임영대군 이구와 함께 와서 아뢰었다. 아무것도 모르는 아녀자의 일은 족히 논할 것이 없지마는, 환관만은 조금 지식이 있는데 궁녀의 말을 듣고 외부 사람에게 전하였으니, 죄를 알 수 있는 것이다. 내가 마땅히 밝게 전형을 바르게 하여 그 죄를 폭로하겠다. 예전에 이르기를, '교훈할 수 없는 것은 오직 부시(婦寺: 궁중에서 일을 보던 여자와 환관을 일컫는 말)라'하였는데, 내가 환관을 다스리는 데에 이미 엄하게 하였으나 오히려 이러한 무리가 있어 기강을 어지럽히니, 이것은 집안의 법도가 정제되지 않은 까닭이다."

하고, 곧 최호와 김중호를 불러 묶어놓고 때리어 신문하니, 모두 다 승복하였다. 명하여 두 환관을 문 밖에 끌어내어 때려 죽였다. 또 전교하기를,

"궁인의 죄가 또한 이미 극도에 달하였다. 한편으로는 종친을 더럽히고 한편으로는 환관을 해하였으니, 내가 마땅히 죽여야 하겠으나 다만 눈앞에서 오래 보았기 때문에 우선 너그럽게 하고자 하는데, 여러 재상들의 뜻에는 어떠한가?"

하니, 모두 말하기를,

"죽여야 합니다."

하였다. 임금이 말하기를,

"내 마땅히 죽이겠다. 인군의 마음은 정대 광명하여 한번 베고 한번 상주는 것을 모두 공정한 의의로 결단하니, 어찌 조금이라도 미워하고 사랑하는 것이 그 사이에 있을 수 있는가?"

하였다. 김처선을 불러 말하기를,

"네 죄가 적지 않으나 죄의 괴수를 이미 베었으니 곧 너의 무리를 용서한다."

하였다. 이준이 옆에 있으면서 황공하여 어찌할 줄을 모르니, 임금이 말하기를,

"네가 왜 황공하여 하느냐? 죄는 저들에게 있고 네게 있지 않다. 침침한 구름이 해를 가리는 것이 광명에 무슨 손해가 있겠느냐? 네 마음이 이미 바르니 어찌 남의 말을 근심하랴? 혐의를 피하는 일은 어진 사람은 하지 않는다. 네가 왜 이렇게 두려워하느냐?"

하고, 인하여 술자리를 베풀고 준으로 하여금 일어나 춤추게 하여 위로하고, 또 종친으로 하여금 일어나 춤추게 하고 한낮이 되어서야 파하였다.

세조는 다시 박덕중을 궁궐에서 허드렛일이나 거드는 방자 신분으로 전락시켰다. 그런데도 그녀는 다시 환관을 시켜 이준에게 자신의 연서를 전하였다. 결국 이 사실을 안 세조는 더 이상 참지 못하고 편지 심부름을 한 환관을 참형에 처하고, 그녀를 교수형에 처하였다. 이때 의정부와 육조에서는 귀성군 이준과 덕중에 대해 국문을 통해 죄를 정해야 한다고 주장하였으나, 세조는 이미 덕중은 교형에 처하였고, 귀성군 이준은 의심스러운 점이 단연코 없다고 하여 받아들이지 않았다.

실록은 세조 11년 9월 5일 기사에 이 사건에 대해 다음과 같이 기록하고 있다.

밝기 전에 궁중에서 일을 맡아 하는 여자 덕중을 내치어 밖에서 교수형에 처하였다. 덕중은 주상의 잠저 때 후궁에 들어와서 자식을 낳았고 즉위한 뒤에 봉하여 소용으로 삼았으나, 자식이 죽었다. 승지 등이 합사하여 나인과 귀성군 이준의 죄를 청하고, 의정부 육조에서도 또한 와서 아뢰었다.

"환관이 이미 처형되었으나, 서신을 서로 통한 것이 어찌 오늘에 시작하였겠습니까? 그 유래가 오래되었던 것입니다. 또 환관 두 사람은 또한 반드시 여러 번 서로 통하였을 것이니, 청컨대 나인과 이준을 국문하여 죄를 정하셔야 합니다."

이에 세조가 말하였다.

"나인은 내가 이미 국법에 처하였고, 귀성군 일은 단연코 의심이 없는 것을 내가 이미 분명히 아니, 다시는 말하지 말라."

그리고 전교하였다.

"수십 일 동안에 다섯 사람이 주륙을 당하였으니, 여러 신하와 백성이 어찌 두려운 마음을 품지 않겠는가? 마땅히 은혜를 베풀어 대중이 마음을 편안히 하여야 할 것이다."

그리고 박덕중 사건의 전말을 다음과 같이 밝혔다.

"나인 덕중이 일찍이 환관 송중을 사랑하다가 일이 발각되자 아울러 그 죄를 다스렸는데, 다시 생각건대 죄는 나인에게 있고 송중은 상관이 없으므로 송중으로 하여금 직무를 유지하도록 했다. 뒤에 또 덕중이 편지를 써서 환관 최호로 하여금 귀성군 이준에게 전하게 했다. 이준이 아비 임영대군 이구와 더불어 곧 내게 갖추어 아뢰었다. 내가 폭로하려 하지 않아서 곧 내치어 방자의 역할에 이바지하게 하였는데, 오히려 뉘우쳐 고치지 않고 지금 다시 편지를 써서 환관 김종호를 시켜 이준에게 전하였다. 이준이 아비 이구와 더불어 또 즉시 갖추어 아뢰었으므로 내가 친히 물으니 하나하나 승복하였다. 곧 최호와 김종호를 때려죽이고 나인 박덕중도 또한 율로 처단하였다."

이 사건의 전모는 애초에 세조가 지극히 사랑하였던 박덕중이 자신의 아이를 잃자, 그는 더 이상 덕중을 찾지 않게 되어 덕중이 다른 남자들에게 관심을 가진 데서 시작되었다. 그것도 한 번에 그친 것이 아니라 무려 세 번에 걸쳐 외간 남자에게 연정을 드러낸 것이다. 후궁에서 나인으로, 나인에서 궁 안에서 허드렛일이나 거드는 신분으로 전락하면서까지 그녀가 추구한 진정한 사랑의 대가는 혹독한 죽음이다. 또 자신 때문에 다섯 명이나 극형에 처해지고, 자신도 죽음을 감수하면서까지 연모한 사랑 얘기는 과연 후세에 어떤 평가를 내려야 할지 궁금하다.

7
조선시대 희대의 불륜 사건

조선사회를 떠들썩하게 하였던 유감동 사건(1427)이 일어난 지 53년 뒤인 성종 11년(1480)에 조선을 떠들썩하게 한 어우동 사건이 일어났다. 어우동의 이름은 『조선왕조실록』 성종 11년 7월 9일 처음 나온다. 요지는 이렇다. 의금부가 "어우동이 태강수의 아내였을 때 방산수 이난*과 수산수 이기**와 간통하였는데 이는 율이 장 1백 대, 징

---

* 방산수 이난(方山守 李瀾, 1460년~?)은 조선시대 전기의 왕족이자 시인으로, 이름은 난이며, 세종의 서손자이자 계양군 이증의 서자였다. 시와 가무를 좋아하였다. 그는 길에서 어우동을 만나 그녀와 가깝게 지내게 된다. 이후 어우동과 시문 등을 주고 정을 통하게 된다. 어우동과의 관계는 자신의 팔뚝에 이름을 새기기를 청하여 먹물로 이름을 새길 정도였다. 그러나 1480년 이 사건을 추적하던 도승지 김계창 등이 스캔들을 공론화하면서 탄핵을 당하였다. 관련자들이 어우동과의 혐의를 부인하는 가운데 그는 혐의를 부인하지 않고, 도리어 그간 어우동과 만났던 남성들의 이름을 실명으로 언급했다. 1482년(성종 23년) 8월 석방되었으나, 사헌부 장령 이감 등으로부터 불가하다는 탄핵이 계속되었고, 1492년 7월 복작되었으나 역시 사간원 정언 최세걸 등의 반대가 빗발쳤고, 성종이 이를 모두 무마시켰다. 이후의 행적은 미상이다.

** 수산수 이기는 태종의 형이자 세종의 백부인 정종의 서자인 석보정 이복생의 손자이다.

역 3년에 고신(告身: 품계와 관직을 내리는 임명장)을 모조리 추탈하는 죄에 해당한다"고 보고하자, 성종은 "장형은 죄를 면하고자 바치는 돈을 내게 하고, 고신을 빼앗은 뒤 먼 지방에 부처(付處: 어느 한 곳을 지정하여 머물러 있게 하는 형벌의 하나)하라"고 명하였다. 이것이 실록에 나와 있는 어우동의 최초 기록이다.

인간의 욕망은 채우면 채울수록 목이 말라 갈증이 심한 것처럼 충족시킬 수 없다. 욕망 그 자체가 유한한 것이 아니라 무한하기 때문에 참으면 참을수록 봇물 터지듯 자꾸 터지기 때문이다. 그 대표적 사례가 바로 조선시대를 떠들썩하게 만들었던 희대의 바람둥이 어우동 사건이다.

어우동은 승문원(외교문서 담당기관)의 지승문원사(정2품) 박윤창의 딸이다. 본명은 박구마라고도 하는데 확실치는 않다. 실록에는 이름이 어우동이라고도 나온다. 그녀는 지체 높고 재산도 많은 집안의 딸로 미색도 출중하였다. 승문원은 중국과 일본의 문서를 관장하고 중국에 보내는 외교문서에 사용되던 독특한 용어 또는 그러한 문체의 교육을 담당하였다. 중국과 관련된 문서를 취급하다 보니 자연히 문과 합격자들이 매우 선호하는 관청이었으며, 입신양명에 큰 도움을 주는 곳이기도 하였다. 조선 최고의 권력기관이자 감찰기관인 사헌부와 사간원, 홍문관을 삼사라고 하였고, 학문과 밀접한 연관이 있는 성균관과 교서관, 승문원은 삼관이라고 하여 출세하기 위해서는 이 양대 조직에 몸담고 있어야 가능할 정도였다. 따라서 승문원 관리들은 고관대작의 자제들로 채워졌다. 박윤창은 막강한 승문원 지사를 지낸 인물이고, 어우동은 이런 집안의 딸이었다.

박윤창이 승문원 지사를 지낸 것을 보면 무던한 성격에 순하고 착하였으며 머리도 좋은 인물이었던 같다. 그 이유로는 그는 한쪽 눈을 잃은 장애인이었고, 그의 아내 정귀덕은 반대로 장안에 소문난 성질이 사납고 모질음이 비할 데가 없어 박윤창을 위협하고 억눌러서 학대하기가 일쑤였다. 그녀는 그 당시에 통용되었던 유교의 강상인 칠거지악과 상관없이 남편을 장애인이라는 이유로 막 대하였을 뿐만 아니라 심지어 구박하고 학대하여 마치 자기 종 부리듯 하였다. 이와 관련된 내용이 세조 3년(1457) 5월 19일자에 자세히 기록되어 있다.

임금이 의금부에 명하여 박윤창의 아내 귀덕을 석방하였다. 귀덕은 본디부터 성질이 사납고 모질음이 비할 데가 없어 박윤창을 위협하고 억눌러서 종처럼 부리었다. 박윤창은 한쪽 눈이 애꾸가 되었는데, 새로 집을 지으면서 기와를 덮고 겨우 일을 마치자 박윤창이 아내와 더불어 창문을 둘 곳을 의논하다가 뜻이 합하지 않으니, 귀덕이 박윤창에게 이렇게 말했다.

"애꾸눈 놈아, 애꾸눈 놈아, 네가 일을 아는가?"

그러면서 손에 장대를 잡고 처마 기와를 때려 부수면서 말했다.

"네가 이미 나의 뜻을 거슬렀으니, 이런 집은 지어서 무엇하랴!"

그녀는 방과 창 벽을 때려 부수어 남김이 없었으니, 그 성질이 사납고 모질기가 이와 같았다.

문제는 그녀의 사납고 모진 성질은 남편에게만 해당되는 것이 아니었다. 집에서 부리는 종들한테는 더욱더 난폭하고 모질게 대하였다. 그뿐만 아니라 사람 죽이는 것을 대수롭지 않게 여겼고 어떻게든 욕망을 달성하는 음탕한 여인이었다.

세조 3년(1457) 5월 19일자 계속된 내용을 보면 이를 알 수 있다.

무릇 사내종들 중 조그만 실수가 있는 자는 문득 고문을 가하게 되니, 이로 인하여 죽은 자가 한둘이 아니었다. 노비를 원수처럼 미워했는데, 집에 사내종 하나가 있어 잘생겼을 뿐만 아니라 몸이 장대했으므로, 귀덕이 사랑하여 마음대로 부렸다. 그런데 여종 중 하나가, '귀덕이 사내종과 더불어 사통했다'고 발설하니, 귀덕이 즉시 그 모자를 때려 죽였는데 일이 발각되어 갇히게 되었다. 박윤창이 그 무고를 힘써 변명하자, 옥관이 웃으면서 말하기를,

"규중의 일은 은밀한데, 그대가 또한 어찌 능히 별일이 없다고 다 보장하겠는가?"

하였다. 박윤창이 애꾸눈을 닦으면서 아내 귀덕을 구하기 위해 무고함을 증명하기 위하여 동분서주하였다. 그러면서 너무도 슬퍼하며 눈물까지 보여 주위 사람을 감동시키니, 그때의 사람들이 이를 비웃었다. 이때에 이르러 가뭄 때문에 석방을 하게 되었다.

어우동은 이런 가정에서 성장하였다. 그녀의 나이 열다섯이 되어 시집을 가게 된다. 그녀가 시집을 간 후에도 어머니 귀덕은 계속해서 성 추문을 일으켰다. 인물이 반반한 종들과 사통을 일삼았고, 이 소문이 점차 암암리에 장안에 파다하게 퍼졌다. 이러한 사실을 인지한 박윤창은 더 이상 참지 못하고 그녀와 이혼하기에 이르렀다.

8
왕손 태강수 이동

어우동은 효령대군 이호의 손자 태강수 이동에게 시집을 갔다. 즉 왕실의 종친이었다. 태종의 둘째 아들 효령대군 이호는 셋째 충녕대군(세종)에게 왕위가 넘어간 뒤 불교에 심취하여 불경 강론에 매달렸던 사람이다. 그는 태종의 거친 정치 격변기에도 묵묵히 학문과 활쏘기에 매진하며 정치에 무관심하여 91세까지 장수를 누렸다. 그의 아들 영천군 이정 또한 정치와 권력에는 전혀 뜻을 두지 않고, 천하를 유유자적하게 풍류객처럼 일생을 보냈다. 영천군 이정의 아들 태강수 이동은 정실 소생은 아니고 첩의 소생이었다.

태강수란 왕실 종친에게 내리는 일종의 봉작이다. 왕실 종친들은 종친부 소속이고, 그곳에서 품계와 벼슬을 받는데, 왕의 적자들은 대군의 칭호를 받고, 왕의 서자들은 군이 칭호를 받는다. 이후 그들의 손자와 증손자로 내려갈수록 품계가 낮아지게 된다. 태강수는 왕자군의 증손자에 해당하며, 품계는 정4품이었다. 종친들은 종친부에서 품계와 벼슬을 받고 녹봉을 받지만, 특별히 하는 일이 없었다. 대부분 벼슬에 오르는 일없이 한량으로 살기 십상이었고, 태강수 역시 그런 인물 중 하나였다.

어우동과 태강수의 부부 금슬은 처음에 괜찮았다. 둘 사이에는 번좌라는 이름의 딸이 하나 있었다. 그런데 아이를 낳고 난 뒤에 태강수는 연경비라는 기생에게 빠져들었고, 어우동으로 하여금 독수공방을 하는 신세로 만들었다. 태강수가 연경비를 첩으로 들인 후에 어우동은 집에서 눈엣가시가 되어버렸다. 태강수는 어우동의 흠을 잡아 내쫓아버리고 말았다.

그 흠이라는 것은 이러하였다. 태강수가 은장이(은을 다루는 기술자)를 불러와 집에서 은그릇을 만들게 하였다. 어우동이 그 은장이와 놀아났다는 주장이었는데, 후일 이 사건은 간통으로 확대되었다. 그러자 종부시에서 이를 그냥 두지 않았다. 종부시는 종친들의 규율을 잡는 관청이었다. 종부시에는 성종 7년(1476) 9월 5일 왕에게 이런 요청을 하였다. 사건 당시 일이 성종 7년(1476) 9월 5일에 자세히 기록되어 있다.

"태강수 이동이 기생 연경비를 매우 사랑하여 그 아내 박씨를 버렸습니다. 대저 종친으로서 첩을 사랑하다가, 아내의 허물을 들추어 제멋대로 버려서 이별하는데, 한편 그 단서가 열리면 폐단의 근원을 막기 어렵습니다. 청컨대 박씨와 다시 결합하게 하고, 이동의 죄는 성상께서 재량하여 결정하소서."

하니, 그대로 따르고, 이동의 고신을 거두게 하였다.

만일 어우동이 은장이와 정말 간통을 하였다면 그것은 당연히 이혼 사유가 된다. 실록에서는 어우동이 "계집종처럼 하고 나가서 은장이와 서로 이야기하며 마음속으로 가까이 하려고 하였다"라고 나온다. 이 은장이가 어우동에게는 사모할 수 있는 남정네로 보였던 모양인데 이 정도 허물을 가지고 이혼한다는 것은 용납되지 않는 일이었다.

태강수 이동이 빠진 연경비라는 기생은 태강수를 만나기 15년 전에 이미 실록에 이름을 올린 당대 최고의 명기였다. 연경비와 관계한 남자도 다섯 명이나 등장하고 있다. 실록을 보면, 연경비가 종친(태강수 아님)의 첩이 된 후에 벌어진 간통 사건이 포함되어 있다. 예종 1년(1469) 7월 7일, 족친위(族親衛: 왕실의 친족들로 편성된 군대) 윤유덕이 기생 연경비와 간통하여 사헌부에서 이를 국문하려 하니, 윤유덕이 도망하였다. 사헌부에서 아뢰기를, "윤유덕은 국휼을 당하여 슬픔을 잊고서 음행을 행하였으니, 죄가 열 가지의 큰 죄에 관계됩니다. 청컨대, 뒤따라 잡아서 먼 변방에 충군(充軍: 죄를 범한 자를 먼 곳에 보내 군역에 복무하도록 한 형벌)하고 종신토록 서용(敍用: 죄를 지어 면관이 되었던 사람을 다시 등용하는 일)하지 마소서" 하니, 승정원에 명하여 의논하게 하였다. 승정원에서 아뢰기를, "윤유덕은 범한 바가 비록 졸곡(卒哭)* 후에 있었지만 기생과 간통한다는 것은 혼인이 이루어진 예가 아니므로 징계하지 않을 수 없습니다" 하니, 그대로 따랐다.

---

* 졸곡(卒哭): 졸곡은 삼우제를 지낸 뒤 강일(剛日 : 天干이 甲·丙·戊·庚·壬에 당하는 날)에만 지내도록 되어 있고, 그 시기는 초상으로부터 3개월이 지난 뒤에 지내도록 되어 있다. 옛날에는 장사를 지내는 시기가 귀천에 따라 달랐으나 모두 죽은 뒤 3개월이 되어야만 장사를 지내도록 규정하고 있고, 만약 3개월 전에 장사를 지냈다고 하더라도 졸곡만은 꼭 3개월을 기다려서 지내도록 되어 있었다.

성종이 태강수에게 재결합을 명하였으나 그는 어명을 따르지 않았다. 동시대 기록인 성현의 『용재총화』에서는 어우동이 은장이를 내실로 끌어들여 잤다고 나오지만 거리의 풍문을 기록하였을 가능성이 높다. 정말 그런 일이 벌어졌다면 재결합하라는 어명 같은 일은 결코 나올 수 없기 때문이다. 이것은 모든 일이 끝난 뒤에 어우동에게 뒤집어씌운 누명인 셈이다.

9
새로운 삶을 선택한 어우동

태강수 이동에게 쫓겨난 어우동은 아버지와 이혼하고 혼자 살고 있는 친정으로 돌아온다. 그녀가 실의에 빠져 한탄하고 있을 때 여종이 그녀를 위로하며 말하였다.

"사람이 얼마나 살기에 상심하고 탄식하기를 그처럼 하십니까? 오종련이란 이는 일찍이 사헌부의 도리(우두머리 아전)가 되었고, 용모도 아름답기가 태강수보다 월등히 뛰어나오며, 혈통도 천하지 않으니, 배필을 삼을 만합니다. 주인께서 만약 생각이 있으시면, 마땅히 주인을 위해서 불러오겠습니다."

여종의 말은 어우동에게 새로운 삶의 길을 열어주었다. 남편은 기생과 바람이 나서 첩을 들이고 자신은 그런 남편으로부터 소박을 당한 셈이었다. 여종의 솔깃한 꾐에 빠진 어우동은 그녀의 주선으로 오종련을 만나보니, 여종의 말대로 인물이 출중하고 사내다운 데가 있었다. 그들 두 사람은 만나자마자 마음이 통해 잠자리를 같이하기에 이르렀다. 어우동은 오종련과의 만남 이후에 본격적으로 자신의 미모를 빌미로 본격적으로 바람을 피기 시작하였다. 이름도 현비라고 고치고 기생인 척 굴기도 하였다. 기생이라면 별 걱정 없이 남자들이 잠자리를 하러 오기 때문에 그런 행세를 한 것으로 보인다.

어우동의 사건을 직접 목도하였던 성현은 훗날 『용재총화』에 어우동의 일대기를 실었다. 이 무렵 어우동에 대한 풍문도 적어놓았다.

어우동의 계집종 역시 예뻐서 매양 저녁이면 옷을 단장하고 거리에 나가서, 얼굴이 반반한 소년을 이끌어들여 여주인의 방에 들여주고, 저는 또 다른 소년을 끌어들여 함께 자기를 매일처럼 하였다. 꽃 피고 달 밝은 저녁엔 정욕을 참지 못해 둘이서 도성 안을 돌아다니다가 사람에게 끌리게 되면, 제 집에서는 어디 갔는지도 몰랐으며 새벽이 되어야 돌아왔다.

길가에 집을 얻어서 오가는 사람을 점찍었는데, 계집종이 말하기를,

"누구는 나이가 젊고 누구는 코가 커서 주인께 바칠 만합니다."

하면 어우동은 또 말하기를,

"누구는 내가 맡고 누구는 네게 주리라."

하며 실없는 말로 희롱하여 지껄이지 않는 날이 없었다.

어우동의 잠자리 행각은 계속되었고, 그 상대도 점점 늘어났다. 잠자리 상대가 늘어남에 따라 소문은 삽시간에 퍼지기 시작하였고, 급기야 조정에도 알려지자, 종친부가 발칵 뒤집혔다. 잠자리 상대 중에 종친 수산수 이기와 방산수 이난이 포함되어 있었기 때문이다.

방산수는 그 당시에 꽤 유명한 인물이었던 모양으로 어우동은 방산수를 만나러 일부러 그의 집으로 찾아갔다. 눈에 확 띄는 옷차림을 하고 있었던 탓인지 방산수는 대번에 어우동에 빠져들어 운우지

정을 나누게 되었다. 방산수는 어우동에게 청해서 자신의 이름을 그녀의 팔에 문신으로 새겨 넣었다.

이들 역시 태강수와 마찬가지로 세종의 고손자쯤 되는 사람들이었다. 말하자면 모두 태강수의 친족들이었는데, 어우동은 대담하게도 왕실의 종친들과 잠자리를 하고 있었던 것이다. 놀라운 것은 어우동이 그들과 간통 행각을 벌인 시점이 태강수에게 버림받기 이전부터라는 사실이다. 태강수가 기생 연경비에게 빠져 지내자, 이에 대한 대응으로 맞바람을 피웠던 셈이다. 어우동은 그 이후로 수년간 외간 남자와 잠자리 행각을 지속하였다.

어우동의 바람기는 방산수 이난에 그치지 않았다. 방산수와 함께 장안에서 한량으로 행사깨나 하고 있던 수산수 이기마저 단옷날에 어우동의 유혹에 넘어갔다. 단오는 여름을 앞두고 찾아오는 중요한 세시풍속 중 하나로 큰 명절이다. 단오가 되면 여자들은 창포물에 머리를 감고, 그네를 뛰며 하루를 보내고, 남자들도 활쏘기, 씨름 등과 같은 민속놀이를 하며 즐거운 하루를 보냈다. 수산수 이기는 여인이 그네뛰기 하는 모습에 넋이 나가 있었는데, 갑자기 그의 주위를 맴돌고 있던 곱게 치장한 미모의 어떤 여인이 그의 시선을 잡아끌었다. 그러자 이기는 그녀에게 관심이 있어 여종에게 물었다.

"뉘 집의 여자냐?"

여종이 거짓으로 꾸며 대답하였다.

"내금위의 첩입니다."

첩이라는 말에 이산은 망설이지 않고 어우동에게 접근하였다. 첩 도둑질이 성행하였던 시절이었고, 대부분 첩들은 기생이나 의녀 출신이 많아 바람피우기에 적합하였다. 서로 마음이 통한 이기와 어우동은 망설일 필요가 없었다.

수산수 이기를 낚는 데 성공한 어우동의 바람기는 날 샐 줄을 몰랐다. 그녀는 이번에는 전의감 생도 박강창에 손을 뻗쳤다. 박강창이 부리는 종을 사겠다는 구실로 그를 집으로 유인하였다. 어우동이 박강창에게 직접 만나 종의 값을 흥정하자는 핑계를 대자, 그만 박강창이 어우동의 꼼수에 넘어오고 말았다. 둘은 만나자마자 의기투합하여 잠자리를 하기에 이르렀는데, 어우동은 박강창을 몹시 마음에 들어하였다. 그래서 그의 팔뚝에 자신의 이름을 새기게 하였다.

어우동의 바람기 소문은 한량들 사이에 화제가 되었다. 한량들뿐만 아니라 일반 평민들도 수단과 방법을 가리지 않고 어우동과 만날 방책을 강구하기 시작하였다. 바로 이근지라는 평민이 어우동의 소문을 듣고 대담하게 방산수의 심부름을 왔다고 거짓말을 해서 어우동을 만나 정을 통하였다. 이번에는 어우동과 이웃에 사는 내금위 관원 구전이 어우동이 정원에서 산책하는 것을 보고, 곧장 담을 뛰어넘어 서로 정분을 쌓았다.

또 생원 이승언이 일찍이 집 앞에 서 있다가 어우동이 걸어서 지나가는 것을 보고, 그 계집종에게 물었다.

"지방에서 뽑아 올린 새 기생이 아니냐?"

계집종이 거짓으로 대답하였다.

"그렇습니다."

그러자 이승언이 뒤를 따라가며 희롱도 하고 말도 붙이며 그 집에 이르러서, 침방에 들어가 비파를 보고 가져다가 탔다. 어우동이 성명을 묻자, 이승언이 대답하였다.

"이 생원이다."

어우동이 이 말을 듣고 말하였다.

"장안의 이 생원이 얼마인지 모르는데, 어떻게 성명을 알겠는가?"

이승언이 어우동의 대답을 듣고 이렇게 대답하였다.

"춘양군의 사위 이 생원을 누가 모르는가?"

그리고 마침내 함께 잠자리를 하였다.

학록 홍찬이 처음 과거에 올라 유가(遊街: 과거 급제자가 광대를 앞세우고 풍악을 울리면서 거리를 돌며 지인들을 찾아보던 일)를 하다가 방산수의 집을 지날 적에 어우동이 살며시 엿보고 간통하고 싶은 마음이 있었는데, 그 뒤에 길에서 만나자 소매로 그의 얼굴을 슬쩍 건드리어, 홍찬이 마침내 그의 집에 이르러서 간통하였다.

서리 감의향이 길에서 어우동을 만나자, 희롱하며 따라가서 그의 집에 이르러 간통하였는데, 어우동이 사랑하여 또 등에다 이름을 새기었다.

밀성군의 종 지거비가 이웃에서 살았는데, 틈을 타서 간통하려고 하여, 어느 날 새벽에 어우동이 일찌감치 나가는 것을 보고, 위협하여 말하였다.

"부인께선 어찌하여 밤을 틈타 나가시오? 내가 장차 크게 떠들어서 이웃 마을에 모두 알게 하면, 큰 옥사가 장차 일어날 것이오."

어우동이 두려워서 마침내 안으로 불러들여 간통을 하였다. 이때 방산수 이난이 옥중에 있었는데, 어우동에게 말하였다.

"예전에 유감동이 많은 간부로 인하여 중죄를 받지 아니하였으니, 너도 사통한 바를 숨김없이 많이 끌어대면, 중죄를 면할 수 있을 것이다."

이로 인해 어우동이 정을 통한 남정네를 많이 열거하고, 방산수 이난도 어유소, 노공필, 김세적, 김칭, 김휘, 정숙지 등을 끌어대었으나, 모두 증거가 없어 면하게 되었다.

이와 관련하여 방산수 이난이 공술하여 말하였다.

"어유소는 일찍이 어우동의 이웃집에 살던 사람이 다른 곳으로 자리를 옮겨서 요양하여 살았는데, 은밀히 사람을 보내어 그 집에 맞아들여 사당에서 간통하고, 뒤에 만날 것을 기약하여 옥가락지를 주어 신표로 삼았습니다. 김휘는 어우동을 사직동에서 만나 길가의 인가를 빌려서 정을 통하였습니다."

사람들이 자못 어우동의 어미 정씨도 음행이 있을 것을 의심하였는데, 그 어미가 일찍이 다음과 같이 말하였다.

"사람이 누군들 정욕이 없겠는가? 내 딸이 남자에게 혹하는 것이 다만 너무 심할 뿐이다."

이런 일로 장안에 그녀의 간통 행각에 대한 소문이 퍼지기 시작하였고, 급기야 조정에도 알려지자, 종친부가 발칵 뒤집혔다. 사태가 걷잡을 수 없이 확대되자, 어우동은 일단 몸을 숨겼다. 어우동의 애정 행각은 조정의 큰 논란거리가 되었다. 왕실의 며느리가 종친들과 바람을 피웠으니, 그 파장이 얼마나 컸을지는 짐작하고 남을 일이다. 성종은 대로하여 우선 어우동과 간통한 사실이 알려진 방산수 이난을 잡아들여 문초하라고 지시하였다.

의금부에 끌려간 이난은 어우동과 간통한 사실을 인정하며, 자기 외에도 그녀와 간통한 간부들이 수두룩하다며 이름을 나열하였다. 그 첫 번째 인물이 같은 종친인 수산수 이기였고, 이어서 어유소, 노공필, 김세적 등 관료들의 이름이 열거되었다. 어유소는 장수 출신으로 의정부 우찬성을 지낸 재상 중 한 사람이었고, 노공필은 승정원의 승지를 지내고 병조참의 벼슬에 있었으며, 김세적은 무장 출신으로 선전관을 지내고 절충장군에 올라 있었다. 그들과 함께 또 거론된 관료들이 김칭, 김휘, 정숙지 등이었다. 이들 모두 이름 있는 명문가 출신이었다.

이들의 이름이 거론되자, 조정이 발칵 뒤집혔다. 모두 성종이 총애하는 무관들인데 장래가 촉망되는 젊은 무관들이었기 때문이다. 성종은 방산수 이난이 자신의 죄를 가볍게 하려고 그들을 끌어들인 것으로 판단하고 어유소와 노공필, 김세적에게는 죄를 묻지 않으려 하였다. 이난이 일종의 물타기를 하고 있다고 판단한 것이다.

하지만 조정 언관들이 이를 그냥 지나치지 않았다. 언관들은 그들 세 사람을 신문하여 사실관계를 확인해야 한다고 주장하였다. 이런 상황에서 방산수 이난의 입에서 몇 사람의 이름이 더 열거되었다. 내금위 관원 구전, 학유 홍찬, 생원 이승언 등의 양반들과 서리 오종련과 감의형, 전의감 생도 박강창 같은 중인, 거기에 평민 이근지와 사노 지거비 등이었다.

10
어우동과 죽이 척척 맞는 계집종

조선 초기의 문신인 성현은 『용재총화』에 다음과 같이 적었다. 어우동은 승문원의 관리 박 선생의 딸이다. 자색이 빼어나게 아름답고, 집안은 부유하였다. 그러나 성품이 음탕하여 행실을 단속하는 법이 없었다. 왕족인 태강수 이동의 아내가 된 뒤에도 여전히 음탕하여, 이동이 어우동의 행실을 제어할 수 없었다. 한번은 이동이 젊고 풍채가 훤한 공인(工人)을 불러 은그릇을 만들게 하였다. 어우동은 공인을 좋아해서, 남편이 나간 뒤에 여종의 옷을 입고 공인 옆에 앉아 은그릇을 참 정교하게 만든다고 칭찬하였다. 그러다가 공인을 자신의 방으로 끌어들여 날마다 마음껏 음탕한 짓을 하다 남편이 돌아오면 몰래 숨기곤 하였다. 그러다 결국 남편이 자세한 사정을 알게 되어 마침내 어우동을 내쫓아 버렸다. 이때부터 어우동은 꺼릴 것 없이 자기 마음대로 행동하였다.

어우동을 따르던 여종도 자색이 고왔다. 여종은 저녁마다 옷을 곱게 차려입고 나가서 미소년을 데려와 어우동에게 바치고 자기도 다른 소년을 데려와 밤을 보내곤 하였다. 달빛이 비치는 봄밤에는 어우동과 여종 두 사람이 정욕을 못 이겨 도성을 두루 돌아다니다가 마음에 드는 남자가 있으면 새벽이 되어서야 집에 돌아왔다. 집에서는 두 사람이 밤새 어디에 있었는지 알지 못하였다.

두 사람은 길가에 집을 빌려서 오가는 사람을 점찍었다. 여종이 "이 사람은 젊고 저 사람은 코가 크니 아씨께 바칠 만해요"라고 말하면, 어우동은 또 "이 사람은 내가 갖고 저 사람은 네게 주마"라고 대답하였다. 둘이서 이렇게 희롱하는 말을 주고받지 않는 날이 없었다.

어우동은 또 왕족인 방산수 이난과 정을 통하였는데, 이난은 젊고 성품이 호탕하며 시를 잘 지었다. 어우동은 이난을 사랑하여 자기 집에 맞아들이고는 부부처럼 지냈다. 하루는 이난이 어우동 집에 갔는데 마침 그녀가 꽃구경을 가서 돌아오지 않았고 보랏빛 저고리만 병풍 위에 걸려 있었다. 이난은 시를 지어 그 저고리에 적어놓았다.

물시계 소리에 밤기운이 맑고	玉漏丁東夜氣淸
흰 구름 걷히니 달빛이 밝네	白雲高捲月分明
한적한 방에 향기가 남아 있으니	間房寂謐餘香在
오늘 밤 꿈속의 정을 그릴 수 있으리	可寫如今夢裏情

그 외에도 어우동은 조정의 관리나 유생 중에 젊고 방탕한 자를 맞아들여 음란한 행실을 무수히 저질렀다. 조정에서 이러한 상황을 알고 조사하여 고문을 받은 자도 있고, 벼슬이 박탈되거나 먼 곳으로 귀양 간 자도 수십 명이었는데, 어우동과 음란한 행실을 저지른 자들을 모두 밝혀내지 못해 형벌을 면한 자도 또한 많았다. 의금부에서

임금에게 어우동의 죄를 아뢰자 임금은 신하들에게 어우동의 형벌을 의논하게 하였다. 모두 법에 따르면 그 죄가 사형까지는 이르지 않고 먼 곳으로 유배 보내는 것이 적합하다고 하였다.

그러나 임금은 풍속을 바르게 하기 위해 어우동을 사형에 처하도록 명령하였다. 사형이 집행되던 날 어우동이 감옥에서 나오자 여종이 수레에 올라 어우동의 허리를 껴안고 말하였다.

"아씨, 정신을 잃지 마셔요. 이번 일이 없었더라도 이보다 더 큰 일이 일어나지 않으리란 법이 있겠습니까?"

그 말을 들은 사람들이 모두 웃었다. 여자가 행실이 더러워 풍속을 어지럽히긴 하였지만, 양반가의 딸로 사형을 받게 되었으니, 그 처지를 딱하게 여겨 길에서 눈물을 흘리는 사람도 있었다.

당시 임금은 성종이었다. 이 당시 수청을 들지 않아 매를 맞은 수원 기생이 이렇게 말하였다.

"어우동은 음란한 짓을 좋아해 벌을 받았는데 나는 음란하지 않다고 벌을 받았으니, 조정의 법이 어찌 다른가?"

이 말을 들은 사람들이 모두 옳은 말이라 여겼다고 한다. 남성 위주의 사회조직과 윤리강상의 제도가 이중의 잣대로 적용된 결과이다.

11
실록에 나타난 어우동과 관련된 내용

어우동 사건으로 조정이 시끄러울 때, 몰래 숨어있던 어우동이 체포되어 의금부에 하옥되었다. 그러자 어우동과 그녀와 간통한 남자들에 대한 처벌의 수위를 놓고 조정 신하들 사이에 한바탕 논쟁이 벌어졌다. 실록의 내용을 살펴보면 다음과 같다.

성종 11년(1480) 7월 11일 의금부에서 간통한 어우동, 박강창, 홍찬, 어유소, 노공필 등을 국문하도록 청하였다.

"박강창, 홍찬 등이 어우동을 간통하고도 굳이 숨기고서 자복하지 않고, 어우동이 어유소, 노공필, 김세적, 김칭, 정숙지, 김휘, 지거비를 간통하고도 꺼리어 감추고 숨기고서 승복하지 않으니, 청컨대 형벌을 가하고, 어유소 등을 아울러 국문하소서."

박강창, 홍찬, 어우동 등은 형을 가하고, 어유소, 노공필, 김세적은 아직 추문(推問: 어떤 사실을 자세히 캐며 꾸짖어 물음)하지 말고, 김칭, 정숙지, 김휘는 먼저 추문하여 아뢰라고 명하였다.

성종 11년 7월 14일 이덕숭이 말하였다.

"어유소, 노공필, 김세적이 어우동을 간통한 것은 마땅히 국문하여야 하는데, 정숙지 등의 승복을 기다린 뒤에 국문하라고 명령하셨습니다. 지금 어유소 등의 범한 바 일의 단서가 이미 드러났으니, 청컨대 아울러 국문하소서."

임금이 이 말을 듣고 말하였다.

"방산수가 제 죄를 면하기를 꾀하여 거짓 끌어댄 자가 많으니, 만일 정숙지 등을 추문하면 어유소 등의 진위를 알게 될 것이다. 어찌 그 실상을 알지 못하고서 갑자기 재상을 옥에 가둘 수 있겠느냐?"

성종 11년 7월 26일, 김성경이 또 말하였다.

"어우동이 간통한 김칭, 정숙지, 김휘는 모두 옥에 갇혔는데, 어유소 등만 하옥하지 않았으니, 대단히 불가합니다."

임금이 이 말을 듣고 말하였다.

"김칭, 정숙지, 김휘가 모두 죄에 대한 형벌을 복종하여 받는다면 어유소 등도 마땅히 하옥하여 국문하여야 한다."

김성경이 또 한충인, 당효량의 관직을 고칠 것을 청하였으나, 들어주지 않았다.

또 성종 11년 9월 2일 의금부에서 아뢰기를,

"태강수 이동이 버린 처 어우동이 수산수 이기와 방산수 이난, 내금위 구전, 학유 홍찬, 생원 이승언, 서리 오종련·감의형, 생도 박강창, 양인 이근지, 사노 지거비와 간통한 죄는, 율이 장형을 1백 대에, 귀양 보내는 유(流) 2천 리에 해당합니다."

하니, 명하여 의논하게 하였다. 정창손은 의논하기를,

"어우동은 종친의 처이며 사족의 딸로서 음욕을 자행한 것이 창기와 같으니, 마땅히 극형에 처해야 합니다. 그러나 태종과 세종 때에 사족의 부녀로서 음행이 매우 심한 자는 간혹 극형에 처하였다 하더라도 그 뒤에는 모두 율에 의하여 단죄하였으니, 지금 어우동 또한 율에 의하여 단죄하소서."

하고, 심회는 의논하기를,

"어우동의 죄는 율을 상고하면 사형에는 이르지 않으나, 사족의 부녀로서 음행이 이와 같은 것은 강상에 관계되니, 청컨대 극형에 처하여 뒷사람의 지난 잘못을 거울로 삼아 다시는 그런 잘못을 저지르지 않도록 하게 하소서."

하고, 김국광과 강희맹은 의논하기를,

"어우동은 종실의 부녀로서 음욕을 자행하기를 다만 뜻에만 맞게 하여, 친척과 귀천을 가리지 않고 즐겨 서로 간통하여서, 변치 않는 도덕을 손상시킨 것이 이보다 심함이 없습니다. 마땅히 왕의 선대에 권도의 법에 따라 엄하고 무거운 법률에 처하여, 규문 깊숙한 속의 음탕하고 추잡한 무리들로 하여금 이것을 듣고서 경계하고 반성하게 함이 옳겠습니다. 그러나 제왕의 형벌 사용은 죄수를 신중하게 심의하는 것을 제일로 삼아서, 왕의 선대에도 윤수와 이귀산의 처만을 사형에 처하고, 그 뒤로는 사족의 부녀로서 잘못을 행한 자는 모두 형률의 조문을 사용하여 처단하였습니다. 더구나 율에 설정된 법은 임의로 올리고 내릴 수 없는 것이니, 만약에 일의 자취가 가증스럽다고 하여 율 밖의 형벌을 쓰게 되면, 마음대로 율을 변경하는 단서가 이로부터 일어나게 되어, 성상의 살상을 싫어하는 어진 마음에 해됨이 있을 것입니다. 청컨대 중국 조정의 법식에 의하여 저자에 세워 도읍의 사람들로 하여금 모두 보고서 징계가 되게 한 연후에, 율에 따라 멀리 유배하소서."
하고, 윤필상은 의논하기를,

"어우동은 강상을 무너뜨리고 임금의 덕화에 누를 끼쳤는데, 이런데도 죽이지 않으면 음란한 풍습이 어떻게 그치겠습니까? 남녀의 정은 사람들이 크게 탐하는 것이므로, 법이 엄격하지 않으면 사람들이 장차 욕정을 자행하여 춘추시대 정나라, 위나라의 풍속이 이로부터 일어날 것이니, 청컨대 이 여자를 엄하고 무거운 법률에 처하여 나머지 사람들을 경계하소서."
하고, 현석규는 의논하기를,

"어우동은 사족의 딸이며 종실의 아내로서 음란하고 추잡함을 자행하여 임금의 덕화를 더럽혔으니, 마땅히 극형에 처하여 온 나라의 이목을 경계해야 합니다."
하였다. 임금이 말하기를,

"지금 풍속이 아름답지 못하여, 여자들이 음행을 많이 자행한다. 만약에 법으로써 엄하게 다스리지 않는다면 사람들이 징계되는 바가 없을 텐데, 풍속이 어떻게 바루어지겠는가? 옛사람이 이르기를, '끝내 나쁜 짓을 하면 사형에 처한다.'고 하였다. 어우동이 음행을 자행한 것이 이와 같은데, 엄한 제도나 법률에 처하지 않고서 어찌하겠는가?"
하였다. 정창손이 아뢰기를,

"〈사형수에 대하여〉 다시 심사하여 아뢰는 까닭은 죄수를 위하여 살릴 길을 구하는 것이니, 한때의 노여움으로 인하여 경솔히 율 밖의 엄한 제도나 법률을 써서는 옳지 못합니다. 또 풍속이 어찌 형벌로써 갑자기 변하겠습니까?"

하니, 임금이 말하기를,

"형벌하는 까닭은 교화를 돕고자 함인데, 만약에 풍속을 고칠 수 없다면 나라를 다스리는 데에 어찌 반드시 형벌을 쓰겠는가? 어우동의 음행이 이와 같은데, 지금 엄히 징계하지 않는다면, 고려 말세의 음란한 풍속이 이로부터 일어날까 두렵다."

라고 하였다.

12
어우동의 종말

성종 11년 10월 18일, 어우동을 교형에 처하였다.

어우동이 교수형에 처한 이면에는 성종의 여성에 대한 편견 때문이라고 보는 견해도 있다. 성종은 자타가 공인하는 호색의 군주였다. 그를 평가하여 사람들이 '주요순 야걸주(晝堯舜 夜桀紂)'라고 하여, 낮에는 중국의 전설 속 성군 요순처럼 정사를 돌보고, 밤에는 하나라 걸과 은나라 주라는 폭군처럼 주색잡기에 몰두하였다는 평가이다.

성종은 낮에는 『경국대전』과 『동국통감』, 『동국여지승람』 등을 편찬하고 성리학으로 나라로서의 제도를 정비하는 등 큰 업적을 남긴 반면, 밤에는 거의 매일 밤마다 곡연(曲宴: 임금이 궁중에서 가까운 사람들만 불러 베풀던 소규모 잔치)을 베풀고 기생들과 어울리면서 많은 후궁을 거느렸다. 그는 소춘풍이 절색이라는 말을 듣고 그녀를 불러들여 후궁으로 삼으려 하였다. 그러나 그녀는 후궁이 되면 평생 다른 남자와 정을 나눌 수 없기 때문에 거절하자, 끝내 야심한 밤에 궁궐의 담을 넘어 기생 소춘풍과 밀회를 즐겼다. 그는 25년 재위 기간 동안 세 명의 왕후와 아홉 명의 후궁을 맞아들이고 16남 12녀를 거느렸다.

심지어 자식이 너무 많아 궁궐에서 기를 수 없게 되자 궐 밖의 여념집에서 살게 할 정도였다.

성종 본인은 다정다감한 데다가 여색을 즐겼지만 여성들에 대해선 잣대가 엄격하였다. 폐비 윤씨에 대한 강경한 대응도 그렇지만 성종 때 일어난 희대의 어우동 사건 처리도 그랬다. 종친인 남편에게 소박맞은 어우동이 다른 종친들과 바람을 핀 이 사건을 조정에선 덮을 수가 없었다. 당시로서는 사회 전체를 뒤흔든 풍기문란 사건으로 성종은 어우동과 그의 몸종은 극형인 교수형에 처하고 연루된 남자들은 모두 사면하는 것으로 마무리하였다. 40명 가까운 남성들과 간통한 유감동을 먼 곳으로 유배 보내는 처분으로 끝낸 세종과 비교되는 처사이다. 또 『경국대전』에 신하들의 반대를 무릅쓰고 여성의 재가 금지 조항을 넣어 조선시대 내내 여성 권리가 억압받는 계기를 만든 것도 성종이다. 낮과 밤이 다른 왕의 모습이다.

13
파란만장한 연애사를 간직한 여인: 캐면 캘수록 드러나는 바람기

사랑 이야기는 비단 권력을 가진 왕들만의 것도 아니고, 왕자와 종친, 부마 등 남성들만의 것도 아니다. 왕비와 후궁, 공주와 옹주, 그리고 종실의 여인들, 관료의 부인도 비밀스러운 연애 이야기를 남겼다. 이 세상 사람들은 다른 사람에게 말 못 할 숨은 사랑 이야기를 간직하고 있고, 그래서 숨겨져 있는 사랑의 속내가 만인 앞에 드러나는 것을 꺼린다. 따라서 그 사람의 진짜 모습은 속내의 이면에 감춰져 있기 마련이다.

조선의 국가이념인 성리학은 본질적으로 "천리를 보존하고 인욕을 제거하라〔存天理 去人欲〕"는 명제를 우선한다. 천리는 하늘의 이치를 일컫고, 인간은 이를 하늘로부터 부여받았기 때문에 인간이 선천적으로 지니고 있는 선한 본성으로 간주하였다. 반면 인욕은 개인의 영리를 위해 다른 사람의 이익을 무시하는 욕망으로서, 천리의 실현을 방해하는 기질을 말한다. 주자는 "사람이 먹고 마시는 일은 천리이고 더 맛있는 요리를 계속 찾는 것은 인욕이다(飮食者 天理也 要求美味 人欲也)"라고 하였다. 즉, 천리란 사람이 배가 고플 때 먹을 만큼 먹는 것이라고 봄으로써, 인간의 가장 기본적인 욕망까지 부정하는 것이 아니며, 인욕이란 내가 남보다 더 먹겠다고 욕심을 부리는 것으로, 필요 이상으로 왜곡된 욕망을 가지는 것이라고 보았다.

그렇다고 인욕이 요즘 표현으로 성욕을 가리키는 것도 아니고, 더욱이 인간이 타고난 모든 생리적 욕망을 의미하는 것도 아니다. 성리학 측면에서 보면, 부부 사이의 성관계는 인륜의 정상적인 표현일 뿐만 아니라 나아가 '천지합덕(天地合德)'이라는 절대적인 윤리인 도덕적 함의를 지니는 인륜적 행위이다. 그러나 자기의 사사로운 욕망을 충족시키기 위해 남의 배우자를 유혹하여 남의 가정을 파괴하는 것, 남에게 억지와 강요로 자신의 욕망을 채워 상대방에게 아픔과 수치심을 유발하는 것은 인욕이다.

특정한 시기의 사회규범은 당시의 사회구조의 문화 수준에 상응하는 것이다. 이러한 규범을 전제하지 않은 채 고대 사회나 중·근대 사회에서 통용되던 윤리 규범을 옹호하려 한다면, 시대 상황을 전혀 고려하지 않은 편협한 역사주의 관점이다. 학문은 보편성을 요구하고 있듯이, 마르크스는 만년에 원시 시대의 성도덕을 조소하고 비난한 바그너에 대해 가장 신랄하게 비판하면서 원시 시대에는 그러한 성도덕이 도덕적이었음을 지적하였다. 따라서 조선시대의 성도덕이 비판받아야 할 문제인지에 대해서는 다른 문제이다.

조선은 숭유억불정책으로 새롭게 정치 이론체계를 정립하여 유학 이념의 순수성을 보존하기 위해 불교와 도가를 비판한 내용을 수용한다. 즉 깨달음을 위해서는 인륜에 대한 집착까지도 놓아야 한다고 주장하는 불교나, 인류의 근원적인 삶을 부정하고 자연주의를 표방하는 도가는 인간의 삶을 발전시키는 데 도움이 되지 않는다고 보았다. 성리학은 양심이나 수심(修心)을 통해 욕망을 억제하고 자신의 심성을 도야하는 도덕적인 이념체계였다. 아무리 고통스러운 현실을 만나게 되더라도 이 모든 것이 자신으로 말미암아 벌어진 것이라고 자각하고, 자신의 내면을 성찰하고 수양을 함으로써 현실의 고통을 극복해야 한다고 강조한다.

유감동과 어우동을 조선 최대 성 추문의 주인공이라고 알고 있다. 또 어우동이 기록상으로 관계한 남자들은 10여 명에서 최대 20명 정도로 추정하고 있다. 조선시대나 현재나 남녀의 성과 관련된 문제는 늘 어두워 가늠하기 힘들다. 당사자만 알 수 있기 때문이다.

그런데도 규모 면에서 40명의 남자와 관계한 여인이 있었으니, 바로 유감동(兪甘同)이다. 『세종실록』 9년 8월 17일~9월 16일, 유감동과 관계한 남자들의 이름이 집중적으로 등장하는데 무려 40명이다. 아마 유감동의 미모가 장안에서 대단하였던 모양이다. 유감동의 미모를 본 장안의 내로라하는 사내들은 애가 탔던 것으로 보인다.

그 40명은 『정종실록』 정종 원년 5월 1일의 기록에 △권격 △김여달 △김약회 △김유진 △김이정 △남궁계 △박근 △박종지 △박호문 △변상동 △설석 △성달생 △송복리 △안위 △여경 △유강 △유귀수 △유승유 △이구상 △이견수 △이곡 △이돈 △이수동 △이성 △이승 △이치 △이효량 △이효례 △오안로 △장지 △전수생 △전유성 △주진자 △정중수 △정효문 △최문수 △최복해 △최심 △홍치 △황치신 등인데 대부분 명문가의 자손이든가 개국공신의 후예들인 점이 특징이고, 심지어는 친한 친척이나 친구사이도 있었으니 유감동

앞에서는 단지 한 사람의 남성이었다.

실록 세종 9년(1427) 8월 17일 음부(淫婦), 유감동에 대한 논의가 있었다. 임금이 간부(奸夫)는 몇이나 되며, 본 남편은 누구이며, 세족(世族)인지 벼슬한 집의 여자인지를 물었다. 이에 좌대언 김자가 다음과 같이 아뢰었다.

"간부는 이승, 황치신, 전수생, 김여달, 이돈 등과 같은 사람이고, 기타의 몰래 간통한 사람은 이루 다 기록할 수 없사오며, 본 남편은 지금 평강 현감 최중기입니다. 중기가 무안 군수가 되었을 때에 거느리고 가서 부임하였는데, 이 여자가 병을 핑계하고 먼저 서울에 와서는 음란한 행실을 마구 하므로 중기가 이를 버렸습니다. 그 아비는 검한성 유귀수이니 모두 사족(士族)입니다."

유감동의 아버지는 검한성(檢漢城: 현재 명예 서울시장) 유귀수이고, 남편은 평강현감 최중기였다. 말하자면 유감동은 그 당시 잘나가는 당당한 사족 출신인 양반 가문이었다. 만약 잘나가는 양반 가문이 아니었다면, 유감동의 남성편력은 『조선왕조실록』에 거론되지 않았을 것이다.

사건이 처음 보고된 세종 9년(1427) 8월 17일의 실록 자료에 의하면, 남편 최중기는 무안군수로 부임할 때 유감동과 함께 내려갔다. 그러나 유감동이 병을 핑계로 다시 서울로 올라와 음란한 행실을 자주 하였기 때문에 최중기가 버렸다고 한다. 실록은 유감동의 사건을 처음 보고하면서, 그가 관계하였던 남자로 여섯 명의 이름을 구체적으로 밝혔다. 그 외 이름을 숨긴 간통한 사람 역시 이루 다 기록할 수 없을 정도라고 하였다.

이 사건은 세종 9년 9월 16일 최종 종결될 때까지 거의 두 달을 끌었다. 그도 그럴 것이 유감동과 애정행각을 벌인 남성들은 그 당시 행사깨나 하는 세도가에 관료 등이 대부분이고 특이하게 한 분야 기술의 최고자인 장인도 있었다. 총제 정효문, 상호군 이효량, 해주 판관 오안로, 전 도사 이곡 등이 제법 고관들이었고, 장연 첨절제사, 사직, 부사직, 판관, 찰방, 현감 등의 관료도 보인다. 그런가 하면 수공업 기술자인 공장(工匠)으로 수정장(水精匠), 안자장(鞍子匠), 은장(銀匠)도 있었으니 유감동의 애정행각은 다양하였다.

14
상상을 뛰어넘은 애정행각

실록에서는 사족의 유감동이 창기(倡妓: 노래와 춤을 업으로 하는 기생)를 자처하며 수십 명의 남자들과 애정행각을 벌인 이유를 궁금해 하였다. 실록 세종 9년 9월 29일, 지사간원사 김학지 등이 세종에게 상소한 기록을 보면, 유감동이 당초에 애정행각이 이렇게까지 심하지 않았는데, 김여달이라는 사람에게 강포(强暴)한 짓을 당한 후에 이렇게 된 것으로 보았다.

"신 등이 간절히 생각하건대, 형벌은 정치를 돕는 도구이므로 반드시 죄에 알맞게 처리되어야만 백성이 진심으로 복종하게 되는 것이니, 자기 마음대로 이를 가볍게 하고 중하게 할 수 없는 것입니다. 근일에 헌부에서 평강현감 최중기의 아내인 유감동의 음란함과 그와 간통한 각 사람의 죄를 공사(供辭: 죄인이 자신의 범죄 사실을 진술하는 일)를 갖추어 아뢰었는데, 유감동 여인과 이수동, 전유성, 이승, 오안로 등의 죄는 형률에 의거하여 처단되었으나, 그 외의 성달생, 정효문, 유승유, 김이정의 죄는 모두 사죄 전에 범죄한 것이라 하여 논죄하지 않았으며, 변상동, 이돈, 전수생, 이효량 등은 모두 공신의 아들이므로 면죄를 시키기는 하였으나 모두 부처(付處: 죄를 지은 벼슬아치에게 어느 한 곳을 지정하여 그곳에서만 머물도록 한 형벌)시켰는데, 황치신의 죄는 관리로서 창기에게 유숙한 것은 이수동, 전유성과 다를 것이 없으며, 남편 없이 화간(和奸: 부부 외에 남녀가 합의하여 정을 통하는 것)한 것은 또한 이승, 이돈과 한 가지이며, 범죄한 것도 사죄 전이 아니며 또 공신의 아들도 아니니, 음란 간사하여 방자한 죄는 면할 수 없을 것인데도 다만 관직만 파면하게 하고 홀로 죄를 주지 않으니, 이것은 이승, 이돈과 죄는 같은데도 벌은 다른 것입니다. 더구나 오안로는 한 고을의 사표(師表: 학식과 덕행이 높아 남의 모범이 될 만한 사람)가 될 몸으로서 더욱 청렴하고 근신하여 위로는 임금의 마음에 보답하고 아래로는 백성의 모범이 되는 것이 곧 그 직책인데, 이런 것은 생각지도 않고 유감동 여인을 객관에서 간통했으니 자기의 나쁜 짓을 부끄러워하고 남의 나쁜 짓을 미워하는 마음이 없습니다. 이것도 오히려 부족하여 관청의 물품을 훔쳐다 주었으니 그 추악함은 이루 다 말할 수 없습니다. 형률에 일정한 형벌이 있을 것인데도 장 80대만 치고 자자(刺字: 얼굴이나 팔뚝에 먹물로 죄명을 써넣는 문신)도 하지 않으니, 이것은 이승과 죄는 다른데도 벌은 같은 것입니다. 유감동 여인의 추악함도 처음에는 이렇게까지 심하지 않았는데, 김여달에게 강포한 짓을 당하여 이렇게 된 것입니다. 이전에도 부녀들이 강포한 자에게 몸을 더럽힌 사람이 간간이 있었지만 모두 상인과 민간의 미천한 무리뿐이었는데, 지금 김여달은 어두운 밤을 타서 무뢰배와 결당하여 거리와 마을을 휩쓸고 다니다가, 유감동 여인을 만나 그가 조정 신하의 아내인 줄을 알면서도 순찰을 핑계하고는 위협과 공갈을 가하여 구석진 곳으로 끌고 가서 밤새도록 희롱했으니, 이것을 보더라도 유감동이 처음에는 순종하지 않는 것을 강제로 포학한 짓을 행한 것이 명백하니, 어찌 미천한 무리들이 간통한 것처럼 가볍게 논죄할 수 있겠습니까. 김여달의 강포한 짓이 이와 같았으니, 이미 드러난 것은 비록 이 한 가지 일뿐이지마는 겉으로 나타나지 않은 남몰래 저지른 나쁜 행위도 역시 많을 것입니다. 삼가 바라옵건대, 전하께서는 관청에 명하시어 황치신, 오안로의 죄는 한결같이 형률 조문에 의거할 것이오며, 김여달은 완악한 짓이 더욱 심하니 만약 처음 간통한 것이 사죄 전에 범한 것이라 하여 이를 극형에 처할 수 없다면, 유감동의 예(例)에 의거하여 변방 고을에 정역(定役)하여 영원히 돌아오지 못하게 한다면 형벌이 죄에 합당하게 되어 인륜에 매우 다행할 것입니다."

하였으나, 윤허하지 아니하였다.

이 기록을 보면 김여달은 요즘 표현으로 조직폭력배의 우두머리인 듯하다. 자경단 비슷한 단체를 이끌며 마을의 치안을 핑계 대며 온갖 못된 짓을 하고 다니는 불한당이었는데, 하필 유감동이 김여달에게 몹쓸 짓을 당하였다는 것을 짐작할 수 있다. 당시 유감동은 병을 앓아 피병(避病, 앓는 사람이 거처를 옮겨 요양하는 일)하던 길이었다.

그런데 유감동에게 적용된 죄목은 간통이 아니라 "남편을 배반하고 도망하여 개가한 자"에 해당하는 처벌이었다. 즉 "유감동이 최중기와 부부로 살 적에 김여달과 간통하였던 바, 후에 남편과 함께 자다가 소변을 본다는 핑계로 달아나 김여달에게 갔다"는 것이 구체적 죄목이었고, 그 형량은 교형에 해당하는 사형이었다. 여기서 김여달에게 치욕적이고 몹쓸 짓을 당하였는데, 무슨 연유인지는 다시 김여달과 서로 정을 통하였다는 점이다.

남편에게 버림을 받아서 유감동이 스스로 남편을 버렸다는 등 간통남의 숫자만큼이나 행각에 대한 이유도 복잡하였다. 워낙 그 숫자가 많다 보니 그녀를 보는 시선이 곱지 않았는데, 행실이 나빠 남편에게 버림받았다고도 하고, 남편을 배신한 파렴치한이라고도 하였다. 간통남의 새로운 명단이 발표될 때마다 세종은 "어떻게 다 기억하는지 신기할 따름"이라고 하였다. 감동의 진술에만 의존하게 되자 감찰 윤수미는 애정의 농도에 따라 그녀가 숨기는 남자가 더 있을 수 있다며 간부를 직접 조사하자면서 사건의 전모가 밝혀지게 된다.

한편 조선시대는 축첩제도가 사대부 집안에서 공공연히 용인되었으나 여성의 부정행위와 질투는 칠거지악으로 금기시되었다. 부정한 행위는 혈통의 순수성을 지키지 못하는 일이고, 질투는 축첩제의 유지에 방해의 원인이 되었기 때문이다. 축첩제의 본질은 무엇인가. 그것은 남성의 성적 욕망을 충족시키기 위한 제도였다. 그런가 하면 기생제도도 존재하였다. 조선시대 남성에게 성적 욕망은 제도화, 일상화되어 있어 일종의 자랑거리이기도 하였다.

그러나 여성의 경우에는 남편이 죽으면 생계를 꾸리고 독수공방하면서 절개를 지키는 것을 여성의 책무로 여겼다. 그러다 보니 죽음으로 정절을 지킨 여인의 가문은 좋은 평판을 얻었고, 나라에서도 적극 장려하였다. 정절을 지키기 위해 집안의 여인이 자결하는 건 곧 가문의 영광이었던 셈이다. 대표적인 예가 정려문이다. 정려문은 국가에서 충신, 효자, 열녀가 난 고장에 그들의 행적을 기리기 위해 세워 준 건축물이다. 대구 달성군 현풍면에는 '현풍 곽씨 십이정려문'이 있다. 강도가 남편을 해치려 하자 죽음으로써 남편을 보호한 열녀, 결혼 후 1년 못 되어 남편이 죽자 식음을 전폐하고 따라 죽은 열녀, 남편이 전쟁터에 나가고 없는 집에서 외적을 만나 순결을 잃을까 두려워 물에 빠져 자결한 열녀 등을 모셔놓았다. 이런 시대에 남편 아닌 자와 부정행위를 갖게 되면 철저하게 응징되었다.

15
간통한 여성은 중형, 남성은 곤장

유감동과 불륜을 저지른 이효량과 정효문은 선비답지 못한 행동을 자행하였다. 이효량은 유감동의 남편인 최중기의 매부인데도 처남댁인 유감동과 불륜을 저질렀다. 누가 먼저 유혹해서 불륜까지 행하였는지 자세한 기록은 없지만 이효량의 처신이 매우 잘못되었다는 것은 천하 사람들이 인정하는 상식이다. 또 정효문은 숙부 정탁(세종은 정탁 같은 선비가 체통을 잃었다고 한탄하였다)이 유감동과 간통한 사실을 알면서도 유감동과 부적절한 관계를 가졌으니, 근엄한 양반이나 사내대장부로서 할 일은 절대 아니다. 물론 정효문은 정탁과 유감동의 관계를 사전에 알지 못하였다고 밝혔으나 사헌부의 조율(照律: 법규를 구체적 사건에 적용하는 것)은 정효문의 변명을 일축하였다.

그리고 고모부 이효례의 간통녀인 줄 알고도 간통하여 금수로 취급받은 권격은 국왕 세종과 사돈이 되었고, 숙부의 간통녀인 줄 알면서 간통한 정효문은 중추원 부사에 올랐다. 청렴결백한 청백리로 알려진 황희 정승의 아들인 아전 황치신은 길거리에서 유감동을 보자마자 단번에 눈이 맞아 길섶에서 정을 통하고, 그것도 모자라 이후 관아로 끌고 가 여러 차례 사통하였다. 해주판관 오안로는 관아로 끌어들여 간통하고, 유감동에 빠져 관청의 물건까지 팔기도 하고 주기도 하였다. 전수생은 최복해를 꼬드겨 공문서를 위조해 군자감에서 쌀 10두에 이어, 쌀 1곡(斛: 쌀 한 가마)을 빼돌려 유감동에게 줬다. 이들은 모두 인면수심(人面獸心: 사람의 얼굴을 하고 있으나 마음은 짐승과 같다는 말)한 인물로 사회의 지탄을 받아야 하였지만 오히려 왕과의 사돈이 되었는가 하면 높은 벼슬까지 승진한 인물도 있으니, 다시 한 번 생각해볼 일이다.

실록 세종 9년 9월16일 사헌부에서 유감동과 그의 간부들에 대한 형벌을 정하여 아뢰었다.

> "검한성 유귀수의 딸이며, 현감 최중기의 아내인 유감동의 간부 성달생, 정효문, 유승유, 김이정, 김약회, 설석, 여경, 이견수, 이곡과 장인(匠人) 최문수, 장지, 이성 등은 범죄한 것이 사죄 전에 있었고, 전유성, 주진자, 김유진, 이효례, 이수동, 송복리, 안위 등은 이 여자의 지내온 내력을 살피지 않고 아무 곳에서나 간통하여 그 욕심을 마음대로 부렸으며, 이자성은 비록 간통은 하지 않았으나 간통한 것과 다름이 없으며, 황치신은 관진(關津: 사람의 왕래가 잦은 중요한 길목의 나루)의 아전으로서 지나가는 여자를 불러 서로 간통했는데, 후에는 그 지내온 내력을 알면서도 또한 계속 간통했으며, 변상동은 이승이 첩으로 정하여 거느리고 살 때에 몰래 훔쳐서 간통했으니, 다만 마음과 행실이 불초할 뿐만 아니라 여러 달을 간통했으니 어찌 이 여자의 지내온 내력을 알지 못했겠습니까? 이승과 이돈은 근각(根脚: 죄를 범한 사

람의 생년월일과 용모 및 그의 조상을 기록한 서류)을 알면서도 편안하게 간통하면서 그의 아버지의 집에까지 드나들었으니, 그 뻔뻔스러움은 말할 수 없습니다. 오안로는 이미 백성의 모범이 될 만한 사람으로서 지나온 내력도 모르는 여자를 관아에 끌어들여 간통하고, 관청의 물건까지 팔기도 하고 주기도 하였으며, 전수생도 또한 여러 달 동안 간통하였으니, 그가 근각을 안 것은 확실하며, 또한 최복해에게 청하여 맹인의 청이라 핑계하고는 단자(單子: 남에게 보낼 물품과 수량, 어떠한 사실, 사람의 이름을 조목조목 적어 받을 사람에게 올리는 문서)를 써서 현재의 군자감에 바쳐서 친히 쌀 10말을 주었는데도 오히려 부족하게 여겨 또 서생의 청이라 핑계하여 쌀 한 가마를 주었으니, 벽을 뚫어서 물건을 훔치는 도적과 다름이 없었으며, 이효량은 비록 복제(服制)에 들지 않는 친척이라 하지마는 처남의 정처와 간통했으니 사람이라 할 수 없으며, 권격은 고모부인 이효례가 일찍이 간통한 것을 알면서도 또 여러 차례 간통했으며, 김여달은 길에서 병을 피하여 거처를 옮기러 가는 유감동을 만나자 순찰한다고 속이고 위협하여 강간하고, 드디어 음탕한 욕심을 내어 최중기의 집에까지 왕래하면서 거리낌 없이 간통하다가 마침내 거느리고 도망하기까지 했으니 완악함이 비할 데가 없었습니다. 유감동은 조정 신하의 정처로서 남편을 버리고 도망하여 거짓으로 창기라 일컬어, 서울과 지방에 횡행하면서 밤낮으로 음란한 짓을 하여 추악함이 비할 데가 없으니, 마땅히 크게 징계시켜 뒷사람을 감계(鑑戒: 지난 잘못을 거울로 삼아 다시는 그런 잘못을 저지르지 않도록 하는 경계)해야 될 것입니다. 최복해는 전수생의 간사한 꾀를 듣고 거짓으로 맹인이라 핑계하고는 군자감 유귀수에게 쌀을 구하였으니, 다만 여자의 음란한 행실을 막지 못했을 뿐만 아니라 그 간부도 또한 집안에서 접촉하기를 허용하였으니, 모두 형률에 의거하면 전유성·주진자·김유진·이효례·이수동·송복리·안위·이자성 등은 관리로서 창기에게 유숙했으니 곤장 60대를 칠 것이며, 황치신은 남편이 없는 여자와 서로 눈이 맞아서 간통했으니 곤장 80대를 칠 것이며, 이승은 임무를 받아 근무하는 곳에 거느리고 가서 영을 어겼으니 태형 50대를 칠 것이며, 오안로는 관리로서 창기에게 유숙했으니 곤장 60대, 포물(布物)을 받고 잡물을 내놓고 팔았으니 태형 40대, 양곡을 주어 스스로 도적질을 하였으니 곤장 80대를 칠 것이며, 전수생은 창기에게 유숙했으니 곤장 60대, 종6품 군자주부(軍資注簿)로 있을 때에 1곡(斛)이 넘는 쌀을 준 것이 장물 1관 이하는 될 것이니 곤장 80대를 칠 것이며, 이효량은 곤장 1백 대, 권격은 곤장 90대, 유감동이 최중기와 같이 살 때에 김여달과 간통했는데, 후에 가장과 함께 자다가 소변을 본다고 핑계하여 김여달에게 도망하여 돌아왔습니다. 따라서 남편을 배반하고 도망하여 개가한 자이니 교형에 처할 것이며, 김여달은 1등을 감형하여 곤장 1백 대를 치고 3천 리 밖으로 귀양보낼 것이며, 유감동이 정탁의 첩이 되었을 때에 동성 조카인 정효문은 백숙(伯叔)의 아내를 간통한 자이니 참형에 처하고, 첩은 1등을 감형할 것이며, 간통한 최중기의 매부 이효량은 곤장 1백 대를 쳐야 할 것입니다. 그러나 모두 사죄 전에 범한 것이므로 이승의 첩을 간통한 변상동은 곤장 90대를 칠 것이며, 병오년에 다시 간통한 김여달과 몇 사람들은 곤장 80대, 다시 간통한 이효량과 권격의 죄는 곤장 1백 대, 종일은 곤장 1백 대를 치되 옷을 벗고 형벌을 받게 할 것이며, 치신·

안로 · 이승 · 수생은 곤장 80대, 안로와 수생은 자자(刺字: 얼굴이나 팔뚝에 먹물로 죄명을 새겨 넣는 것)할 것이며, 유성 · 진자 · 유진 · 수동 · 복리 · 안위 · 효례 · 자성 등은 각기 곤장 60대, 권격과 상동은 곤장 90대, 이돈과 여달은 곤장 80대, 효량은 곤장 1백 대, 귀수는 태형 40대, 복해는 태형 50대를 칠 것입니다."

하니, 계한 대로 하도록 명하되, 귀수는 다른 것은 없애고 자원하여 부처하도록 하고, 치신은 다만 그 관직만 파면하도록 하고, 안로는 자자를 면제하고 곤장 80대만 치기로 하고, 이돈 · 효량 · 상동 · 수생은 공신의 후손이므로 다른 일은 없애고 지방에 부처하도록 하고, 진자는 공신의 아들이므로 다만 관직만 파면하도록 하고, 권격은 1등을 감형하도록 하고, 이자성은 논죄하지 말도록 하였다.

또 사헌부에서 상소하기를,

"신 등이 유감동 · 양자부 · 금음동의 죄를 갖추어 아뢰어 극형에 처하기를 청하였으나, 전하께서는 형률에 의거하여 죄를 처단하시니, 이것은 진실로 전하의 형벌을 신중히 처리하는 아름다운 뜻이므로 감히 목 베기를 청할 수는 없습니다. 그러나 이보다 먼저 이를 범한 사람은 모두 극형을 받았는데, 이 3인만이 형률에 의거하게 된다면 다만 경중의 적당함을 크게 잃을 뿐만 아니라 부녀의 가져야 될 절개를 힘쓰게 하여 더러운 풍속을 바로잡게 할 수가 없을 것입니다. 삼가 바라옵건대, 이미 곤장을 친 후에 잡아서 변방에 있는 군의 노비로 삼아 종신하도록 하여 비록 사면을 당하더라도 방면되지 못하도록 하소서."

하니, 그대로 윤허하였다.

조정에서는 유감동과 간통한 남자 40명과 유감동에게 어떤 형벌을 내렸을까? 유감동에 대한 문책은 그가 결혼한 남편이 있는 주부라는 데 초점이 맞추어져 있었다. 유감동의 죄는 남편이 있는 유부녀의 신분으로 절개에 힘써야 하는데 풍속을 더럽혔으니 아주 먼 변방에 노비로 삼아 종신토록 방면되지 못해야 한다는 것이다. 그러나 유감동과 간통한 남성 20명은 생각보다 중한 처벌을 받지 않았다. 곤장 40대, 곤장 1 백대, 태형 50대, 파면 등 다양하였으나 이들이 행한 비행에 비하면 처벌이 다소 가볍다고 할 수 있었다.

유감동과 간통한 사람들의 문책은 다음의 보기에 의해 그 경중이 정해졌다. 먼저 유감동의 신분을 미리 알고 있었는지가 가장 중요하였다. 조정 신하의 유부녀인 줄 알고 부부가 아닌 남녀가 몰래 정을 통한 것은 지배계층에 대한 도전으로 인식되어 죄가 가중되었다. 두 번째는 간통녀 유감동이 조정 신하의 유부녀가 아닌 창기로 알고 간통한 경우 간통한 남자의 죄가 경감되었다. 그러자 대부분의 간통한 남자는 죄를 경감받기 위해 너도나도 유감동이 창기인 줄 알고 정을 통하였다고 진술하였다.

하지만 유감동은 간통한 남자들의 진술을 하나하나 바로잡아주었다. 변론하는 사이에 진술을 뒤집기도 하였는데, 자신의 부모가 여러 번 사람을 보내 황치신 · 전수생 · 배상동 세 사람에 대해서는 '너의 신분'을 몰랐던 것으로 하라고 부탁하였기 때문이었다. 황치신은 정승 황희의 아들이고, 전수생과 배상동은 개국공신의 아들이다. 간통한 남자를 구원시킨 것은 바로 나라를 세울 때 공훈이 많은 자녀라는 입김 때문이었다.

『세종실록』 9년 9월 29일에 지사간원사 김학지 등이 이 문제를 가지고 다음과 같이 상소하였다.

“신 등이 간절히 생각하건대, 형벌은 정치를 돕는 도구이므로 반드시 죄에 알맞게 처리되어야만 백성이 진심으로 복종하게 되는 것이니, 자기 마음대로 이를 경하게 하고 중하게 할 수 없는 것입니다. 근일에 헌부에서 평강 현감 최중기의 아내인 유감동의 음란함과 그와 간통한 각 사람의 죄를 공사(供辭: 죄인이 범죄 사실은 진술하던 말)를 갖추어 아뢰었는데, 유감동 여인과 이수동 · 전유성 · 이승 · 오안로 등의 죄는 형률에 의거하여 처단되었으나, 그 외의 성달생 · 정효문 · 유승유 · 김이정의 죄는 모두 사죄(赦罪: 죄를 용서해 죄인을 석방함)에 범죄한 것이라 하여 죄를 논하지 않았으며, 변상동 · 이돈 · 전수생 · 이효량 등은 모두 공신의 아들이므로 면죄를 시키기는 하였으나 모두 부처시켰는데, 황치신의 죄는 관리로서 창기에게 유숙한 것은 수동 · 유성과 다를 것이 없으며, 남편 없이 화간한 것은 또한 이승 · 이돈과 한 가지이며, 범죄한 것도 사죄 전이 아니며 또 공신의 아들도 아니니, 음란 간사하여 방자한 죄는 면할 수 없을 것인데도 다만 관직만 파면하게 하고 홀로 죄를 주지 않으니, 이것은 이승 · 이돈과 죄는 같은데도 벌은 다른 것입니다. 더구나 오안로는 한 고을의 사표가 될 몸으로서 더욱 청렴하고 근신하여 위로는 임금의 마음에 보답하고 아래로는 백성의 모범이 되는 것이 곧 그 직책인데, 이런 것은 생각지도 않고 유감동 여인을 객관에서 간통했으니 자기의 나쁜 짓을 부끄러워하고 남의 나쁜 짓을 미워하는 마음이 없습니다. 이것도 오히려 부족하여 관청의 물품을 훔쳐다 주었으니 그 추악함은 이루 다 말할 수 없습니다. 형률에 일정한 형벌이 있을 것인데도 곤장 80대만 치고 자자(刺字)도 하지 않으니, 이것은 이승과 죄는 다른데도 벌은 같은 것입니다. 삼가 바라옵건대, 전하께서는 유사에 명하시어 치신 · 안로의 죄는 한결같이 형률 조문에 의거할 것이오며, 여달은 완악한 짓이 더욱 심하니 만약 처음 간통한 것이 사죄 전에 범한 것이라 하여 이를 극형에 처할 수 없다면, 유감동의 예에 의거하여 변방 고을에 정역(定役: 수형자를 교정시설에 수용하여 복무하도록 하는 정해진 노역)하여 영원히 돌아오지 못하게 한다면 형벌이 죄에 합당하게 되어 인륜에 매우 다행할 것입니다."

법 앞에서는 만인이 평등하고 형평성이 있어야 하는데 형벌이 객관적으로 균형을 이루지 못하였다는 상소이다. 그런데 유감동 사건의 전모는 그녀의 진술이 아니면 묻힐 수 있었던 사건의 전말을, 사건의 실체인 남자들의 정체를 낱낱이 밝힌 유감동의 의도는 풀리지 않는 숙제일 수밖에 없다. 자신과 애정행각을 벌인 남성의 숫자가 많아질수록 자신의 형벌이 무거워질 수밖에 없는 처지인데도 말이다.

문제의 발단은 실제로 50년 후에 유감동과 유사한 사례를 남긴 어우동이 그 부모가 간부들을 다 말하지 말고 수를 줄이라고 조언한 것과 대조를 이룬다. 희대의 애정행각을 벌인 유감동의 불륜은 조선 사대부 사회를 혼란에 빠뜨렸지만, 그로 인해 조선 사대부들의 성인지 문제는 남성 주도의 국가 인식을 여실히 드러냈다. 실록의 내용들은 온통 불륜녀 유감동의 처신에만 주목하지만, 유감동과 서로 간통한 남성들의 신원을 일일이 공개한 당시의 내용은 오히려 유감동보다 능동적으로 불륜에 적극 관여한 지체 높은 사대부임을 확인할 수 있다.

윤리 강상을 입버릇처럼 뇌던 실권자들의 위선과 기만을 유감없이 보여준 이 사건은 조선사회 이면에 흐르는 연애사의 아픈 역사를 여실히 보여준다. 물론 조선의 사대부가 모두 그렇다는 것은 아니다. 사대부 중에는 청렴결백한 청백리도 있고 국가를 위해서 백의종군한 의로운 양반도 있고, 묵묵히 자신의 책무에 충실한 선비도 있다는 사실을 간과해서는 안 될 것이다.

16
여성을 배려한 세종의 판결

실록 세종 9년(1427) 9월 16일 사헌부에서 아뢰었다. 고(故) 사정(정7품 무관) 양웅의 딸 동자가 처녀로서 고(故) 임득성의 아내 민씨 집에 도망해 들어가 그 아들 임견수와 서로 간통한 죄이고, 견수가 동자를 유혹하여 간통하고 다른 집으로 옮겨둔 죄이다. 고(故) 소윤(정4품 문관) 조민경의 딸 금음동이 처녀로서 성씨가 다른 시마친(緦麻親)*인 양자부와 간통하고, 또 임견수의 동생 임일과 간통한 죄와, 양자부가 시마친과 간통한 죄를 형률에 의거하여 동자와 견수는 간통하였으니 곤장 1백 대를 치고, 임일과 금음동은 합의하여 간통하였으니 곤장 80대를 치고, 금음동과 양자부는 각기 곤장 1백 대를 치고 도형(徒刑:

---

* 시마(緦麻): 시마는 3개월로 등급에 따라 상복을 입는 기간이 달랐으며, 옷감의 종류, 바느질법에도 차이를 두었다. 시마복은 오복 중 가장 가벼운 상복으로 매우 가는 숙포(熟布)로 만들었다. 시마복은 친족 가운데 가장 먼 친척의 상을 당했을 때 입는다. 부계로는 8촌까지로 증조의 형제로 7촌인 족증조부모(族曾祖父母), 8촌인 삼종형제자매(三宗兄弟姊妹) 등의 상에 입는다. 처부모, 외삼촌, 이종형제자매, 외종형제자매, 내종형제자매, 시외조부모, 시외삼촌, 시이모, 생질, 이질, 서모, 유모, 외손, 증손, 아버지의 고모 상에도 입는다. 서자로서 아버지의 후계자가 된 사람이 친어머니를 위해서도 입는다.

태형, 장형, 도형, 유형, 사형 중의 하나. 지금의 징역형에 해당) 3년에 처하고, 동자와 금음동은 모두 옷을 벗기고 형벌을 받도록 하였다. 그러나 양자부와 금음동은 행실이 짐승과 같으므로, 형률 외에 별로서 크게 징계하도록 하였다.

실록 세종 9년 9월 4일에 중추부 판사 변계량이 세종에게 여섯 명 모두 법대로 처리하기를 청하니, 이조 판서 허조는 "사람들은 다만 부인들만 정조를 지키지 못할 뿐만 아니라 남자들도 더러는 억세고 사나운 것도 문제이니, 사람의 마음을 바루고서 풍속을 바로잡는 것이 옳을 것입니다" 하니, 세종이 다음과 같이 말하였다.

"여자들이 좋지 못한 행동을 한 것은 혼인의 시기를 잃은 까닭이다. 그러나 지금 이 동자와 금음동은 제때에 시집갔으면 어찌 이와 같은 일이 있겠는가. 내가 일찍이 여자가 〈혼인의〉 시기를 잃은 사람은 이미 서울과 지방의 관원으로 하여금 고찰하여 혼인을 성사시켰는데, 관리들이 마음을 쓰지 않은 까닭으로 이와 같은 일이 있게 되었으니, 혼인하는 연령에 한계를 마련함이 어떠하겠는가."

하니, 계량이 아뢰기를,

"15세로 한계를 정하는 것이 옳겠습니다. 그 중간에 사고가 있어 비록 한두 해를 지나더라도 늦지는 않을 것입니다" 하니 세종이 대신들에게 숙의하도록 하였다.

여드레가 지난 후(9월 12일) 세종이 사헌부 장령 윤수미를 어전으로 불러 동자와 금음동 사건에 대한 수사의 진척 상황을 물어보더니, 정을 통한 정황이 애매한 혐의는 굳이 끝까지 캐려 하지 말고 사내 용의자들이 자백한 부분에 대해서만 법을 적용하라는 지침을 내렸다.

"대개 간통이란 지극히 은밀히 이루어지는 것이기 때문에 옛날 사람들이 형률을 마련할 적에 반드시 간통은 현장을 들킨 경우에만 죄를 논하여 형벌을 적용시킨 것은 깊은 뜻이 있는 것이다. 그러나 먼젓번에 서로 인척 사이인 동자와 조상이 나쁜 행동을 한 것은 일의 증거가 명백하여 죄를 논하게 되었는데, 지금 동자와 조상이 간통하였다고 하는 정황은 애매하고 명백하지는 못하다. 또 임견수가 이미 죄를 자백하였고, 금음동의 간부인 양자부 또한 죄 자백하였으니, 이로써 죄를 판결하는 것이 옳을 것이다. 동자와 금음동은 간통한 현장에서 잡힌 것도 아닌데도 심문하기를 여러 차례로 하였으니 옳지 않은 것이 아닌가."

세종은 피의자들인 여자를 심문하는 과정에 여러 문제점이 있었음을 지적한 것이다. 동자와 금음동이 간통 현장에서 잡힌 것도 아닌데도 불구하고 무리하게 두 사람을 여러 차례 심문한 것을 질책하면서, 간부인 임견수와 양자부가 자백하였으므로 이를 근거로 판결하는 것이 옳지 않겠는가 반문하였다. 그리고 절대로 이 문제를 해결하기 위해 무리하게 성급하게 서두르지 말 것을 당부하였다.

"만약 이 사람을 엄히 문책하면 뒷사람에게 지난 잘못을 거울 삼아 다시는 잘못을 되풀이하지 않게 하는 장점은 있겠지만 강제로 형벌을 써서 자백을 받으려고 한다면 얻는 것보다 잃는 것이 갑절이나 많을 것이다. 그래서 내가 피의자를 문초할 때 매질을 가할 수 있는 한도를 정하려 하는데, 간사하고 교활한 무리들이 속으로 매질의 횟수를 세면서 끝까지 참아서 범행을 숨길까 걱정이다. 내가 왕위에 오른 이래로 비록 사리를 아는 사람일지라도 형벌을 두려워하여 스스로 자백하였다가 후에 다시 재수사를 통해 그 죄를 면하게 되는 사람이 있었으니, 그대들은 사건의 진상을 명확하게 규명하되, 판결을 앞당길 생각으로 지나치게 고문을 써서 속단하여 판결을 내리지 말라."

이틀 뒤에 세종이 좌대언 김자에게, 동자와 금음동, 임견수와 양자부의 죄를 형률에 의거하여 결과를 아뢰게 하였다. 남녀 모두 먼 변방으로 영구히 추방해야 한다는 대신도 있고, 사족으로 서로 인척간의 남자와 간통하여 임신한 증거가 명백하니 중벌로 다스려야 한다는 대신도 있고, 사족의 딸로서 나쁜 행실을 하였으니 평생 관노비로 살게 해야 한다는 대신도 있어서 그대로 세종께 아뢰었다.

이틀 뒤에 사헌부에서 동자와 임견수는 장 1백 대에, 임일은 장 8대와 노역 3년에, 양자부는 장 1백대와 노역 3년에 처하기를 청하였다. 아울러서 동자와 금음동은 공히 옷을 벗겨서 장형을 집행하고, 금음동과 양자부에게는 법외 형벌을 부가하기를 청하니, 모두 윤허하였다.

그 뒤에 세종이 두 처녀의 처지가 가엽다는 생각이 들었던지 6개월 남짓 뒤에 죽은 이지의 미망인인 김씨의 유배를 풀어주고 유감동의 천역을 면죄하여 먼 지방으로 옮기게 하던 바로 그날 양자부와 금음동도 유감동과 똑같이 하였다(세종 10년, 윤 4월 1일).

실록 세종 10년(1428) 윤 4월 3일에는 『서경』의 '떳떳한 도리를 파괴하고 풍속을 어지럽게 하는 일을 세 번 거듭하면, 〈그 행위가〉 비록 작은 것이라도 용서되지 않는다'는 내용을 인용하면서 사람으로서 지켜야 할 도리를 어지럽힌다면 죄가 그보다 더 큰 것은 없다고 대사헌 최부가 상소하였다. 즉 양자부·금음동·유감동을 속천(屬賤: 죄인을 천인으로 만들어 공공기관에 소속된 노비나 군인들의 이름과 신상 및 유고(有故) 사항 따위를 정리한 등록 원부)시키지 말고 먼 지방에 안치하라 하였다. 상기한 3인의 죄는, 전일에 유사가 극형을 구형한 것을 특별히 성상의 은혜로써 사형만은 면한 것인데, 이제 또 속천을 면하게 해준다면 죄악을 범하는 자를 징계할 수 없다고 본 것이다.

문제는 홍양생이란 자는 위의 세 사람의 일을 거울로 삼지 아니하고, 몰래 이종사촌 누이인 홍연생과 간음하여 금수와 같은 짓을 함부로 한 자다. 그리고 연생은 대대로 벼슬하는 집안의 딸이고 양생은 사족인 사람인데, 극도로 추악함이 이에 이르렀으니 온 나라 사람들이 함께 분노하고 미워하였다. 만약 그들의 죄를 장형에 그친다면, 양생과 연생 같은 자가 후세에도 장차 그치지 않고 나올까 염려스럽기 때문이다. 그러므로 자부와 금음동과 유감동 등은 그대로 천역에 귀속시키어 길이 뒷사람의 거울이 되게 하여야 하고, 또 연생과 양생은 극형에 처하여 더러운 풍속을 바로잡게 해야 한다고 상소하였으나, 세종은 윤허하지 아니하였다.

17
언론양사(言論兩司) 사헌부와 사간원의 상소

조선시대 사헌부의 구체적인 기능을 찾아보면, 첫째로 꼽을 수 있는 것이 언론 활동이다. 언론 활동의 궁극적인 목적은 이상 정치의 구현에 있었다. 이러한 언론을 그 직무로 수행하는 기관으로서는 사간원도 있는데, 이 기관을 사헌부와 함께 '언론 양사(言論兩司)'라 하였다. 이들이 직무로 수행하는 언론의 내용은 대체로 간쟁(諫諍)·탄핵(彈劾)·시정(時政)·인사(人事) 등으로 구분할 수 있다.

간쟁은 왕의 언행에 잘못이 있을 때 이를 바로잡기 위한 언론이다. 간쟁은 제도적으로는 사간원에서만 하도록 규정되었으나, 실제로는 사헌부에서도 행하였다. 또한 탄핵은 관원의 기강을 확립하기 위한 언론으로 부정·비위·범법한 관원을 논란, 책망해 직위에 있지 못하도록 하는 언론이다. 시정은 그 시대에 이루어지고 있는 정치의 옳고 그름을 논해 바른 정치로 이끌어나가기 위한 언론이다. 인사는 부정, 부당, 부적한 인사를 막아 합리적이고 능률적인 정치가 이루어지도록 하기 위한 언론이다.

너무도 어이가 없고 이치에 맞지 않을 때 '참으로 고약하다'라고 말을 한다. 흥부와 놀부 이야기에서 착한 흥부와 달리 놀부는 마음씨가 나쁘고 사납다. 이처럼 성질이나 마음씨, 말과 행동 등이 사납다는 것을 '고약하다'라고 한다. 그런데 '고약해(高若海)'가 일상 언어가 아니라 조선 초기 유능한 고위 관료였다는 것을 보면 그 사람의 성격을 어느 정도 알 만하다. 잘못을 보면 고하를 막론하고 끝까지 질책하는 성격이어서 성군인 세종대왕도 고개를 내젓던 인물이었다.

세종대왕 시절에 그는 고위 관직에 몸을 담는다. 예조참의와 이조참의, 충청도관찰사, 한성부윤, 형조판서, 대사헌을 지냈다. 오늘날의 직제로 본다면, 한성부윤은 서울특별시장, 대사헌은 감사원장 격이니 최고 요직을 거친 셈이다. 문제는 재임 기간에 탄핵에 휩싸이기도 하고 파직과 복직을 거듭한 인물이라는 점이다.

고약해는 세종 때 와서 간관이 되어 온갖 일을 고한다. 그 이면에는 세종대왕이 국정을 위해서 무엇보다 의사소통이 가장 중요하다는 것을 일찍이 깨달았으므로 처음부터 끝까지 조정 대신들과 의사소통을 도모하였기 때문이다. 의사소통을 위해서 먼저 자신의 권위를 내려놓고 신하들과 격의 없이 논의하여 정책을 결정한 것이다.

세종은 즉위한 지 3일 만인 8월 12일에 도승지 하연에게 "내가 인물을 잘 알지 못하니, 좌의정 우의정과 이조 병조의 당상관과 함께 의논하여 벼슬을 제수하려고 한다"고 말하였다.

세종은 최적의 국정 운영의 방법을 신하들과의 격의 없는 의사소통으로 생각한 것이다. 그래서 세종은 자신이 잘못된 판단을 내릴 경우에 신하들이 끈질기게 간언하여 이를 바로잡도록 요청하면서 오히려 신하들이 다투어 간하지 못한 것을 세종 7년 7월 12일에 다음과 같이 책망하였다.

"지나간 옛날을 두루 살펴보니, 비록 태평한 시대에 있어서도 대신은 오히려 임금의 옷을 붙잡고 강력하게 간언한 자가 있었으며, 또 그 말한 바가 사람의 마음을 두렵게 하여 움직이게 함이 있었다. 지금으로 말하면 비록 무사하고 평안하였고 하나, 옛날에 미치지 못함이 분명하다. 그런데 아직 과감한 말로 면전에서 쟁간(爭諫: 다투어 간함)하는 자를 보지 못하였으며, 또 말하는 것이 매우 절실 강직하지 않다. 어째서 지금 사람은 옛사람 같지 못한가. 각자가 힘써 생각하여 나의 다스림을 도우라."

또 세종 7년 12월 8일에 세종이 신하들에게 가감 없는 직언을 당부하였다.

"내가 어질지 못하고 일 처리에 어두우니, 분명 하늘의 뜻에 어긋날 때가 있다. 그 허물을 열심히 찾아내, 하늘의 꾸짖음에 답하게 하라!"

한 번은 윤대(신하가 순번에 따라 임금님을 만나 여러 일을 논의하는 것) 때 50여 개의 조목(여러 가지 항목)을 아뢰는 일도 있었다.

또 세종은 아버지 태종의 핏줄을 증명하기라도 하듯, 격구(말을 타고 하는 공놀이)를 좋아하였다. 그런데 고약해는 임금의 취미인 격구의 폐지를 강력히 주청한다. 그것도 거의 한 해 한 번 꼴로 다섯 차례에 걸쳐 끈질기게 청을 올린다. 고약해 주장은 "격구는 군사훈련에 도움이 되지 않는 놀이일 뿐이며 더구나 임금이 그런 놀이에 빠져서는 안 된다"는 것이었다. 세종대왕은 못마땅해하면서 들어주지 않았다. 하지만 고약해는 처음 간언을 한 것이 세종 7년이었는데, 세종 12년에도 고약해가 격구 폐지 발언을 한 걸로 나온 것을 보면 무려 5년 동안 격구 폐지를 주장한 셈이다.

조선시대 사헌부와 사간원에서 하는 일은 고약해처럼 부당한 일이나 잘못된 판단에 대해서는 지체 없이 임금에게 바르게 간하는 일이다. 이런 일로 사헌부에서 양자부·금음동·유감동과 같은 인물들이 먼 지방으로 유배를 보내는 것에 극구 반대하였다. 이들을 극형에 처하지 않았기 때문에 후에 연생과 양생은 이종 사촌으로 둘 다 양반 가문의 사람인데도, 서로 스스럼없이 간통하여 극도로 추악함이 이르렀으므로 반드시 극형에 처해서 후세에 모범을 보여야 한다고 세종 10년 12월 4일에 사헌부에서 다음과 같이 상소하였다.

"천지는 만물의 근본이고, 남녀는 인륜의 바른 시작입니다. 천지의 기운이 바르면 만물이 각각 그의 삶을 얻을 수 있고, 남녀의 도리가 바르게 된 뒤에 인륜이 밝아지고, 예의가 있게 되어, 풍화가 행하여지는 것입니다. 그런 까닭에, 요사하고 음란한 미인이 정치하는 데 유해한 것은 역대의 지나간 일을 고증하여 보면, 그것 때문에 나라를 멸망하게 하고, 가산을 탕진하여 없앤 자가 많은 것입니다. 생각하건대, 우리의 태종 전하께서는 신성한 자질로 널리 경서와 사기에 통하셔서, 재앙과 환난과 참사의 기틀을 환하게 아시었습니다. 그러므로 이런 사람과 이런 죄는 사형에 처하니, 숨어 있는 음탕하고 요사한 자들이 보고 들어서 징계하게 되어서, 경중과 외방의 신민들이 모두 바른 형정이라고 칭찬하였습니다. 공손히 생각하니, 주상 전하께서 왕위에 오른 뒤에도 이미 이루어진 법을 준수하시더니, 요전에 유감동 등 두세 명의 방자한 여자들의 어지럽게 한 행동이 매우 심하였으나, 전하께서는 차마 하지 못하는 어진 마음으로 특히 가벼운 법에 좇아 지방으로 내쫓아 구차하게 생명을 보전하게 하였습니다."

양자부·금음동·유감동과 같은 사람들을 지방으로 내쫓은 것이 마치 죄악을 징계하고 장래를 경계하는 도리가 아니기 때문에 오직 방자한 여자의 징계가 되지 않을 뿐 아니라, 크게 음란한 사내들과 경험이 많고 교활한 불량배들이 장차 두려워하지 않는 이유가 된 것으로 보았다. 사대부의 집은 예의와 규범을 지켜 절도가 있는 곳이기 때문에 아내가 있고 남편이 있어서, 규문 안에서부터 부자·군신·존비귀천에 이르기까지 질서정연하여 나라가 다스려지는 근간이 될 수 있음을 알 수 있다. 그래서 왕조에서는 사족의 집 부녀는 집을 나갈 때에는 반드시 얼굴을 가리고 수레를 타게 하였으며, 옛날이나 지금이나 금지함이 지극히 엄중한 것은 마을의 부녀들에 비할 바가 아니었다. 그런데 어리가(於里加)*는 재상의 딸이고 조정에 몸을 담고 있는 신하의 부인이다. 그런데 요사하고 음란한 행위가 너무 많아서 입으로 다 말할 수 없는데, 만약 그녀를 가벼운 법에 좇아 유감동과 같은 예로 단죄한다면, 선왕이 이루어놓은 규범에 누가 되므로 어리가

---

* 어리가(於里加): 병조판서 이춘생의 딸로서, 별시위(別侍衛) 이진문의 아내였으며, 이의산과 간통하였다. 이어리가는 양반의 부녀로서 일상복을 착용하고 거리와 마을을 드나들면서 함부로 음란한 행동을 하였다고 한다. 이 일로 이어리가는 이의산 등과 함께 의금부에 하옥되었다가, 이어리가는 해진으로 유배되었고, 이의산은 직첩(職牒)을 회수당하고 기장(機張)에 안치되었다.

와 간부의 죄를 들어 밝게 사형에 처하게 사헌부에서 상소하였으나, 세종은 윤허하지 아니하였다.

그러자 세종 10년 12월 5일에 사간원에서 세종의 어리가 판결에 대해서 다음과 같이 상소하였다.

"남녀는 인도의 소중한 것이고, 예법은 천하의 큰 법칙이니, 남녀의 도리가 바르게 된 뒤라야 인륜이 밝아지고, 예법이 못 하게 막아서 금지함이 엄중한 뒤라야 다스리는 도가 높아질 것입니다. 만약 예법으로 남녀의 사이를 막지 않는다면 새나 짐승처럼 되지 않는 자 거의 드물 것이매, 이러므로, 성인이 남녀의 분별을 소중하게 여기어 오랜 세대의 교훈을 남겼으니, 남녀 간에는 중매를 할 때가 아니면 서로 이름을 알지 않으며, 초상이나 제사 때가 아니면 서로 그릇을 직접 주고 받지 않는다고 하여, 그 남녀의 분별에 유의하심이 지극하였습니다. 생각하건대, 우리나라에서는 사족의 부녀가 출입할 때에는 반드시 낯을 가리며, 포장 없는 가마를 타지 못하게 하여, 남녀의 사이를 막음이 매우 엄중합니다. 그 내외 존비의 등분이 분명하여 문란하지 않은 것은 다른 까닭이 아니고, 예법으로 방지하기 때문입니다. 지금 음탕한 계집 어리가는 재상의 딸이며 조정에 몸담고 있는 신하의 아내로서, 예법을 돌아보지 않고 이의산·허파회와 더불어 서로 통간하여 방자한 행위가 꺼림이 없었사오니, 오직 신 등만이 심히 상심하여 이를 갈고 있을 뿐 아니라, 대체로 보고 들은 사람들이 다 그렇게 여기지 않는 사람이 없사오며, 반드시 극형에 처하여 떳떳한 윤상을 바로잡을 것을 바라고 있었습니다. 어찌 생각인들 하였겠습니까. 전하께서는 그들을 특히 관대한 법에 좇아 장형(杖刑)으로 다룰 줄이야. 신 등은 희망을 잃음을 이기지 못하여 거듭거듭 생각하여 보니, 전번에 감동 등 두세 명의 음탕한 여자가 조정에 몸담고 있는 신하의 아내로서 탁란한 행위가 매우 심한 것을, 전하께서는 극형에 처하지 않고 다만 시골로 내쫓기만 하였습니다. 신 등은 생각하기를, 오늘날 어리가의 방자한 행위도 또한 반드시 그것을 빙자하여 처리한 것이라고 봅니다. 만약 이 여자에게도 관대한 법을 적용하여 처리한다면 후일의 음란한 여자들을 장차 무엇으로 방지하겠습니까. 만약 방지함이 엄중하지 않게 되면 그것으로 인하여 생기는 폐단은 또한 어떻게 하겠습니까."

『주역』「서괘전하」에서는 "하늘과 땅인 천지가 있은 다음에야 만물이 있게 되고, 만물이 있은 다음에야 남자와 여자가 있게 된다. 남녀가 있은 다음에야 남편과 아내라는 부부가 있게 되며, 부부가 있은 다음에야 아버지와 아들이라는 부자가 있게 된다. 부자가 있은 다음에야 임금과 신하라는 군신이 있게 되며, 군신이 있은 다음에야 위와 아래인 상하관계가 있게 된다. 상하가 있은 다음에야 예의를 차리게 된다"고 하였다. 천지가 만물을 생하여 부부를 이루기까지, 부부로부터 시작되어 국가와 사회를 이루는 것을 설명한 것이다. 국가와 사회의 기반이 되는 부부라는 조직은 오랫동안 유지돼야 사회가 유지되는 것이고, 이렇게 유지하는 데는 예의로써 행동하는 것이 바탕이 된다.

그런데 어리가는 병조판서 이춘생의 딸이며 조정에 몸담고 있는 별시위 이진문의 아내로서 예법을 돌아보지 않고 이의산·허파회와 더불어 인륜을 저버리고 통간하는 방자한 행위를 한 까닭도 결국은 양자부와 금음동, 유감동 등 음란한 여인들을 극형에 처하지 않고 먼 지방에 안치하였기 때문에 빌미를 제공한 일로 사간원에서 본 것이다. 따라서 사헌부에서 아뢴 일에 좇아 요사하고 음란한 남녀의 무리를 분명히 사형에 처하여 음란한 행위를 엄중하게 함으로써 후일을 경계하게 하도록 하였다.

그리고 문사라는 인물이 어리가의 아우 정거효 아내를 간통하고자 하여 그 집에 왕래한 정상과 증거와 흔적이 이미 의금부의 심문에서 드러났으므로 그들이 무리를 지어 음행을 한 죄악은 명백한 것으로서, 허물을 가려내 죄를 줘야 하는데도 불구하고 내버려두고 묻지도 않은 채 다만 문사라는 인물만을 죄를 준 것에 대해서도 국문하기를 청하였으나 세종은 윤허하지 아니하였다.

양자부와 금음동, 유감동, 어리가, 문사가 어리가의 여동생과 음행을 저지른 문제 등이 어느 정도 잠잠해지자 세종 18년 4월 20일에 사헌부에서 다음과 같이 아뢰었다.

이석철이 처제인 종비와 통간한 형벌이 장 80인데 처제를 통간한 자는 보통 간통한 예로 논죄할 수 없고, 아내의 전남편 딸을 통간한 자에게 장 1백에 또 3년에 처하는 형이 옳을 것 같다는 내용이었다. 그러지 세종이 사정전에 나아가 도승지 신인손을 불러서 말하기를,

> "우리 태조와 태종께서 깊이 그 해독을 아시고 풍문의 법을 혁파하였더니, 중간에 변중량의 누이동생이 집안의 종과 간통해서 일이

탄로되자 그 죄를 덮으려고 그 지아비가 모반한다고 고소했으나 마침내 사실이 없었고, 또 그 지아비가 매로 인해서 죽었으니 무고일 뿐만 아니라, 아내로서 지아비를 해쳐서 참형을 당하였고, 또 유은지의 누이동생이 중과 비밀히 간통하고, 가노 세 사람이 이 사실을 알고 있는 것을 꺼려서 다 죽였으니, 이들이 비록 종이라 하더라도 인명이 지극히 중함으로, 밝게 법으로 다스려서 참형에 처하였으며, 승지 윤수의 아내 조씨는 고종형〔表兄〕 홍중강과 장님 하경천과 통간하였으므로 역시 극형에 처하였으니, 이는 우리 조종께서 형벌이 적당하고 그릇됨이 없었던 것이다. 내가 즉위한 뒤에 관찰사 이귀산의 아내가 지신사 조서로와 간통하여, 내가 그때에 나이 젊고 한창이던 때이라, 내가 이르기를, '우리나라 풍속이 집집마다 토지와 노비가 있고, 상하가 구분이 있으므로, 중국에서 칭찬하던 바이었는데, 뜻하지 아니하게 사족(士族)·벌열(閥閱: 나라의 공로가 많고 벼슬 경력이 많은)의 집안에 이러한 추잡한 행실이 있어서 다스리고 가르침에 흠점이 되기 때문에 깊이 이를 미워하여 율문 밖의 형벌로 행하였더니, 근자에 검한성 유귀수의 딸 유감동이 기생이라 사칭하고 중외에서 자행하고 있으며, 또 금음동과 동자는 모두 양가의 딸로서 혹은 종형과 통간하고, 혹은 외인과 통간하여 풍속을 문란케 하였으므로, 율에 따라 죄를 결정하고 천인으로 만들었으며, 또 유장의 딸인 안영의 아내는 고종형 홍양생과 통간하고, 이춘생의 딸인 별시위 이진문의 아내는 부사정 이의산과 양인 허파회와 통간하였으므로, 모두 다 율에 의하여 죄를 결정하고 다만 외방으로 축출하였다. 지금 석철의 일은 친속끼리 서로 통간한 비교가 아니며, 사헌부의 계사(啓辭: 논죄에 관하여 임금에게 올렸던

글)에도 진실로 자세하게 말했으나, 법률 외의 형벌을 가하는 것은 실로 잘한 정사가 아니다. 지난날 한두 가지의 율외의 형벌은 지금 후회가 된다. 의정부에 가서 잘 의논해서 아뢰도록 하라" 하였다.

영의정 황희 · 좌의정 최윤덕 · 우의정 노한 · 참찬 신개 등이 의논하여 율문대로 이석철과 종비는 각각 장형 80도에 처하고, 종비의 부모도 한곳으로 지방에 안치하고, 석철은 여연에 충군해서 종신토록 벼슬할 수 없도록 하였다.

18
법으로도 제재할 수 없는 남녀의 욕망

중국 당나라 때 위고라는 사람이 있었는데, 어느 날 달빛 아래서 책을 읽고 있던 노인(月下老人)이 그에게 말하였다.

"여기 이 붉은 끈은 사람의 인연을 붙잡아 매는 데 쓰이는데, 이 끈으로 남녀 두 사람을 묶어놓으면 아무리 멀리 떨어져 있거나 철천지원수지간이라 하더라도 반드시 인연으로 맺어지게 되네."

귀가 솔깃해진 위고는 다그쳐 물었다.

"그렇다면 저한테 시집 올 사람은 과연 어디 있는지 한번 봐주십시오."

"그렇게 하도록 하세."

노인은 선선히 대답하고 책장을 잠시 넘기더니 말하였다.

"이 송성에 있군 그래. 성 북쪽 저잣거리의 채소 장수인 진이란 여인이 키우고 있는 세 살짜리 젖먹이 계집애가 자네 배필일세."

위고는 어이가 없어 픽 웃고 말았다. 그리고 위고가 실제로 월하노인의 말을 확인하고 싶어 북쪽으로 난 길을 따라 갔는데, 정말 야채 파는 여인이 젖먹이를 안고 있었다. 그는 젖먹이가 장차 자신의 아내가 될 것이라니 기가 찰 노릇이었다. 그래서 사람을 시켜 몰래 젖먹이를 죽이게 하였다.

그로부터 14년이 흐른 뒤 위고는 상주에서 벼슬길에 나아가게 되었는데, 그의 사람됨을 좋게 본 태수가 사위로 삼겠다고 제의하였다. 위고 역시 노총각으로서 이것저것 가릴 처지가 아닐뿐더러 태수 정도의 후견인을 두는 것은 장래를 위해서도 행운이므로 두말없이 승낙하였다. 더군다나 태수의 딸은 17살 꽃다운 나이에다 상당한 미인이었다. 첫날밤 운우지락의 시간이 지난 뒤 신부는 소곤소곤 자기 신상 이야기를 하는 것이었다.

"솔직히 말씀드리면 저는 태수님의 양녀랍니다. 친아버님은 송성에서 벼슬을 하시다 돌아가셨다는데, 집안이 몰락하는 바람에 저는 진씨 성을 가진 유모한테 맡겨졌습니다. 마음씨 착한 유모는 성 북쪽 저잣거리에서 채소 장사를 하며 어린 저를 길러주셨답니다. 그런데 젖먹이 때 한 청년이 갑자기 휘두른 칼에 이마에 상처를 입게 되었답니다."

월하노인의 말이 딱 맞아떨어진 것이다. 남녀의 인연이란 이미 보이지 않는 끈으로 맺어져 있어 아무리 멀리 떨어져 있거나 철천지 원수지간이라 하더라도 반드시 필연적인 인연으로 맺어지게 된다고 본 것이다.

관찰사 이귀산의 아내 유씨는 양반의 부인으로 왕명의 출납을 맡아 보던 지신사(종3품) 조서로와 정을 통하다 발각되어 처형되었다. 처음에 유씨는 조서로와 먼 친척 사이였는데, 일찍이 아버지를 잃고 여승이 되어 조서로의 어머니 집에 출입하더니, 조서로의 나이 14세가 되었을 때 드디어 사통하였다. 조서로의 어머니가 이것을 알고 몹시 미워하니, 유씨가 이로부터 다시 가지 못하다가, 뒤에 탈속하여 머리를 기르고 귀산에게 시집가게 되자, 서로는 자주 귀산의 집을 찾았다. 귀산이 나이 늙어 그 아내를 몹시 사랑하였고, 서로가 그 아내의 친척이 된다고 하여 후히 대접하였고, 혹은 침실로 맞아들여 술자리를 벌이고서 아내로 하여금 술을 권하기도 하고 좋은 말을 주기도 하였다. 유씨는 문자와 장기·바둑 등을 약간 해득하였는데, 수필로 쓴 글을 은밀히 서로에게 통하여 서로 약속하기도 하였다.

"목복(木卜)의 집에서 만나 울울하게 맺은 정을 풀기 바란다."

목복(木卜)은 곧 박(朴)자로서, 이는 곧 서로의 누이동생의 아들인 박동문이다. 지난해 9월부터 비로소 사통해오다가, 사헌부에 들키고 말았다. 옥사를 갖추어 계문하니, 세종이 말하기를,

"우리 동방이 예의로서 나라를 다스렸으니, 그 유래가 오래다. 대대로 벼슬하여온 명문의 집에서는 이와 같은 행실이 있지 않았다. 지신사는 그 직분이 〈왕명의〉 출납을 맡았으니, 그 임무가 지극히 무겁거늘, 이제 그 죄가 강상을 범한 것이다. 그러나, 공신의 정실이 낳은 적손인지라 형을 가할 수 없거니와, 유씨는 대신의 아내로서 감히 음탕한 짓을 행하였으니, 가히 크게 징계하여 뒷사람을 경계하라" 하여, 드디어 3일 동안 저자에 세웠다가 목을 베었다. 유씨와 함께 정을 통하였던 서로는 직책을 빼앗기고 영일(포항)에 유배되었다(세종 5년 10월 8일).

양반집 딸로 별시위에게 시집을 간 어리가라는 여인이 여염집 아녀자들이 입는 평상복 차림으로 거리와 마을을 출입하며 바람을

피웠다는 소문이 장안에 무성하였다. 그녀는 임금 측근의 시위병인 별시위 이진문의 아내로 병조참판(종2품) 이춘생의 딸이었기 때문에 더욱 놀라운 사건일 수밖에 없었다. 의금부 조사 결과, 부사정(종7품 무관) 이의산이 어리가를 유인하여 둘이 서로 정을 통하고 노비 소생인 양인 허파회는 담을 사이에 두고 어리가를 유혹하여 아무 흉허물 없이 가깝게 지내면서 여러 달 동안 정을 통한 사실이 확인되었다(세종 15년 11월 25일).

의금부가 세종에게 방자하고 제멋대로 추행한 사람을 만약 보통 사람의 간통죄와 같이 처리한다면 후세 사람을 경계할 길이 없으므로 세 사람 모두 법에 따라 장형을 집행한 뒤에 먼 지방에 유배시키기를 청하였다. 세종이 의금부의 수사기록을 자세히 살펴보고 나서 어리가와 허파회만 장형을 친 뒤에 먼 곳으로 유배하고, 의산은 조정에서 수여한 임명장만 회수한 뒤에 투병 중인 부친을 간병하라고 명을 내렸다(세종 15년 12월 4일).

그러자 며칠 후 사간원에서 이들이 사람이 지켜야 도리를 어지럽히고 흐리게 한 죄를 사형에 처하여 뒷사람을 경계하기를 청하였다. 사간원에서 이들을 중형에 청한 이유로는 남녀의 사이에는 무한한 욕심이 있기 때문에 만약 엄중하게 금하고 방지하지 아니하면, 요사하고 음란한 무리들을 어찌 징계할 수가 없다는 것을 들었다. 태종도 법을 범하는 자가 있으면 반드시 중형에 처하였으나 이러한 방법으로 백성의 음란한 행위를 방지하여도 오히려 유감동·금음동·유연생·동자와 같은 무리가 나왔기 때문에 어리가의 죄를 또 관대한 법으로 처리한다면, 뒷날 잇따라 생기는 방자한 행위를 하는 무리가 있으므로 이들을 사형에 처하기를 청하였다.

그리고 이의산과 허파회는 다 같이 간부로서 동일한 죄인데, 허파회는 고문하고 매를 치고, 또 장형을 결행한 뒤에 먼 변방에 유배시켰지만 이의산은 매 한 대도 맞지 않고 단지 임명장만 회수하여 투병 중인 부친을 간병하라고 명한 것은 후일에 이의산과 같은 무자비하고 잔인하게 폭력을 휘두른 자가 풍속을 더럽히는 일이 있을 것이라고 보았다. 이의산은 공조참의였던 이점의 아들로 방자한 마음으로 정욕에 방종하여, 그 아비의 병에는 일찍이 근심을 두지 아니하였으니, 부친을 간병함에 소홀함이 있을 것이기 때문에 급히 지방으로 내쫓도록 명령하여 강상을 문란하게 하는 무리들을 경계하게 하도록 하기를 청하였으나, 윤허하지 아니하였다(세종 15년 12월 8일).

다음 날 세종은 황희·맹사성·사간 배둔·지평 이겸선을 불러들이고, 도승지 안숭선에게 명하여 교지를 전달하게 하였다. 그 내용은 사간원이 어리가와 이의산·허파회가 함부로 음란한 짓을 하여서 강상을 파괴 문란한 죄로 마땅히 극형에 처하여 엄하게 해야 한다고 상소한 것에 대하여, 중국의 역사를 돌아보면 심지어 궁궐 안에서 강상을 어지럽힌 자도 있었으니 그것이 어찌 법이 엄하지 않았기 때문인가. 우리나라 사례를 보면 윤수와 이귀산의 아내가 음탕하고 문란한 행위로 일이 발각되어 사형을 받았으니, 악행을 징계하는 법이 엄중하지 않은 것이 아니다. 그런데도 유감동·금음동·유연생 등이 서로 잇따라 나왔으니, 남녀 사이의 정욕을 어찌 한갓 법령만으로 억제할 수 있겠는가. 지금 어리가는 정상과 증거가 될 만한 흔적이 이미 드러났으므로 죄에서 벗어날 수는 없으나, 범죄 사실에 관련된 자는 모두

다 잡아다가 죄인을 심문한다면, 어찌 그 폐단이 없겠는가. 그래서 불문에 붙이는 것만 같지 못하다고 생각한다고 세종은 명하였다. 또 황희 등이 정거효의 아내를 법대로 함께 다스리기를 청하였으나, 임금이 좇지 아니하였다. 정거효의 아내는 어리가의 여동생으로 언니와 한동네에 살면서 의산의 친척인 문사라는 사내와 정을 통하였는데 문사만 처벌되었다고 아뢰니, 세종은 윤허하지 않았다(세종 15년 12월 9일).

세종이 여자로서 강상을 어지럽힌 사례로 언급한 '윤수의 아내'는 태종을 섬기던 승지 조씨(제석비)였는데, 남편의 고종형인 홍중강과 간통한 뒤에 장님인 중 하천경과 잇따라 간통하여 자식까지 낳은 혐의다. 처음에 윤수의 아내 조씨가 액땜을 위해 불경을 설교하기 위해 장님인 하천경을 집으로 초대하였다. 조씨는 하천경에게 껍질을 벗긴 알밤을 주면서 맛을 물으니 천경이 '매우 달다' 대답하였다. 그러자 조씨가 '알밤보다 더 맛있는 것이 있다' 하고 천경을 유혹하여 여러 해 동안 몰래 서로 정을 통하였다. 둘 사이에 자식이 태어나자 소문이 퍼질 것을 염려하여 어린 몸종을 죽였다가 탄로가 나서 천경과 함께 사형을 당하였다(태종 16년 2월 25일).

유감동, 금음동과 함께 거론된 유연생은 전 직장(종7품) 안영의 아내였는데 이종사촌 오빠 홍양생과 몰래 간통하는 현장을 남편인 안영에게 들켜서 이들을 붙잡아 두 사람의 머리털을 자르고 심문하기를 청하였다(세종 10년 4월 11일).

그런데 홍양생과 유연생이 얼마나 사랑이 절실하였는지 홍양생은 모친의 상중에 있으면서 이종사촌 누이인 유연생과 만나 간음하였고, 연생도 부친의 상중에도 불구하고 이종사촌 오빠인 홍양생과 몰래 간음하였다. 아무리 쥐도 새도 모르게 두 사람이 정분을 쌓았다 해도 오랫동안 계속 만나다 보면 결국에는 꼬리가 밟혀 들키고 만다는 평범한 지식을 그들은 간과하고 있었던 것이다. 결국 의금부에서 홍양생과 유연생의 간음을 국문하여 양생은 곤장 1백을 맞은 뒤에 경상도 고성으로 귀양 보내졌고, 연생은 여성이라 장형은 면하고 경상도 울산으로 추방되었다(세종 10년 윤 4월 1일).

19
간통은 엄격하고 신중하게

세종은 한글 창제부터 과학과 농업 발전 등 조선 최대의 태평성대를 이루었으나 한편으론 사고뭉치 며느리들의 시기 질투와 동성애, 요절 등으로 개인적으로 세종의 가족사는 불행과 비극의 연속이었다. 특히 며느리를 네 번이나 쫓아내야 했던 왕실 스캔들은, 성군의 면모에 가려진 세종의 어두운 역사다. 무려 25명의 자녀를 둔 세종은 가지가 많으면 바람에 잘 흔들려서 잠시도 가만히 있을 수 없듯이 걱정이 그칠 날이 없었다.

또 유교 종법상 적장자에 의한 왕위 세습이 원칙이었으나 1~4대 세종까지 누구도 적장자에 의해 왕위를 계승한 왕이 없었다. 세종은 적장자 문종의 결혼은 조선의 적장자 왕위 계승의 첫 번째 사례였기 때문에 세종에게 특별하였다. 정통성 있는 왕위 계승의 기회로 상징적이고 중요한 의식이었다. 그러나 왕위에 오른 지 2년 만에 사망한 문종이었다. 세종은 적장자 왕 문종을 두 번이나 이혼시키고 자신의 두 아들 또한 이혼시켰는데 조선시대 최고의 성군 세종도 가족의 일만큼은 자신의 뜻대로 되지 않았다.

이런 가족사 때문인지 유감동의 문제와 관련해서 세종은 관대한 처분을 내렸다. 유감동과 관계한 남자들에 대한 처벌은 먹물로 팔뚝에 죄명을 새기는 형벌, 곤장, 유배 등이었고, 유감동은 당초 교형에 처해야 한다고 주장하는 조정 관료들도 있었지만 그녀에 대한 처벌은 변방의 관비로 보내는 것으로 정하였다. 세종은 (10년, 1428, 윤 4월 1일) 유감동의 천역을 면제하고 먼 지방에 안치하였다. 물론 조정에서는 사면이 불가하다는 반대도 있었다.

그러나 세종은 유감동을 "남녀 사이의 정욕을 어찌 한갓 법령만으로 방지할 수 있겠는가"라며 변방의 노비로 보내버리는 데 그친다. 형벌이란 '덕으로 감화시키는 정치'의 보조 장치일 뿐이라는 세종의 평소 생각이 묻어난 판결이며, 남녀 사이의 정욕을 부정해야 할 것이 아니라 인정하고 받아들이며 약한 인간을 긍휼할 줄 아는 세종의 지극히 인간적인 면모를 생생하게 보여주는 조치이다.

이러한 일도 있었다. 방 안에서 자기 아내와 간통하고 방 밖으로 나온 사내를 곧바로 쫓아가서 살해한 남자의 죄명을 두고 형조와 승정원 사이에서 서로 의견차가 있었다. 간통 현장에서 아내의 간부를 죽인 것이 아니어서 형조가 투구살인(鬪毆殺人: 서로 싸우다가 상대방을 죽인 경우)으로 처리한 것을 승정원이 납득하지 못한 것이다. 갑론을박 끝에 세종에게 도움을 청하니, 명쾌하게 판정해주었다.

"자기 아내와 간통하고 달아나는 남자를 뒤쫓아가서 죽였으면, 비록 간음 현장에서 잡아 죽인 것은 아닐지라도 또한 현장에서 살상하였다고 할 수 있을 것이다. 투구살인한 자는 사면을 만나면 죽음을 면할 수 있으나, 사면이 없으면 당연히 사형되어야 할 것이다. 지금

방문 밖으로 쫓아가 죽인 자를 투구살인에 적용하여 죄를 준다면 사람의 정리에 맞지 않는 것이 아니겠느냐."(세종 10년, 1428, 윤 4월 15일)

자기 아내와 불륜을 저지르고 도망간 간부를 쫓아가 살인한 남자를 어떻게 판결할 것인가의 문제를 두고 의견의 차이를 보이자 세종이 제시한 해결 방법이다. 즉 불륜 현장에서 불륜한 사람들을 직접 잡았으면 법으로 제재를 받을 수 있지만 그렇지 않았을 경우에는 신중하고 엄격하게 조사하여 판결을 내려야 한다.

부사정(종7품 무관)인 장자후와 죽은 이종사촌 형님의 아내인 형수 강씨가 몰래 간통하다 발각되어, 사헌부에서 계하기를 장자후의 직첩을 회수하고 국문하기를 청하였다. 세종이 듣고 말하기를,

"간음을 하고도 구차스럽게 죄를 면하는 것도 옳지 않고, 간음하지 않았는데도 죄를 받는 것도 또한 옳지 못하니, 다시 신중하게 처리해야 한다" 하고, 엄중한 수사를 지시하였다(세종 11년 6월 16일).

간음을 하였으면 그에 마땅한 형벌을 받아야 하는 것이 옳지만, 간음하지 않았는데 억울하게 형벌을 받는 것은 옳지 못한 방법이기 때문에 반드시 간통의 문제는 신중하고 엄중하게 수사해야 한다고 한 것이다.

수양아들과 간통하여 임신을 한 소근소사라는 여인이 간통죄로 체포되어, 조정이 혼란에 빠졌다. 법에 따르자면 소근소사는 간통 현장을 들키지 않았으니 처벌할 수 없고, 간통으로 여자가 임신하였다면 여자만 처벌하도록 되어 있어 소근소사의 수양아들도 처벌할 수가 없었기 때문이다. 그 외에도 두 가지 걸림돌이 더 있었다.

의정부·육조에 의논을 명하기를,

"지금 소근소사가 그의 수양아들 변득비와 간통하여 임신하였다니, 천지가 용서하지 않는 행위로서 죄는 사면될 수 없는 것이다. 그러나 율문에 '간음 현장에서 붙잡히지 않고, 간음하였다고 지칭한 것은 죄를 논하지 말아야 한다. 임신한 것이 분명하면 단지 그 여자 본인만 처벌한다'고 하였으므로, 소근소사의 간음한 정상이 비록 뚜렷하나 간음 현장에서 붙잡은 것이 아니니 다만 그 여자를 처벌할 뿐이고, 간부는 율문에 의거하여 사건을 수리하지 않아야 마땅하다."

그러나 이러한 율문에 문제가 있었다. 첫째는 차마 간음 현장에서 붙잡은 것이 아니라고 해서 어찌 송사를 자세히 듣고 심리하지 않을 수 있겠는가. 만약 법의 규정을 준수하지 않고 죄인을 추궁하고 신문하여 범죄의 실상을 조사하여 캐어낸다면 또 그 폐단이 있을 것이다.

둘째는 상대방과 원수를 졌거나 앙심을 품은 자가 말을 꾸며 지어내서 간통을 고발한 경우까지 처벌하면 이 또한 법의 취지를 벗어나게 될 우려가 있었다.

세종이 대신들에게 법의 문제점을 털어놓으니 예조 판서 신상 등이 소근소사를 엄벌에 처하기를 청하였다. 법은 비록 그와 같이 되어 있어도, 소근소사가 강상을 심히 위반한 죄를 엄히 다스릴 필요가 있고, 소근소사가 매를 한 대도 맞지 않고 범행을 순순히 자백하였으니, 고민할 것 없이 중형에 처하여 타락한 풍속이 바로 서게 하자고 하였다(세종 14년 6월 18일).

세종이 결말을 유보하더니 다음 날 다시 황희·맹사성·권진·허조·안순·신상 등을 대궐로 불러서 마땅한 해법에 대해 의견을 물었다. 모두가 한 목소리로, 사건을 의금부에 내려서 두 사람의 간통을 최초로 퍼뜨린 사람을 찾아내고, 두 사람이 간통하는 현장을 목격한 사람이 없음을 확인한 뒤에 두 사람을 풀어주기를 청하니, 그대로 윤허가 내렸다(세종 14년 6월 19일).

의금부가 소근소사와 그녀의 수양아들 변득비에 대한 조사를 마치고 세 가지 이유를 내세워 세종에게 소근소사를 석방하기를 청하였다.

첫째, 소근소사와 그녀의 이웃 사람들과 관원을 조사하였으나 둘이 간통하는 현장을 본 사람이 없었다는 것이고,

둘째, 형률에 '간통하다가 현장에서 붙잡힌 것이 아닌데 간통한 것으로 지목되었으면 죄를 따지지 말고, 간통으로 여자가 임신한 경우는 여자만 처벌한다'라고 되어 있다는 율문 때문이고,

셋째, 가뭄이 심하여 어제 노역형 이하 죄수들을 모두 사면하였으니, 소근소사도 풀어주는 것이 옳겠다는 의견이었다.

세종이 듣고 나더니, 소근소사의 구금을 풀어주게 하였다(세종 14년 6월 22일).

경상도 영덕현에서 아전이 사사로이 기생과 정을 통해 수령이 그 기녀를 심문하다가 매질이 지나쳐서 기녀가 죽은 사건이 발생하였다(세종 15년 5월 22일).

경상도 영덕현 아전이 사사로이 기녀와 간통하였는데, 수령 최기가 신문하는 과정에 매질이 지나쳐서 그만 기녀가 죽고 말았다. 감사가 문책하여 결말을 내기 전에 최기가 사면을 받았으니, 죄를 논하는 것은 그만둘지라도 도로 직무를 맡기는 것에는 의견이 분분하였다. 그러자 문신인 노한이 아뢰기를, "이 사람은 백성을 사랑하는 직

분을 잃었으니 바꾸는 것이 마땅하오나, 이미 사면을 지나면 죄가 사형에 이른 자라도 죄를 면하게 하는 것이오니, 최기의 일은 논하지 않는 것이 옳겠습니다"라고 하였다.

어떤 남녀가 간통 현장을 들키지 않았던 모양이다. 세종이 대신들에게 "간통은 처리하기가 쉽지 않다"라고 소회를 밝히더니, 간통죄 처리 원칙을 수정할 필요성을 언급하였다.

"반드시 남녀가 한 방에 있다가 붙잡혔을 때만 간통죄를 적용하여 단죄하는 것은 옳지 못한 것 같다. 남자가 계집을 유인하여 집 안으로 들였다가 발각된 경우에는 어찌 다른 뜻이 있겠는가. 간통한 장소에서 붙잡힌 것으로 간주해도 사리에 어긋남이 없을 것이다."

우의정 최윤덕이 형률의 법조문에 적합하지 않다 할지라도, 남자가 여자를 집으로 유인한 것이 분명하면 간통하다가 현장에서 붙잡힌 것으로 보아도 무방하겠다고 아뢰니, 세종도 좋다고 동의하였다(세종 15년 6월 4일).

또 충청도 은진에서 자기 아내와 간통한 남자를 붙잡아서 구타하고 칼로 찔러 죽인 사내가 붙잡혔다. 형조가 법대로 참형에 처리하기를 원하니, 세종이 1등을 감하여 장 1백대를 때려서 3천 리 밖으로 내쫓게 하였다.

형조가 법대로 참형에 처하기를 청하면서, 이후로도 자신의 처첩과 간통한 사내를 간통 현장이 아닌 곳에서 죽인 경우는 일반 살인으로 처리하게 해주기를 청하였다. 아내의 내연남을 간통 현장이 아닌 곳에서 죽인 자를 유배형에 처하면, 간사하고 포악한 무리들이 원수에게 자신의 처첩과 간통한 혐의를 씌워서 죽음으로 몰 것이라고 아뢰니, 세종이 공감을 표하면서도 은진의 살인자에 대한 감형을 거두지 않았다.

"이물금이 현장에서 죽이지 아니하였다 해서 사형을 감면하여 유형(流刑: 죄인을 먼 곳에 보내 그곳에 거주하게 하는 형벌)에 처한다면, 형률 조문의 본뜻에만 부합하지 않을 뿐 아니라, 훗날에 간사하고 포악한 무리들이 혹은 처첩을 간통하였다 일컬으면서, 바로 그때가 아닌데도 제 마음대로 죽이는 사람이 이로 인하여 일어날 것이니, 그 폐단이 두렵습니다. 이물금은 형률에 의거하여 참형에 처하고, 금후로는 비록 처첩이 다른 사람과 간통하더라도 진실로 현장에서 죽이지 않은 사람은 일반인으로서 논죄하소서."

하니, 그대로 따르게 하되, 이물금은 특별히 감등하여 시행하도록 하였다(세종 17년 9월 16일).

전라도 낙안에서 아내와 간통한 사내를 간통 현장이 아닌 곳에서 찔러 죽인 사내가 검거되자, 형조가 세종에게 법대로 참형에 처하기를 청하였다. 의정부와 육조의 생각을 들어보라고 명을 내려 두루 들어보니 대답이 다양하였다. 당연히 죽여야 한다는 신하도 있고, 형이 가장 가벼운 죄를 적용해야 한다는 신하도 있어, 세종에게 그대로 아뢰니, 형을 한 등급 낮추라고 명을 내렸다.

형조에서 아뢰기를, "낙안의 죄수 소을진이 아내의 간부를 찔러 죽였으나, 통간하는 곳에서 잡은 것이 아니오니 율문에 의하여 마땅히 참형에 처할 것입니다" 하므로, 의정부와 육조에서 함께 의논하게 하니, 혹은 말하기를, "당연히 죽여야 합니다" 하고, 혹은 말하기를, "본래는 통간하는 곳에서 잡으려 하다가 미리 알고 도망가는 것을 쫓아서 찔러 죽인 것이니, 어찌 보통 사람을 죽인 것으로 단죄하겠습니까. 마땅히 말감(末減: 감면하여 가장 가벼운 형벌에 처함)하옵소서."

하니, 명하여 한 등을 감하도록 하였다(세종 19년 9월 11일).

20
효정옹주와 여종 풍가이 죽음에 얽힌 사연: 효정옹주와 부마 조의정

조선 11대 왕 중종은 9남 11녀의 자녀를 두었다. 중종은 출가한 딸들이 궁궐에 오면 버선발로 나가 맞이할 정도로 자녀 사랑이 남다른 왕이었다. 중종은 자식들에게 모두 후한 은전을 베풀었고, 이로 인하여 물자를 낭비하고 죄를 지어도 묻지 않는 것 때문에 대간들의 비판을 받았던 왕이다. 그러니 자식들 중, 태어나자마자 산후열로 어머니를 여읜 효정옹주는 특히 애틋한 자식이었을 것이다.

효정옹주는 1520년(중종 15년) 10월 29일, 중종과 숙원 이씨의 둘째 딸로 태어났으며 이름은 순환이다. 어머니 숙원 이씨는 효정옹주를 낳고 얼마 뒤에 산후병으로 사망하였다. 친언니로 정순옹주가 있다.

자식 사랑이 남달랐던 중종은 영양군, 의혜옹주, 혼기가 임박한 효정옹주의 집을 짓게 하였는데, 중종 24년(1529) 8월 10일 실록에, 토목과 영선(營繕: 건축물 신축하거나 수선)에 관한 일을 맡아보는 관청인 선공감(繕工監)에서 전에 가뭄이 들었기 때문에 토목이나 건축 등의 공사를 정지시켰고, 지금은 가을이니 강원도와 충청도에 복정(卜

定: 정기적으로 징수하던 공물)된 재목을 그 도의 감사로 하여금 나무를 베어 강으로 떠내려 보낼 것을 문서로 보냈다고 하였다.

"재목을 베어 강물에 떠내려 보내는 일은, 전에 가뭄 때문에 본도와 조정에서 모두 농사철에 백성을 부리면 폐단이 있다는 것으로 건축 일을 정지시켰었다. 지금 가을철에 들어섰으나 9~10월 역시 농사철이다. 지금 이 단자의 사연대로 범연히 문서로 보낸다면 그 폐단이 백성에게 미칠 것이다. 전에 베어놓은 나무는 적당한 때를 가려 떠내려 보내고, 아직 베지 않은 것은 금년 농한기에 베어서 명년 농한기에 떠내려 보낼 것으로 관청의 일을 분명히 만들라."

또 중종 26년(1531) 6월 5일 실록에, 특진관 신공제가 다음과 같이 아뢰었다.

"지금 영선하는 공사 〈영양군·효정옹주·의혜공주 등의 집〉의 채색에 드는 물건도 많이 사들입니다. 주토(朱土) 같은 하찮은 물건까지도 넉넉하지 못하여 모두 민간에서 사들이니, 그 폐단이 적지 않습니다. 이보다 더욱 심한 것은 기름과 꿀마저도 부족한 것입니다. 기름은 준비하여 바칠 수 있지만 꿀은 민간에서 귀하게 여기는 물건이라서 간신히 모아서 관가에 바치고 있습니다. 이렇게 고달픈 일을 위에서야 어찌 아실 수 있겠습니까. 이런 때에는 비용을 줄이고 절약하는 일에 더욱 유념하셔야 됩니다."

그리고 중종 27년 5월 17일 실록에 헌부가 김세한의 일을 아뢰고 또 아뢰기를,

"해마다 가뭄과 황충의 재변 때문에 흉년이 들었는데 올해는 재변이 더욱 심하여 백성이 지극히 불쌍합니다. 그런데 영양군과 효정

옹주의 집 일은 혼기가 박두하였다는 이유로 정지하지 않고 있긴 하지만, 천재(天災)가 이렇듯 위험하고 절박한데도 집 짓는 일을 그대로 하고 있는 것은 하늘의 꾸지람에 응답하는 뜻이 아닙니다. … 지금같이 농사일이 한창 바쁠 때에 수군으로 하여금 양식을 싸가지고 상경하게 한다면 오가는 즈음에 폐단이 매우 많을 것이니, 두 집안의 일을 정지시켜서 수군을 올라오지 못하게 하는 것이 어떻겠습니까?"
하니, 다음과 같이 전교하였다.

"가뭄으로 생기는 재난이 있는 때에 토목 공사를 정지해주기를 청하고 있으니, 아뢴 말이 과연 지당하다. 다만 지금은 장마가 들기 전이어서 부득이 건물을 보수하는 일은 해야 한다. 그러므로 짐작하여 몇 명만 정해두고 나머지는 모두 돌려보내라."
라고 하여 김세한의 상소를 윤허하지 않았다.

재앙으로 생긴 변고가 심하다는 이유를 들어 사헌부에서 집 짓는 일을 중단하자고 건의가 있었지만, 중종은 자녀 사랑 때문에 장마 전에 보수할 필요가 있다는 이유를 들어 공사에 필요한 인원 일부를 남기고 철수하게 하였다.

1532년 효정옹주는 12살 때 순창부사 조침의 아들 조의정을 부마로 맞이하여 가례를 올렸다. 효정옹주의 시아버지 조침에게는 세 아들이 있었다. 조효정, 조충정, 그리고 옹주의 남편 순원위 조의정으로 이 중 맏아들 조효정의 증손녀가 인조의 후궁 귀인 조씨이다. 효정옹주는 1544년 2월 15일에 아들을 낳았다. 효정옹주의 며느리인 강씨의 조카가 광해군의 후궁인 귀인 윤씨이다. 그리고 귀인 윤씨의 증조할머니가 효정옹주의 시누이이기도 하다.

조의정과 결혼 후 출산 나흘 뒤인 중종 39년(1544) 2월 19일 산욕열에 걸린 옹주의 병세가 갑자기 위독해졌다. 이 사실을 뒤늦게 알게 된 중종은 즉시 의원과 의녀를 보냈다. 그러나 그들이 도착하기도 전에 효정옹주는 이미 세상을 떠났고, 중종은 효정옹주의 위독함을 늦게 알린 정황이 수상하다며 조의정을 의금부에 가두었다.

중종 39년(1544) 2월 19일 당시 실록을 보면 조의정을 두고,

"전 순원위 조의정은 성품이 광패하여 여러 해 동안 도에 어긋난 행동을 많이 저질렀으므로 내가 훈계하지 않을 수 없겠다고 여겨서 훈계한 것이 한두 번이 아니었다. 그런데 허물을 고치지 않을 뿐만 아니라 4~5년 전부터는 옹주의 여자 종인 풍가이를 첩으로 삼아 사랑하면서 옹주의 거처를 노비처럼 대우하고 풍가이의 거처를 옹주처럼 대우하여 집안의 법도를 문란시켰으니, 죄를 다스리지 않을 수 없었다. 그러므로 그 자신을 경계시키기 위하여 비첩 풍가이는 내수사(內需司: 왕실 재정을 맡아보던 관아)에서 치죄하도록 하고, 그는 외방에 내쳐 잘못을 고칠 것을 기대하였다. 의정은 그래도 징계되지 않고 즉시 종을 보내 몰래 풍가이를 데려다가 집에다 두었다. 이것도 진실로 그의 죄이지만 나는 나이 어린 부마의 광패한 소치라고 생각하고 용서하여 죄를 다스리지 않았는데 오히려 내심 기뻐하면서 이때부터 옹주를 더욱 박대하였다. 그가 옹주가 죽는다면 이 첩을 아내로 맞이하겠다는 계획을 세운 지가 이미 오래되었다.

이번 달이 옹주의 출산 달이므로 의녀를 보내려고 하였더니 의정은 한마디 상답(上答: 아랫사람이 윗사람에게 답함)도 않다가 오늘 병이 위독하게 되어서야 비로소 와서 고하였다. 즉시 의녀를 보내 그 집에

당도하니 의정이 또 들어가지 못하게 하였고, 의원이 미처 도착하기도 전에 중로에서 이미 죽었다는 말을 들었다고 한다. 의정의 행위가 매우 수상쩍으니 금부에 내려 추고하라. 풍가이는 아무리 의정의 사랑을 받았다고 하더라도 이미 옹주와는 종과 주인의 분수가 있는데 의정의 사랑을 믿고 항상 옹주를 능멸하고 거처를 문란케 하여 소박을 받게 하고 죽게까지 하였으니, 아울러 금부에 내려 추고하라.

사신은 논한다. 이때 투기가 성행하였는데 대궐이 더욱 심하였다. 부마들은 모두 첩을 두지도 못하고 조금이라도 범하는 자가 있으면 혹독한 형벌을 가하여 아들과 어미가 함께 곤장 아래서 죽는 이도 있었다. 의정은 연소하고 성질이 광패하여 종이었다가 첩이 된 여인을 사랑하다가 여러 차례 견책을 받았으나 조금도 거리낌이 없었다. 그러나 옹주가 정숙하여 투기하지 않고 잘 보호하여 보존될 수 있었다. 그런데 옹주가 산후증으로 갑자기 죽자 즉시 그의 첩과 함께 금부에 가두고 지난날의 잘못을 낱낱이 적발하면서 죽게 된 사유를 추문하였다. 그리하여 사건이 장차 예측할 수 없을 지경에 이르렀는데, 구해주는 자의 힘을 입어 먼 지방에 유배되는 것에 그쳤다."

문제의 발단은 옹주가 산후증으로 갑자기 죽자 즉시 조의정과 효정옹주의 여종 풍가이를 함께 금부에 가두고 지난날의 잘못을 낱낱이 적발하면서 죽게 된 사유를 추문하였다. 그리하여 사건이 장차 예측할 수 없을 지경에 이르렀는데, 마침 조의정을 위해 변호해주는 자의 힘을 입어 먼 지방에 유배되는 것에 그쳤다.

그러자 조의정은 평소 옹주와의 부부 사이가 돈독하였으며, 옹주가 여종 풍가이를 첩으로 삼기를 추천하여 허락하였다는 진술을 하였다. 또 옹주의 말에 따라 풍가이를 첩으로 삼았으나 특별히 사랑한 것도 아니고 다른 여종과 똑같이 대하였다고 하였다. 따라서 풍가이를 옹주처럼 대우하였다는 것도 말이 안 되는 것이고, 몰래 풍가이를 몰래 빼돌려 집에 숨겼다는 것도 사실과 다르고, 그리고 옹주의 건강도 평상시에는 문제가 없다가 출산으로 갑작스럽게 건강이 나빠졌으며 옹주의 생명을 구하기 위해 백방으로 구호활동을 하였다고 하면서 자신의 결백을 주장하였다.

조의정이 자신에 대한 무고함을 변명한 내용이 중종 39년 2월 21일 실록에 자세히 기록되어 있다.

"순원위는 우선 형신을 가하지 말고 이러한 내용으로 하문하여 보라. 과연 옹주와의 정의가 매우 돈독하였다면 옹주의 보모와 일을 보는 여종은 무슨 까닭으로 다 내보냈는가? 또 옹주가 출산 후에 외조모를 보려고 하였으나 부르지 못하도록 엄금하였고, 옹주의 병이 위급해진 뒤에야 사사로이 의녀 등을 불러 거짓으로 구호하는 체하였으며, 절명한 뒤에 숨길 수가 없게 되자 위급하다고 계달하여 의원과 의녀를 보냈으나 중로에서 벌써 죽었다는 소식을 들었다. 또 처음에 부녀자들에 대한 교육기관으로 미리 의녀를 보내겠다고 하였으되 한 번도 윗사람에게 답하지 않고서 기다리고 있었던 양 거짓으로 공초를 꾸몄다.

풍가이를 처음 함흥으로 내쳤을 때에는 몰래 다른 여비와 바꾸어 보냈고, 다시 내쳤을 때에도 위의 명을 두려워하지 않고 비밀히 다시 데리고 왔다는 사실은 함흥 별차가 내수사에 이첩한 것에서 그 진위를 알 수 있다. 전일에는 또 승전 내관(承傳內官: 임금의 뜻을 전하는 환관)의 서간을 위조하여 친구인 대전별감 김윤창에게 주어 종친 옥계수의 집에 보내 왕명이라 사칭하고 오리 암수 한 쌍을 가지고 오게 하였는데, 그것이 탄로 났다. 김윤창을 불러 사실임을 확인하고는 매우 무례하므로 앞에 불러놓고 글로 써서 훈계하였더니 경계한 글을 보고는 발끈 성을 내고 버려두고 물러갔었다. 이처럼 죄의 정상이 이미 드러났는데도 포용하여 죄를 다스리지 않은 지가 오래되었는데, 전교를 따르지 않은 것만 아니라 공초를 교묘하게 꾸몄다. 다시 이러한 뜻으로 묻도록 하라."

하고, 이어 다음과 같이 명령을 내렸다.

"조의정은 무도한 일이 진실로 많다. 그러나 전지로 추고한 일은 왕의 말이라서 사방에 전파될 것이니 앞서 전지한 세세한 것은 추고하지 말고 그 대강만 이르라. 무도한 행동을 많이 하였다는 말은 다른 사람들은 필시 무엇을 말하는 것인지 모를 것이다. 그러므로 그가 답하는 것을 보고 판부하여 추고하겠다."

조의정이 범죄 사실을 진술한 내용은 다음과 같다.

"신이 풍가이를 비밀리에 첩으로 삼은 것은 아닙니다. 옹주가 지난 기해년(중종 34년, 1539)에 신에게 '예부터 연소한 부마들이 무뢰한 자들로 첩을 삼아 집안의 법도를 어지럽히는 경우가 많은데 매우 아름다운 일이 아니다. 여종 풍가이는 첩을 삼을 만하다' 하였습니다. 신이 비록 옹주의 말에 따라 첩으로 삼았으나 예사로 부렸고 다른 여종들과 조금도 다르지 않았습니다. 또 옹주가 스스로 첩 삼는 것을 허락하여 조금도 투기하지 않았으므로 항상 마음에 미안한 생각을 품었으며 정의가 더욱 두터웠습니다. 그런데 '풍가이만 사랑하여 옹주처럼 대우하였으므로 집안의 법도를 문란하게 하였다'고 하니, 어찌 이런 일이 있겠습니까. 풍가이는 임인년(중종 37년, 1542)에 죄를 받아 함흥으로 가게 되었는데 중도에서 도망하여 순창의 농막에 의지하고 있다는 말만 들었을 뿐인데 어찌 감히 집에다 몰래 숨겨놓았겠습니까. 옹주의 병이 위독하게 되어서야 계달하였다는 일은 천지간에 있을 리 만무한 일입니다. 옹주는 산후에 건강 상태가 좋았고 음식도 보통 때와 같았습니다. 그랬는데 19일에 이르러 기침이 잦고 구토를 하므로 한편으로는 계달하고 한편으로는 종친부의 약방을 불러 의녀 산비 등과 백방으로 약을 쓰면서 구호하였으나 얼마 안 되어 절명하였습니다. 이 사이의 진위는 증거가 모두 있습니다. 신이 지난 5월에 파직된 이래 날이 갈수록 더욱 황공해서 노모가 멀리 순천에 있지만 지금까지 뵈러 가지를 못하였습니다. '오히려 내심 기뻐하면서 전교(傳敎: 임금이 명령을 내림)를 따르지 않았다'는 것은 진실로 없는 일입니다."

사초를 쓰던 신하는 논한다. 조의정이 죄가 없다고 할 수는 없으나 추국하라는 전지에 꼭 묻지 않아도 될 것이 많이 있어 왕의 말은 공명정대해야 한다는 데에 해가 되었다. 그래서 죄를 주어도 사람들이 승복하지 않게 되었다.

21
효정옹주와 여종 풍가이의 만남

풍가이는 원래 효정옹주 어머니 숙원 이씨의 외가에서 보낸 여종이었다. 효정옹주와 나이가 비슷하여 어려서부터 옹주와 친구처럼 자랐기 때문에 어린 나이에 입궁하여 효정옹주의 시녀로 지냈고, 효정옹주가 조의정에게 시집을 오자 함께 따라온 것이다.

숙원 이씨의 외가는 대대로 궁녀를 배출한 집안이었다. 따라서 자연스럽게 숙원 이씨의 이모는 상궁이 된 박씨였고, 숙원 이씨 여동생은 상궁 이은대였다. 효정옹주 어머니 숙원 이씨 역시 궁녀로 입궁하였다가 중종의 성은을 입게 되어 정순옹주와 효정옹주를 낳았다. 그런데 숙원 이씨는 1520년 효정옹주를 낳고 산후열로 짧은 생을 마감하였다.

어머니를 여윈 갓난아이 효정옹주는 이모할머니인 상궁 박씨와 이모인 상궁 이은대의 극진한 보살핌을 받으며 애지중지 사랑을 받고 자랐다. 더구나 이모할머니인 박씨는 어린 효정옹주가 혼자 자라는 모습이 애처로워 친정에서 효정옹주와 비슷한 또래 여종을 데려와 외롭지 않게 함께 지내게 하였다. 그 여자아이가 바로 풍가이다.

풍가이 신분은 비록 여종이었지만, 어릴 때부터 효정옹주와 흉허물 없이 친자매처럼 친하게 자랐다. 그런 덕분에 효정옹주와 함께 글도 익힐 수 있는 혜택을 받았다. 더구나 풍가이는 인물이 뛰어났을 뿐만 아니라 성품까지 좋았으며, 효정옹주에게는 늘 고분고분한 착한 아이였다. 그러다 보니 자연스럽게 효정옹주는 시집을 가면서까지 풍가이를 데리고 간 것이다.

그런데 이것이 문제의 발단이 되고 말았다. 성인 남녀의 문제는 언제 어떻게 바뀔지 모르기 때문이다. 혈기방정한 조의정이 인물이 남달리 뛰어난 풍가이를 본 순간 자신의 본분을 잃게 된 것이다. 정확하지 않지만 효정옹주의 외모가 너무나도 박색인 데 반해 여종 풍가이는 절세미인이었다고 하는데, 사실인지 확인 가능한 기록은 없다.

효정옹주도 시간이 점차 지나자 이런 두 사람의 관계를 알게 되었다. 그런데도 효정옹주는 풍가이를 벌하거나 질투하지 않았다. 오히려 조의정에게 풍가이를 첩으로 들일 것을 권하였다. 이런 연유로 자연스럽게 풍가이와 조의정은 효정옹주의 묵인 아래 연인 사이로 발전하였다. 효정옹주는 두 사람의 사랑을 질투하거나 시기하지 않고 자연스럽게 받아들였다. 그렇지 않았다면 자신의 여종을 남편에게 양보할 수 없었을 것이다.

실록은 당시 부마가 첩을 들이는 것은 엄격히 금지되어 있었다고 다음과 같이 기록하고 있다.

물론 이때 투기가 성행하였는데 대궐이 더욱 심하였다. 부마는 세조 때부터 '의빈(儀賓: 왕족의 신분이 아니면서 왕족과 통한 사람의 통칭)'이라고 하고, 의빈부에서 관장하였는데, '예의를 갖춘 손님'이란 뜻으로 사위를 흔히 '(백년)손님'이라 부르는 것과 일맥상통한다. 공주의 남편은 종1품, 옹주의 남편은 종2품에 해당한다.

부마는 조선시대 왕의 사위이기 때문에 그 대우가 각별하고 생활에는 불편함이 없이 살 수 있지만, 부인이 왕녀이다 보니 부인이 살아있을 때는 첩을 둘 수가 없었다. 부인이 죽었다고 해도 후처를 맞이하지 못하고 그대로 홀아비로 사는 것이 정도였다. 다만 홀아비가 되고 나서 첩을 두는 것은 왕실에서도 눈감아주었다고 한다. 간혹 왕의 허락을 받아 재혼하는 경우도 있었으나, 숙종 때 효종의 4녀 숙정공주가 요절한 후 숙정공주의 남편 정재륜이 재혼할 것을 청한 것을 물리치면서 이를 계기로 부마의 재혼 금지가 법제화되었다.

게다가 부마는 정책적으로 명예직 외엔 벼슬을 할 수 없어서 가끔 왕명을 받아 공문서를 작성하거나 혹은 의전을 맡거나, 중국에 사신으로 간 경우도 있었다. 그러나 왕녀와 결혼하였다고 자동으로 외교 능력이 생기는 건 아니니까 외교 실무는 부사나 서장관 등이 하는 것이고, 부마는 사신단의 격을 높이기 위해 들러리로 따라간 것으로 보인다. 부마들은 모두 첩을 두지도 못하고 조금이라도 범하는 자가 있으면 혹독한 형벌을 가하여 아들과 어미가 함께 곤장 맞고 죽는 이도 있었다. 옹주가 죽기 전에는 첩을 들일 수 없는 것이 왕가의 법도였다.

그런데도 부마 조의정은 연소하고 성질이 광패하여 비첩(婢妾: 종이었다가 첩이 된 여자)을 사랑하다가 여러 차례 견책을 받았으나 조금도 거리낌이 없었다. 그 이면에는 효정옹주가 정숙하여 투기하지 않고 잘 보호하여 무마될 수 있었다. 만약 왕실에서 조의정이 풍가이를 첩으로 들인 사실을 알게 되면 그냥 두지 않을 것이 불 보듯 뻔하였다.

효정옹주는 조의정과 풍가이가 서로 사랑한다는 사실을 숨기기 위해 자신과 함께 궁궐에서 온 보모와 시녀를 궁궐로 다시 돌려보냈다. 그렇게 세 사람은 아무런 문제가 없는 듯 잘 지냈다. 조의정과 효정옹주의 부부 금실도 오히려 나쁘지 않았고, 효정옹주와 풍가이의 관계도 이상증후가 없었다. 그리고 조의정과 풍가이의 애정 전선도 별다른 이상이 없었다.

그런데 '낮말은 새가 듣고 밤말은 쥐가 듣는다'고 아무도 모를 거라 생각하였던 사실이 궁궐에 알려지면서 불행이 닥쳤다. 궁궐로 돌아온 옹주의 시녀에게서 조의정이 풍가이를 첩으로 들였단 사실을 전해 듣고 이모할머니 박씨와 이모 이은대가 분을 삭이지 못하였다. 결국 이 사실이 중종의 귀에까지 들어가게 되었다.

중종은 효정옹주에 대해 항상 애처로운 마음을 품고 있었다. 생모의 얼굴도 모르고 갓난아이 때부터 이모할머니와 이모의 정성으로 자란 불쌍한 딸이었기 때문이다. 그런 딸이 시집가서 같이 데리고 간 여종에게 남편을 빼앗기고 살고 있다는 말에 그만 사리판단이 흐려졌다. 옹주의 이모인 상궁 이은대에게서 "풍가이가 본부인인지, 옹주가 본부인인지 알 수가 없다고 합니다. 제가 보기에는 풍가이가 본처 행세를 하고 있으니, 불쌍한 옹주마마를 어찌하면 좋겠습니까?"라는 말을 들었기 때문이다.

중종은 당장 명을 내려 조의정을 잡아들인 후, 순천으로 유배 보내라는 명령을 내렸다. 순천은 조의정의 본가가 있는 곳으로, 고향으로 유배를 보낸 것은 효정옹주를 배려한 조치였다. 여기서 그치지 않고 중종은 풍가이도 잡아들이게 하였다. 그녀는 내수사로 끌려가자 기다렸다는 듯이 효정옹주의 이모 이은대가 궁녀들에게 죽지 않도록 매를 때리도록 지시하였다. 그런 다음 그녀는 함흥으로 유배되는 처지가 되었다. 그러자 효정옹주가 나서서 뜻밖에 풍가이를 풀어달라며 애원하였다. 옹주는 풍가이에겐 전혀 죄가 없다고 하면서 두 번이나 풍가이를 방면해줄 것을 중종에게 간청하였다. 그러나 중종은 옹주의 간청을 거절하면서 아예 옹주를 합문 안으로 들이지 말라고 명하였다.

한편, 순천에서 그 소식을 들은 조의정은 사람을 시켜 풍가이를 빼돌렸다. 다른 여종으로 하여금 함흥으로 보내고, 그녀를 순천 본가로 데려와 숨겨놓았다. 물론 이는 옹주도 묵인한 일이었다. 하지만 그 사실을 알지 못한 채 중종은 얼마 뒤에 조의정을 방면하였을 때 조의정은 돌아오면서 풍가이도 함께 데려왔다.

세 사람이 함께 생활하면서 다시 그들은 아무런 일이 없었다는 듯 행복한 나날을 보냈다. 더군다나 효정옹주가 임신하게 되면서 중종은 조의정에 대한 미움도 조금씩 바뀌기 시작하였다. 그렇지만 옹주의 이모 이은대는 의심의 눈길을 거두지 않았기 때문에 세 사람은 늘 조심스럽게 주위의 시선을 경계해야 하였다.

어느덧 옹주의 산달이 다가오자 중종은 의녀를 보내려고 조의정에게 의사를 물었지만, 조의정은 아무 답변도 해오지 않았다. 그때까지 옹주에게 별다른 이상이 발견되지 않았기 때문이었다. 옹주의 몸 상태가 위독하게 되어서야 비로소 와서 고하였고, 즉시 의녀를 보냈으나 의녀가 도착하기도 전에 이미 죽었다는 소식이 전해졌다.

옹주가 산후증으로 죽었다는 소식을 들은 중종은 모든 것이 조의정 때문이라고 결론을 내렸다. 옹주의 죽음은 오래전서부터 조의정이 세운 계획적인 일이라고 단정까지 하였다. 결국 조의정은 또다시 유배됐다. 그리고 풍가이에 대해서도 먼 지방으로 귀양 보내는 것으로 마무리하려 하였다. 그런데 의금부 관원들이 풍가이를 체포하기 위해 조의정 집으로 갔더니, 풍가이는 이미 사라지고 없었다. 조의정이 풍가이를 빼돌렸던 것이다.

이 사건에 대해 중종 39년 2월 19일 의금부 당상은 이렇게 보고하였다.

"풍가이를 체포하러 순원위의 조의정 집에 갔더니 사람이 없는 듯 조용하였습니다. 얼마 있다가 상례를 준비하는 한 늙은 환관이 나와서 풍가이는 지금 여기 없다고 하면서 한 사내종을 내보내어 '풍가이의 거처는 이 종이 안다'고 하기에 물어보니 '풍가이가 처음 함흥으로 유배갈 때 사실 내가 데리고 길을 떠나 숭인문 밖에 이르렀는데 순원위가 종 송동 등으로 하여금 몰래 데리고 나가게 하고 결국 다른 여종으로 바꾸어 함흥으로 보내게 하여 인계하고 돌아왔었습니다. 지금 들으니 순천의 큰댁에 숨겨두고서 근친한다고 핑계대고 예사로 왕래한다고 합니다'라고 하였습니다."

이 말을 듣고 중종이 다음과 같은 명령을 하였다.

"알았다. 그 종은 그대로 가두어두라. 순원위는 지금 이미 수금해놓았으니 풍가이가 있는 곳을 물어보라. 순천에 감추어두었다는 말 또한 그럴 가능성이 없지는 않다. 그러나 조의정이 스스로 말한 뒤에 가서 체포해오는 것이 좋겠다."

의금부에서 아뢰기를,

“조의정에게 풍가이의 거처를 물으니 ‘순창군 농막에 도망가 있다’고 하니, 가서 잡아와야겠습니다. 그러나 도망칠 우려가 없지 않으니 이 아룀이 발락(發落: 특정 사안에 대해 판결을 내림)되기 전에 먼저 나졸을 보내어 가서 잡아오도록 할까 합니다” 하였다.

22
상궁 은대의 모함에 비명에 간 풍가이

풍가이는 체포된 뒤, 갖은 고문을 당하면서도 당당한 자세로 자신에겐 죄가 없다고 항변하였다. 조정 신하들 역시 풍가이에겐 큰 죄가 없다고 판단하였다. 옹주가 적극 추천하여 그녀를 부마의 첩으로 들였고, 그는 옹주가 시키는 대로 하였을 뿐이라고 보았다.

한편 조의정이 이 사실을 진술하여 말한 내용을 중종 39년 2월 22일 실록의 내용을 살펴보면 다음과 같다.

"옹주의 보모를 신이 감히 내보낸 것이 아닙니다. 지난해 3~4월 경에 보모가 신에게 '금년에 액운이 있으니 거처하는 곳을 피하게 해 달라' 하기에 백방으로 막았으나 끝내 마음을 돌리지 못하였습니다. 또 옹주의 여러 여자 종들을 무고하게 내보낸 것이 아닙니다. 무릇 많은 대군(大君)이나 부마의 집은 여염집과 달라 날마다 쓰는 비용이 자못 많습니다. 그런데 지난해 5월에 파직된 이후 오래도록 녹을 받지 못하였고 또 전라도에 운반해오는 곡식은 배가 모두 부서지고 가라앉는 바람에 가세가 날로 궁핍해져서 노비들의 양식을 댈 수 없기 때문에 우선 잠시 나갔다가 녹을 받게 되거든 다시 들어오라고 하였습니다.

옹주가 외조모를 보려고 하였는데 신이 부르지 못하도록 엄금하였는지의 여부와 위급해진 뒤에 사사로이 의녀를 불러 먼저 진료한 일과, 절명한 뒤에 숨길 수 없게 되자 위급한 상황을 아뢰었다는 일은 집안 노복들이 모두 있으니, 하문하여 보면 진위를 알 수 있을 것입니다. 또 전의 내교(內敎: 왕비의 명)에 '의녀를 보낼 것이니 그리 알라' 하였으므로 신과 옹주가 상의하고 기다렸었습니다. 즉시 회계(回啓: 임금의 물음에 대해 신하들이 심의하여 대답함)하지 못한 이유는 지금 옹주가 이미 죽어버렸으니 발명할 길이 없습니다. 풍가이는 신이 비밀히 바꾸어 보낸 것이 아닙니다. 옹주 자신이 첩 삼는 것을 허락하였는데 죄를 받아 멀리 유배되니 모함한 것 같아서 옹주가 마음속으로 매우 미안하게 생각하였기 때문에 풍가이를 여종으로 바꾸어 보내고 형세를 보아 그 사실을 상달(上達: 말이나 글로 여쭈어 알게 함)할 생각이었습니다."

이에 중종 39년 3월 7일, 대사간, 헌납, 정언 등이 상소문을 올리기를,

"임금의 마음 하나는 명을 내리는 근본이 되는 것이어서 마음이 올바르게 되어 있으면 정사가 올바르지 않은 것이 없게 되지만, 만일 조금이라도 치우치게 사정을 두는 것이 마음에 발동하여 정사를 해치게 될 적에는 그 순간의 기쁨과 분노가 더러는 정령의 전도를 가져오게 되는 것인데, 어찌 광명정대한 덕에 손상이 없기를 보장할 수 있겠습니까? 이번에 나이 젊은 부마가 교회(敎誨: 잘 가르쳐 지난날의 잘못을 깨우치게 함)를 명심하지 않고 멋대로 법도 없는 짓을 하여 자기 종 풍가이와 허물없이 지내다가 집안의 법도를 어겼으니 죄가 있기는 합니다마는, 옹주를 염빈(斂殯: 염은 죽은 이튿날 시체에 옷을 갈아입히는

것. 빈은 시체를 입관한 뒤 장사할 때까지 안치하는 것)한 지 얼마 되지 않아 하옥하라고 잘라서 명하여 한 번의 죄로 몰아세우면서 제왕의 위엄을 다잡아 가하므로 이미 듣는 이들이 놀라고 있습니다.

무지한 그 종은 놓아두고 따지지 않아도 되는데, 기필코 종적을 밟아 잡아오도록 하여(순천 조의정의 어머니 집으로 갔었는데, 순천부의 나장이 잡아왔었다) 형문을 더욱 서둘러 대고(大故: 여기서는 옹주의 죽음을 가리킴)가 생기게 한 것으로 심문하게 되었으니, 사세가 장차 죽은 다음에야 그만두게 될 것입니다. 하나라도 죄 없는 사람을 죽인다면 어찌 어진 정치에 누가 되지 않을 수 있겠습니까? 치우치게 사정을 두어 진노하신 폐해를 가지고 사람들이 또한 전하를 논하게 될까 싶습니다."

그러자 중종은 다음과 같이 답하였다.

"만일 중요한 관계가 있는 죄가 아니라면 무지한 여종은 진실로 말할 것도 없지마는, 이 여종은 조의정의 집안의 법도를 문란시켰다. 여종으로서 상전을 능멸하여 질서가 전도되게 하였기 때문에 당초부터 추국하도록 한 것이다. 놓아두고 심문하지 않는다면 어떻게 폐단을 없앨 수 있겠는가? 이는 내가 치우치게 사정을 두어 진노한 것이 아니라, 강상의 도의를 유지하려고 하여 한 일이다. 또 대고가 생기게 하였다는 말이 이 여종 때문만은 아니다. 단지 그 원인이 이 여종에게서 나온 것이라서 추국하지 않을 수 없는 것이다."

그러자 이번에는 홍문관에서도 풍가이에 대해 그 억울함을 상소문을 올렸다.

"풍가이는 비록 명을 듣지 않은 죄가 있기는 하지만 옹주께서 불행을 당할 때에는 먼 데에 있어 상관이 없었는데, 대고가 나게 된 죄를 이 사람에게 돌려 형문을 멈추지 않고 있습니다. 비록 그가 미미한 생명이기는 하나 만일 장형을 치르는 자리에서 죽게 된다면, 사사로운 노여움이 정령(政令)을 해치게 되고 형살이 중도를 잃게 될 것이니, 어찌 성상의 덕에 누가 되지 않겠습니까."

그러나 중종은 물러서지 않았다.

"풍가이의 추고에 관한 전지에 '대고가 나게 하였다'고 한 말은 이 사람을 추고하기 위해 한 말이 아니라 곧 조정의 잘못을 가리켜 한 말이다. 만일 이 여종이 상전의 죄와 관계가 없다면, 이미 조의정의 죄는 다스렸으므로 추고할 것이 없을 듯하다. 그러나 그 원인이 이 여종에게서 나온 것이고 조의정의 집안의 법도를 문란시켰으며 종으로서 상전을 능멸하였으니, 관계되는 바가 중대하다. 무릇 사대부의 집이라 하더라도 만일 이와 같은 변이 있으면 오히려 법사(法司: 형조와 한성부를 일컬음)가 마땅히 추고해야 할 것인데, 하물며 위에서 한 가문의 일을 자세히 알면서도 추고하지 않을 수 있겠는가?"

중종은 요지부동으로 자신의 생각을 바꾸지 않았다. 중종은 어떻게 해서든지 풍가이에게 엄중한 벌을 줄 생각이었다. 결국, 풍가이는 죄를 인정하지 않았고, 장 1백 대를 맞고 초주검이 된 채 일단 방면되었다. 사실 중종은 풍가이를 사형시키려고 하였으나 옹주의 청으로 첩 노릇을 하였다는 점 때문에 정상이 참작되어 사형을 면한 것이다. 특히 풍가이는 미천한 신분이었음에도 결코 소신을 굽히지 않고 자신의 결백을 극구 주장하였다. 이 때문에 국문이 진행되면서 많은 신하가 풍가이를 구원하기 위해 노력하였고, 그녀를 감형해야 한다는 분위기가 들끓었다.

중종 39년 3월 17일 실록은 풍가이의 일을 다음과 같이 기록하였다.

풍가이는 죽은 효정 옹주의 여종이다. 옹주가 평소에 애호하였기 때문에 부마에게 첩을 삼도록 하였고 질투하는 마음이 있지 않았었다. 계묘년(중종 38년, 1543)에 죄를 받아 함흥으로 귀양 갔을 때에 옹주가 두 차례나 대궐에 나아가 죄가 없음을 그 간의 사정을 진술하여 알렸는데, 상이 '부녀자로서 질투가 없는 것은 진정이 아니다'라고 하며 합문 안으로 들어오지 못하게 하였으므로 물러나왔다고 하였다. 풍가이는 국문을 당하면서도 안색이 변하지 않았고 한마디도 착란한 말이 없었다. 시종과 간관이 논계하고 차자를 올린 뒤에 옥관이 "조정이 너를 구원하기 위해 이렇게 하니 임금께서도 물론 알고 계실 것이다. 네가 비록 자복하더라도 반드시 참작해서 조처할 것인데 어찌 딱하게도 이처럼 형벌을 받는가?" 하니, 대답이 "조정에서는 비록 그렇게 하여도 상께서 노여움을 풀지 않으시는데, 어찌 감히 자복하겠는가. 또한 여자 종으로서 상전을 능멸하였다는 이름을 얻느니 차라리 죽는 것이 낫다"고 하였었다. 풍가이는 글을 조금 알았다. 그의 손가락이 끊어졌기에 물어보니 "어머니가 아플 때 끊어서 약에 타서 먹였다"고 하였었다. 아아, 어찌 자기 어버이에게 효도한 사람이 자기 상전에게 그처럼 불공하였겠는가?

그런데도 불구하고 효정옹주 이모인 상궁 이은대는 분을 이기지 못하고 풍가이를 다시 잡아다가 악랄하고 잔혹하게 때려죽인 일이 발생하여 이 일이 발각되는 사건이 일어나고 말았다.

중종 39년 5월 27일 실록에 장령 정희 등이 풍가이를 죽인 상궁

이은대의 일을 거론하며 아뢰기를,

"풍가이의 종이 본부에 소송을 제기하기를 '풍가이의 죄는 상께서 조정의 공론을 채택하여 그렇게 죄를 정하였던 것인데,(장 일백 유 삼천 리인데, 유 삼천 리는 여인이기 때문에 속을 바치도록 하였었다) 상궁이라는 사람이 타살하였으니 종과 상전의 사이에 정의가 민망하다'고 하였습니다. 또 상처가 분명하게 나타나지 않게 하려고 하여 의금부에서 때린 데를 때렸다고도 하고, 굶주려 죽게 하였으므로 몸이 말랐었다고도 하였습니다. 이는 비록 성상께서 알지 못하시는 것이겠지만, 만일 조금이라도 상께서 알고 계시는 것이 있다면 성상의 덕에 누가 됨이 어찌 적겠습니까? 궐내에서도 더욱 미루어 살피소서."

그리고 중종 39년 6월 4일 실록에 사헌부에서도 다음과 같이 아뢰었다.

"풍가이가 죽게 된 일은 그 종의 고장(告狀: 그 사정을 진술하여 위에 호소하는 것)에 따라 사간인(事干人: 어떤 사건이나 범행에 관련된 사람)을 추고하였더니, 상궁이라 일컫는 은대가 내수사의 종 5명을 시켜 금부가 결방(決放: 판결하여 방면함)한 뒤에 곧 그 동생의 집 행랑방으로 잡아가서 10여 일 동안 자물쇠를 채워 가두었다가 다시 순원위(조의정)의 집으로 잡아가 형장을 맞은 데를 더 때려서 장을 담는 창고 안에 스무 날 동안 버려두었으므로 죽게 되었다 합니다. 당초 풍가이를 추국할 때에 위에서 공론에 따라 법에 의해 결방하였는데, 은대는 중간에서 함부로 형장을 써서 뒷날의 검험에 증거가 없게 하려고 꾀하여, 형장을 맞은 데를 마구 때리고 가두어 굶기고 협박하여 죽게 하였으니, 지극히 잔혹합니다. 위에서 모르시는데 감히 이토록 흉패한 짓을 하였다면 마음대로 한 죄를 더욱이 용서할 수 없을 것입니다. 이뿐이 아니라, 여성위 송인(宋寅: 중종의 여덟째 사위)이 간통한 종 두 사람을 때려죽인 일 또한 물의에 떠들썩하게 퍼졌습니다. 이러한 흉악한 사람은 매우 징계해야 할 것이니, 의금부에 내려 끝까지 추고하여 율문에 따라 죄를 정하소서."

풍가이가 옹주의 이모 상궁 은대에게 참혹한 죽임을 당하자 조정에서는 은대의 죄를 엄중하게 처벌할 것을 촉구하였다. 무엇보다 이미 상궁 은대가 지난날 정순옹주의 남편 여성위 송인의 첩과 아이를 때려죽인 일이 드러났으니 그 죄는 가중 처벌을 해도 모자랐다.

실록은 이 사건의 개요를 다음과 같이 기록하였다. 은대는 궁중에 세력을 두고 안과 밖에 위세를 부려서 풍가이를 이미 죽게 한 것이 잔혹하기 막심한 데다가, 또 여성위가 간통한 종이 아이를 배어 낳았는데 그 아이를 밟아 죽이고 그 어미를 곤장을 때려 유배시켰으므로, 물의가 시끄럽게 퍼졌다. 대간·시종이 여러 날 동안 번갈아 글을 올렸으나 위에서는 오히려 감싸다가, 사간원과 사헌부가 합사(合司)하여 사직한 지 대엿새가 되고 대신이 또 멀리 귀양 보내기를 청한 뒤에야 위에서 마지못해 따랐다. 죄는 만 번 죽어도 아깝지 않은데 귀양에 그쳤으므로, 인심이 시원치 않게 여겼다.

그러나 중종은 사헌부의 주장을 받아들이지 않았다. 그러면서 오히려 풍가이를 살인한 은대를 두둔하였다.

"풍가이가 판결하여 방면된 뒤에 내수사의 종이 잡아간 일을 들으니, 은대가 한 일이 아니었다. 그리고 풍가이가 방면한 뒤에 의거할 곳이 없으므로 내관이 내수사 사람을 시켜 풍가이의 본래 주인은 효정옹주의 어머니 이숙원인데, 이숙원은 죽었기 때문에 그녀의 여동생 은대에게 보냈을 뿐이라고 한다. 또 은대는 다른 사람과 같지 않고 옹주의 어머니 숙원 이씨의 동생이니, 그 동생의 집종을 때린 일은 국가에 관계되는 것이 아니고 흉패한 일도 아니다. 그렇기 때문에 윤허하지 않는다."

종중 39년 6월 6일, 6월 7일 사헌부에서 은대의 죄상에 관한 일을 아뢰었으나 정중은 윤허하지 않았다.

그러자 사간원 대사간 구수담이 중종 39년 6월 8일, 상궁 은대의 일로 상소문을 올렸다.

"또 사람을 마음대로 죽이면 법에 있어서도 용서하지 않으므로, 대간이 이 때문에 논술하여 고집하여 여러 날 오래 끄는데도 이토록 난처하게 만드시니, 못 견디게 서운합니다. 사람의 목숨은 지극히 중한 것인데, 사람마다 국법을 업신여기고 마음대로 죽이는데도 그 죄를 다스리지 않는다면, 장차 나라가 나라답지 않게 될 것입니다. 예전부터 교묘하게 남의 죄를 꾸며 안팎에서 서로 어지럽히는 것은 부시(婦侍: 임금 곁에서 모시는 여관, 내시)에게서 말미암을 수도 있으니 이처럼 음흉하고 간교한 무리는 결코 궁궐에 드나들게 할 수 없습니다. 더구나 이제 죄상이 드러났는데, 어찌 용서할 수 있겠습니까. 만약에 내인이라는 핑계로 곧 끝까지 따져서 죄를 다스리지 않는다면 궁액(宮掖: 각 궁에 딸려 있는 하인)을 맑게 하고 왕의 법도를 밝힐 수 없으니, 관계되는 바가 가볍지 않은데, 어찌 임금의 덕에 누가 되는 것이 없겠습니까. 신들은 벼슬이 언론의 지위에 있으므로, 무릇 조정과 궁궐 안에서 귀와 눈이 미치는 것이면 말하지 않을 수 없어서 감히 어리석은 말을 아뢰었으니, 전하께서 유념하시기 바랍니다."

중종 39년 6월 12일, 홍문관 부제학 송세형 등이 상차하기를,

"임금이 나라를 다스리는 데에는 집안을 다스리는 것을 먼저 힘써야 하는데 집안이 다스려지지 않는 것은 임금의 한 생각이 어긋나는 데에서 말미암습니다. 사사로이 총애하는 데에 익숙해지고 한쪽으로 치우치기 시작하면 공론을 물리쳐 받아들이지 않고 국법을 어지럽혀 바르지 않게 되며, 법이 한 번 어지러워지면 법령이 전도되어 나라가 나라답지 않게 되니, 두려워하지 않을 수 있겠습니까. 먼저 번에 효정옹주가 죽었을 때에 부음이 들리자마자 부마가 하옥되었으므로 위아래가 다 해괴하게 여기고 아무도 그 까닭을 몰랐는데, 전하께서 한 여종에게 죄를 돌리며 노여움이 매우 크셨으나, 공론이 바로잡고 성심(聖心)이 깨달으신 데에 힘입어 가벼운 법을 베풀게 되었으니, 뭇사람과 함께 그 죄를 정하였다고 할 만합니다. 그런데 이제 은대라는 자가 감히 중간에서 제 마음대로 국법을 위반하고 이미 죄준 사람에게 함부로 형장을 가하고 잔학하게 괴롭혀서 기어코 죽이고야 말았으니, 이것은 조정을 업신여긴 것이요 전하를 업신여긴 것입니다. 여느 살인한 자도 전하께서는 사람의 목숨이 중하다 하여 반드시 전형(典刑: 형벌을 관장함)을 바로 하셨는데, 더구나 이것은 전하께서 이미 조정과 함께 의논하여 죄를 정한 것인데도 이 사람은 나라를 업신여기는 마음을 여물리어 이토록 극진하게 마음대로 포악한 짓을 하였으니, 이것은 전하께서 천둥 같은 노여움을 내어 시급히 국법을 밝게 보이셔야 할 일입니다."

하지만 중종은 큰 처벌은 내리지 않고 결국 은대를 유배 보내는

것으로 마무리를 지어버렸다. 그러나 이후 은대는 중종 사후 문정왕후에 의해 1년 만에 사면된다.

명종 즉위년(1545) 10월 17일 대왕대비가 경상도 죄인의 석방 여부에 대한 계본을 원상 이기에게 내리며 이르기를,

"전 상궁 은대가 먼 곳에 귀양(중종 때 은대가 순원위 조의정의 집에서 의정의 첩 풍가이를 고방에 가두고 살해한 일이 너무 참혹하여 대간이 극력 간쟁하므로 멀리 경상도 대구부에 귀양 보냈었는데, 이때에 이르러 이러한 명이 있었다) 가 있다. 나인이 귀양 간 일은 조종조에 없었던 일인데, 김안로에게서 처음 나온 것이다. 중종께서 처음에는 죄주지 않으려고 하였지만 대간이 여러 날 두고 대궐 앞에 엎드려 상소하므로 귀양 보낼 것을 명한 것이다. 그간에 사면령이 여러 번 있었으니 놓아 보내도록 하라."

하니, 이기가 회계(回啓: 임금의 물음에 대해 신하들이 심의하여 대답함)하기를,

"위의 분부가 지당합니다. 여자가 죽을 죄로 멀리 지방에 귀양 가는 법은 율문에도 없는 것입니다. 때문에 당초 의득(議得: 임금의 명에 따라 나라의 중요한 일에 대하여 신하들이 의논하여 결정)할 적에 신은 부당하다고 생각하였었습니다."

이렇게 풍가이는 효정옹주가 죽고 난 후 그녀를 변호하거나 옹호해주는 사람도 없이 억울하고 참혹한 죽음을 당하였지만, 함께 살면서 즐거움을 같이 한 조의정은 이때 멀리 귀양을 가 있었기 때문에 풍가이가 상궁 이은대에게 억울하게 맞아 죽은 사실조차 모르고 있었다. 조의정이 설사 풍가이의 억울한 죽음을 미리 알았다 해도 손을 놓을 수밖에 없었을 것이다.

Ⅲ

조선시대에 용인되지 않았던 별난 사랑

플라톤은 『향연』이란 작품에서 아리스토파네스의 입을 빌려 사랑의 기원을 '한 몸인 세 사람'에 대한 전설로 풀어낸다. 그에 의하면 태초에는 세 사람의 인간이 존재하였는데, 남자와 남자가 한 몸인 인간, 여자와 여자가 한 몸인 인간, 그리고 남자와 여자가 한 몸인 인간이 있었다는 것이다.

"그들은 네 개의 손과 네 개의 다리를 지니고 있고 완벽하게 둥그런 목 바로 위에 완전히 똑같은 두 개의 얼굴이 반대로 놓여 있고 그 위에 하나의 머리가 붙어 있다. 그들의 귀는 네 개이고 수치스러운 부분도 두 개인데, 그 나머지 것들은 모두 지금까지 살펴본 것들로부터 상상할 수 있을 것이다. 걸음걸이로 보자면, 그들은 지금처럼 자신들이 원하는 방향이면 어디로든지 똑바르게 갈 수도 있고, 빨리 달려가고 싶을 때에는 마치 지상 회전을 하는 사람들처럼 다리를 원 모양으로 회전하며 앞으로 곧장 갈 수도 있다."

이들은 우주를 상징하는 모습을 띠고 있어 남성은 태양, 여성은 지구, 남녀 성은 달의 자식으로 표현되었다. 이들은 또 대단한 힘과 능력을 갖고 있었다. 네 개의 손과 발을 갖고 있을 뿐 아니라, 머리는 하나지만 현재보다 용량이 컸기 때문이다. 그래서 그들은 점점 오만해지더니 급기야 신들의 자리를 넘보고 위협하기 시작하였다.

어느 날 신들이 모여서 대책을 강구하였지만 별 뾰족한 수가 나오지 않았다. 그렇다고 인간들을 멸망시킬 수도 없었다. 인간들이 사라지면 누가 자신들에게 제물을 바치겠는가. 골똘히 생각에 잠겨 있던 제우스가 마침내 무릎을 탁 치며 기발한 아이디어를 내놓았다.

"나는 인간들이 지금보다 약해져서 더 이상 오만하지 않도록 만드는 방법을 발견하였노라! 나는 이제 인간들 각각을 둘로 나누겠다. 그러면 인간들은 더 약해질 것이고 또한 동시에 그 숫자가 늘어나니 우리 신들에게는 더 유익하게 될 것이다. 그럼에도 불구하고 만약에 인간들이 또 불손하게 굴고 소요를 일으키려 할 때에는 나는 그들을 다시 둘로 나누어서 외발로 뛰어다닐 수밖에 없도록 하겠다."

제우스는 이렇게 말하며 팽팽한 실로 삶은 계란을 자르듯이 번개로 인간을 모두 둘로 나누었다. 또 아폴론을 시켜 얼굴과 목의 반쪽을 잘려나간 쪽으로 돌려놓게 한 다음 잘린 부분도 치료하도록 하였다. 아폴론은 목과 얼굴을 돌려놓고 잘라진 피부를 모아 염낭을 묶듯이 배 중앙에 묶어 배꼽을 만들었다. 목과 얼굴을 돌려놓은 것은 상처를 기억하고 다시는 오만을 떨지 못하게 하기 위해서였다.

아리스토파네스에 의하면 이때부터 인간은 자신으로부터 떨어져나간 또 다른 반쪽을 끊임없이 찾게 되었다. 남자와 여자는 잃어버린 자신의 반쪽을, 여성은 잃어버린 또 다른 반쪽을, 남성은 잃어버린 또 다른 반쪽을 찾기 위해 필연적인 사랑을 원하게 된다. 아리스토파네스의 태초의 세 성에 관한 이야기는 우리에게 동성애가 천형이 아니라 원초적 사랑이라는 사실에 근거를 제시한다.

동성 간의 사랑은 시대와 사회 환경에 따라 사회적 관습으로 용인받기도 하였고, 한편으로는 보이지 않는 곳에서 차별과 손가락질에 시달리기도 하였지만, 이성 간의 사랑과 마찬가지로 인류가 태동한 이래 항상 있어왔던 일이다. 아직도 서구문명에 동화되지 않은 아프리카, 폴로네시아 및 멜라네시아의 부족들은 동성 간에 정서적이고 육체적인 친밀함을 나누는 것을 자연스러운 일상으로 받아들인다고 한다.

중국이나 인도에서 동성애 자체가 위법과 혐오로 오인된 것은 오히려 근대 이후 서구 열강의 식민지를 거치면서였다. 서구사회는 기독교에 기반하면서 인간이 섹스의 쾌락에 빠지면 신에게서 멀어진다는 이유로 수태를 목적으로 한 성행위 외에 모든 성행위는 '부자연스러운 짓'으로 간주하였다. 이런 기독교에 기반한 서구의 시민법이 제정되면서 종교적 죄악은 사회적 범죄로 취급되기 시작하였다.

이성 간의 사랑은 사회적 규율이고 동성 간의 사랑은 비정상이라는 관습은 오랫동안 지속되었고, 이를 금기시하였을 뿐만 아니라 구금하고 법적인 제재까지 행해졌다. 따라서 동성애자들은 사회적·법적 권리를 박탈당하였고 인간의 존엄성조차도 인정받지 못하였다. 동성애자에게 동성애자로 살지 않을 것을 요구하면서 그 과정을 치료, 치유, 회개, 전환, 회복 등으로 포장하고 이성애자로 살지 않으면 타락, 오염, 열등한 것으로 낙인찍어 편견과 차별을 강화하고 재생산하였다.

23
21세기의 제3의 성

어느 2002년 일간지의 '벽장 속을 뛰쳐나온 제3의 성'이라는 기사이다. 역사상 동성애에 대한 편견이 빚어낸 가장 비극적인 사례 중의 하나는 제2차 세계대전 당시 나치 정권이 저지른 동성애자 학살이다. 나치는 동성애를 '국가의 적'이라고 천명하고 구체적인 성행위가 없어도 좋아하였다는 증거나 증언만으로도 구속이 가능하도록 하였다. 오래전부터 동성애는 일상에서 중요한 한 단면을 차지하게 되었다. 동성애자임을 공개한다는 단어인 '커밍아웃'이 벽장으로부터 나오다(Come Out of Closet)를 줄여 표현한 것이라고 하니 그 벽장은 얼마나 비밀스러우면서도 얼마나 답답한 공간이었을까.

이제 동성애는 사회 담론의 장으로 나왔다. 영화나 소설, 신문은 물론 광고에서도 동성애는 일반화된 소재다. 특히 여성 간 동성애를 다룬 레즈비언 광고는 어렵잖게 찾아볼 수 있다.

크리스찬 디올과 루이비통 광고를 보자. 두 제품은 비교적 고답적인 패션 브랜드에 속한다. 제품에 자신이 있었기 때문에 광고에서 제품만 제대로 보여줘도 팔릴 것이라는 자만에 빠져있기도 하였다.

그러다가 캘빈클라인과 같은 말랑말랑한 브랜드에 뒤통수를 맞았다. “600여 쪽에 넘는 보그지를 들춰보면서, 소비자들이 우리 광고에 눈길 한번 주지 않는다는 건 참을 수 없는 일이다”라고 캘빈클라인은 선언하였다. 캘빈클라인은 과감히 섹스를 소재로 한 광고를 선보이기 시작하였다. 점잔 빼던 크리스찬 디올과 루이비통에겐 충격이었다. 그들 역시 광고의 틀을 바꾸기 시작하였고 레즈비언을 내세우기에 이르렀다.

크리스찬 디올 광고는 비교적 정형화된 동성애 코드를 활용하지만 강렬하게 섹스어필 한다. 땀으로 홍건해진 피부, 물에 젖어 흩날리는 머리칼…. 특히 눈 아래에서 트리밍 된 두 여자의 얼굴은 감정이 고조된 레즈비언의 분위기를 훨씬 더 자극적으로 드러낸다. 두 여자의 성애의 감정이 교차되는 바로 그 극점에 디올 핸드백이 위치한다. 청바지를 변형하여 원피스로 만든, 풍만한 가슴을 감싸 안은 보이시한 느낌의 의상은 레즈비언 특유의 묘한 중성적 느낌을 전해준다.

루이비통은 좀 더 파격적이다. 내 신발에 입 맞춰 경배를 표하라는 뜻한 모습은 새도매저키즘적인 섹스 이미지를 드러낸다. 전체 구도가 가학성 포르노 무비의 한 장면을 연상케 하지만 루이비통은 그 안에 담긴 콘텐츠의 톤을 달리함으로써 도발적이지만 추하지 않은 에로티시즘의 미학을 선보인다. 손에서 머리로 이어지는, 가학에서 피학으로 흐르는 에로티시즘의 시선은 루이비통 신발에 가 멈춘다. 늘 섹시하게만 느껴지던 여성의 각선미에서 가녀린, 그러나 매서운 폭력의 느낌이 스며 나오는 생경한 분위기가 보는 이의 시선을 장악한다. 이제 동성애는 허구가 아니라 실체다. 벽장 속에서 떠돌던 이야기가 아니다. 그 실체를 우리는 광고를 통해 만난다. 광고를 통해 사회를 이해한다.

국가를 대표해 국제 미인대회에 출전한 후보들이 대회에서 만나 비공개 연애 끝에 결혼하는 이례적인 소식이 전해졌다. 주인공은 아르헨티나의 마리아나 바렐라(26)와 푸에르토리코의 파비올라 발렌틴(24)이다. 두 사람은 2021년 10월 29일(현지시간) SNS(사회관계망서비스)에 공유한 영상을 통해 결혼 사실을 공개하였다. '이제는 문을 열겠습니다'라는 타이틀이 달린 영상에는 결혼 후 행복한 시간을 보내는 두 사람의 모습이 담겨 있다. 두 사람은 인생의 동반자가 되기로 약속한 증표로 결혼반지를 끼고 있다. 두 사람은 푸에르토리코 산후안시의 법원에서 지난달 28일 결혼식을 올린 것으로 전해졌다. 영상엔 흰색 원피스와 흰색 정장 차림을 한 두 사람이 법원을 배경으로 입을 맞추는 모습도 담겼다. 아르헨티나는 2010년, 미국 자치령 푸에르토리코는 2015년에 각각 동성결혼을 합법화하였다. 현지 언론은 "두 미녀가 푸에르토리코 산후안에서 결혼식을 치르고 공식적으로 부부의 연을 맺었다"면서 "미인대회에서 만난 미녀들이 부부가 된 건 아마도 세계 최초일 것"이라고 보도하였다.

마리아나 바렐라와 파비올라 발렌틴의 인연은 2020년 태국에서 열린 미인대회 미스 그랜드 인터내셔널에 참가하면서 시작됐다. 미스 그랜드 인터내셔널은 평화와 비폭력을 주제로 열리는 국제미인대회다. 대회에서 탑(TOP) 10까지 올랐지만 아쉽게 입상에 실패한 두 사람은 포옹한 채 무대에서 내려왔다. 이때부터 두 사람이 특별한 관계라는 소문이 돌았지만 두 사람은 부인도, 인정도 하지 않았다.

익명을 요구한 측근은 "대회가 끝난 뒤 아르헨티나, 푸에르토리코, 베네수엘라, 콜롬비아 등 중남미 4개국 대표가 시간을 내 태국을 여행하였는데 이때 급속도로 가까워진 것으로 알고 있다"며 "이후 장거리 연애를 하다 결혼까지 이르게 됐다"고 귀띔하였다. 두 사람이 특별한 관계라는 소문은 그간 여러 번 불거졌다. 2020년 미스 그랜드 인터내셔널 이듬해인 2021년 두 사람은 반갑게 다시 만나면서 SNS에 소식을 전하였고, 올해 6월엔 푸에르토리코에서 세계적인 패션잡지 보그가 개최한 '보그의 밤' 행사에 나란히 참석하였다. 두 사람은 나란히 빼어난 미모의 소유자지만 서로에게 끌린 건 외모 때문이 아니라 연결고리 역할을 한 공통분모 덕분이었을 것이란 관측도 일각에선 나온다. 남자와 사귀면서 겪은 아픔과 지적 취향이 두 사람을 가깝게 이어줬을 것이라는 얘기가 돈다.

팔로워들은 두 사람이 연인 사이였단 사실조차 알지 못하였다며 결혼 소식에 놀라워하였다. 이들의 팔로워는 물론 세계적인 인플루언서와 미인대회에 함께 참가하였던 후보들도 두 사람의 결혼을 축하하였다. 2020년 미스 그랜드 인터내셔널에서 우승한 가나의 가수 아베나 아쿠아바는 "축하한다. MGI(미스 그랜드 인터내셔널)가 아름다운 결합을 이뤘다"고 말하였다. 쏟아지는 축하와 응원에 바렐라는 "모든 사랑에 감사드린다"며 "우리는 매우 행복하고 축복받았다"고 화답하였다.

24
조선시대의 별난 사랑

조선시대 성 풍속은 자극적이거나 소문나지 않게 당사자가 조용히 몰래 치르는 과정으로 일관한다. 특히 왕실과 공신들의 염문설은 쉬쉬하였지만 입소문을 막을 수 없었고, 그에 못지않게 암암리에 궁녀들의 성 추문도 한몫하였다. 그중에서도 궁녀들 간의 별난 사랑은 구한말까지도 계속되었다. 궁녀의 별난 사랑을 '대식(對食)'이라 하였는데 원래는 궁녀들이 가족이나 친지를 궁궐 안으로 불러들여 함께 같이 식사하는 제도였다. 그런데 그것이 변질되어 동성애의 기회로 삼았기 때문에 '대식'이라 하였다.

조선 후기의 실학자 이규경(李圭景, 1788~?)이 쓴 『오주연문장전산고(五洲衍文長箋散稿)』에도 대식에 대해 다음과 같이 기록하였다.

"궁중의 옛 규례에 환관과 궁녀가 서로 부부가 되는 것은 한나라 시대부터 그러하였는데, 이를 대식이라 한다. 그런데 궁녀는 환관을 통하여 물품을 사들이고 환관은 궁녀에게 의뢰하여 옷을 꿰매 입는 등 민간의 부부와 다름이 없었다."

연산군 11년(1505) 7월 13일에는 궁녀들 사이에서 '친구'를 의미하는 붕(朋) 자를 팔에 새기는 경우가 많았으며 동성애를 한 궁녀들의 몸에 먹으로 글자를 새기게 하였다는 기사가 나온다. 법을 어기고 벗을 사귀었다는 '위법교붕(違法交朋)' 네 글자였다. 먹으로 몸에 글자를 새기는 묵형(墨刑)이었다. 다른 말로 자자(刺字: 글자를 새긴다)라고도 하여 중벌에 속하였다.

"두 궁녀를 밀위청(의금부 당직청)에 보내 '법을 어기고 벗을 사귀었다(違法交朋)' 네 글자를 가슴에 새기도록 입묵(入墨)하였다."

조선시대에 들어와 유교가 득세한 이후부터는 성차별적 문화가 정착됨에 따라 동성애 역시 본격적으로 음지로 숨어들게 되었다. 조선의 궁궐에서는 궁녀들 간의 동성애 행위는 드물지 않았다고 한다. 이것을 '대식', '교붕(交朋)' 혹은 '밴대질'이라고 하였는데, 궁녀들 모두가 진짜 동성애인이었다기보다는 남자는 왕 하나인데 여자들만 차고 넘치는 상황에서 일어난 현상이었을 가능성이 크다. 그럼에도 궁녀 간의 동성애 행위는 그 처벌이 꽤나 가혹하였다. 일반 궁녀가 적발되면 궁녀 복을 벗어야 하였는데 그렇기 때문에 후궁 이상이 동성애 행위를 하다 적발되면 폐서인이 되었다.

궁녀는 관념상으로는 모두 왕의 여자였으므로 다른 남자와 성관계를 할 수 없었다. 만일 궁녀가 외간 남자와 사통하다가 적발되면 즉시 참형에 처해지는데, 특이한 점은 궁녀가 임신한 상태여도 당장 처형한다는 점이었다. 조선은 노동력을 중시하는 국가였고 죄인의 자식은 노동력이 되기에, 여자 사형수가 임신 중이면 출산하고 나서 100일까지 사형을 연기하는 게 원칙이었고, 이게 아니더라도 많은 국가에서 웬만하면 임산부는 처형이 미뤄졌다. 설사 출산 후 100일까지는 아니더라도 일단 출산할 때까지는 사형을 집행하지 않는데, 오로지 궁녀의 간통만이 예외였다. 즉, 궁녀의 불륜을 살인죄 같은 일반적인 사형 죄목보다 훨씬 심각한 죄로 간주하였다는 뜻이다.

그럼에도 불구하고 연애하고 싶었던 궁녀의 욕망을 완전히 막을 수 없었다. 세종 시대에는 궁녀 내은이와 환관 손생이 언약식을 하다가 걸려서 둘 다 목이 날아갔고, 단종 시대에도 궁녀 중비와 어린 별감 부귀가 비밀 연애를 하다가 궁녀와 별감이 세 쌍으로 짝지어서 비밀연애를 하는 것으로 점화된 끝에 세 쌍의 연인들의 비밀 연애가 발각된 사례도 있었다. 그래도 이 세 쌍의 연인들은 앞의 내은이, 손생과 달리 단종이 감형을 해준 덕에 곤장을 맞고 관노와 관비가 되었지 죽지는 않았다.

또한 왕의 승은을 받지 못한 대부분의 궁녀들 중 몇몇은 동성애에 빠지는 일도 있었다고 한다. 궁녀들 간의 동성애는 대식이라고 하였다. 조선 초기인 세종 때에 순빈 봉씨와 관련하여 여러 궁녀들의 동성애가 발각되어 큰 문제가 된 적이 있고, 『영조실록』 3년(1727) 7월 18일에는 궁녀들의 동성애를 엄하게 다스려야 한다는 조현명의 상소문이 기록되어 있다.

"예전부터 궁인들이 혹 족속이라 핑계하여 민가의 어린아이를 금중(禁中: 대궐)에 재우고, 혹 대식을 핑계하여 요사한 여중이나 천한 과부와 안팎에서 교통합니다. 이것은 다 요사한 자에게서 인연하고 간사한 자에게서 시작되는 것입니다. 삼가 바라건대, 전하께서는 그 출입의 방지를 준엄하게 하여 그 왕래하는 길을 끊으소서. 그러고서야 부정한 길을 막을 수 있고 뒷 폐단을 막을 수 있을 것입니다. 근습

(近習)을 엄하게 다룬다는 것은 이러합니다."

조선 후기까지도 궁녀들의 동성애는 널리 행해졌음을 알 수 있다. 원래는 중국의 한서에 "궁인(宮人)들이 서로 뜻이 맞는 상대끼리 부부가 되는 것을 대식이라 한다"는 기록에서 따온 말로 궁녀들끼리 엉덩이에 서로 붕(朋, 친구)이라는 글자를 문신으로 새기기도 하였다고 한다.

25
문종의 두 번째 부인 순빈 봉씨의 별난 사랑

순빈 봉씨는 문종의 두 번째 세자빈이자 세종의 두 번째 맏며느리이다. 문종 이향은 짧은 재위 기간에 비해 여자관계가 복잡하였다. 현덕 왕후 권씨 외에 정부인 둘과 여덟 명의 후궁을 두었다. 문종이 처음으로 맞이한 여인은 세자빈으로 간택된 휘빈 김씨였다. 세자는 휘빈에게 관심조차 없었다. 그러자 휘빈은 남편의 사랑을 얻을 수 있는 방법을 강구하다 세간에서 흔히 쓰는 방술인 압승술까지 쓰게 되었다. 그 방법은 남편이 좋아하는 여인의 신을 잘라서 불에 태운 뒤 가루를 만들어 술에 타서 남편에게 먹이면 되었다. 그러나 세자가 자신의 방을 찾지 않은 탓에 실행에 옮기지 못하였다. 두 번째 방법으로 암놈과 수놈의 뱀이 교접할 때 흘린 정액을 수건으로 닦아서 자기 몸에 간직하면 남편의 사랑을 얻을 수 있다는 것이었다. 그런데 이 방법마저 세자가 눈치채고 말았다. 이 사실을 안 세종은 곧 진상 파악에 나섰고, 이 일을 문제 삼아 휘빈은 폐위하여 사가로 쫓아버렸다. 여기에 그치지 않고 그녀의 아버지와 오빠까지 삭탈관직을 당하게 되었다.

휘빈이 쫓겨난 뒤, 세종은 다시 간택령을 내려 세자빈을 뽑았다. 창녕 현감으로 있는 봉려의 딸이었는데, 곧 순빈 봉씨였다. 세자빈을 선택한 방식은 후보들을 한곳에 모이게 한 후 용모를 보고 뽑았다. 『세종실록』 11년 8월 4일자 기록을 보면,

"대대로 내려오는 가계와 부녀자가 지녀야 할 덕행은 본래부터 중요하나, 혹시 인물이 따라주지 않는다면 또한 불가할 것이다. 나는 부모 된 마음에서 친히 간택하고자 하나, 옛 예법에 없어서 실행할 수가 없으므로, 창덕궁에 모이게 하고 내관으로 하여금 시녀와 효령대군과 더불어 뽑게 해야겠는데 어떻겠는가" 하니, 황희·맹사성·변계량·신상·윤회 등은 모두 "좋습니다" 하였으나, 허조만 유독 "불가하옵니다. 만약에 한곳에 모이게 하여 간택한다면 오로지 얼굴 모양만을 취하고 덕을 보고 뽑지 않게 될 것입니다" 하였다. 임금이 말하기를, "잠깐 본 나머지 어찌 곧 그 덕을 알 수 있으리오. 이미 덕으로써 뽑을 수 없다면 또한 용모로써 뽑지 않을 수 있겠는가. 마땅히 처녀의 집을 찾아 돌아다니면서 좋다고 생각되는 자를 예비로 선정해서, 다시 창덕궁에 모아놓고 뽑는 것이 좋겠다" 하니, 모두가 "좋습니다" 하였다.

야사에 휘빈이 박색이었기 때문에 세자의 관심을 받지 못하였다고 보아서, 순빈을 뽑을 때는 외모를 보고 뽑았다는 이야기가 있다. 혹은 반대로 외모만 보고 뽑았기에 휘빈이 박색으로 알려진 거라는 이야기도 있다.

그러나 순빈도 문종과 금슬이 좋지 않았다. 문종은 세종에게,

"내가 순빈을 총애한다면 투기하고 사나워져서, 비록 칼날이라

도 또한 가리지 않을 것이며, 만약 그 뜻대로 된다면 옛날의 한나라 여후라도 또한 능히 이보다 더하지 못할 것입니다."

라고 하였다. 실록에 순빈의 이전 기록은 거의 없고, 대부분 내용은 세종이 세자빈을 폐위시키며 이유를 밝힌 두 기사에 들어있다.

26
세자빈을 폐위시킨 세종

실록 세종 18년(1436) 10월 26일, 두 번째 세자빈 봉씨를 퇴출시키기 위해 세종이 사정전에 나아가서 도승지 신인손과 동부승지 권채를 불러 임금이 앉아 있는 평상 앞에 나아오게 하여 측근의 신하를 물리치고 말하기를,

"근년 이후로 일이 성취되지 않음이 많아서 마음이 실로 편치 않았다. 요사이 또 한 가지 괴이한 일이 있는데 이를 말하는 것조차도 수치스럽다. 우리 조종 이래로 집안의 법도가 지극히 바로잡혔고, 내 몸에 미쳐서도 중궁의 내조에 힘입었다. 중궁은 매우 성품이 유순하고 언행이 훌륭하여 투기하는 마음이 없었으므로, 태종께서 매양 나뭇가지가 늘어져 아래에까지 미치는 덕이 있다고 칭찬하시었다. 이런 까닭으로 집안의 법도가 지금에까지 이르도록 화목하였다. 정미년(세종 9년)에 세자가 나이 14세인데 유사가 '후사를 잇는 일이 중대하므로 빨리 배필을 세워야 될 것이라' 한 까닭으로, 세족인 김구덕의 손녀딸을 간택하여 빈으로 삼았으나 김씨는 정말 어리석고 못나고 총명하지 못하여, 기유년(세종 11년)의 사건을 초래하였으므로 이를 폐

하고 다시 봉씨를 간택하였는데, 뜻밖에도 세자가 친영한 이후로 금슬이 서로 좋지 못한 지가 몇 해나 되었다. 내가 중궁과 함께 상시 가르치고 타일러서, 그 후에는 조금 대하는 모양이 다르게 되었지마는, 침실의 일까지야 비록 부모일지라도 어찌 자식에게 다 가르칠 수 있겠는가. 생각하건대, 세자는 나라의 왕세자이므로 선대를 계승하는 도리로서는 후사를 두는 것보다 더 큰일이 없는데, 부부 관계가 이와 같았다. 또 어린 나이인데 또한 시중드는 첩을 많이 둘 수가 없으므로 근심한 지가 오래되었다. 시험 삼아 이러한 뜻을 가지고 허조에게 의논하였더니, 허조가 아뢰기를, '이것은 작은 일이 아닙니다. 어찌 조그만 혐의로 대체에 어두워서야 되겠습니까. 마땅히 명문집의 덕 있는 규수를 잘 골라 뽑아서, 왕비의 자리를 차지하게 하여, 후사 잇는 길을 넓히도록 꾀하는 일을 늦출 수는 없습니다' 하였다. 이로 인하여 세 사람의 빈을 뽑아들였는데, 봉씨는 성질이 시기하고 질투함이 심하여서, 처음에는 사랑을 독차지 못 한 일로 오랫동안 원망과 앙심을 품고 있다가, 권승휘(權承徽: 단종의 어머니인 현덕왕후)가 임신을 하게 되자, 봉씨가 더욱 분개하고 원망하여 항상 궁인에게 말하기를, '권승휘가 아들을 두게 되면 우리들은 쫓겨나야 할 거야' 하였고, 때로는 소리 내어 울기도 하니, 그 소리가 궁중에까지 들리었다. 내가 중궁과 같이 봉씨를 불러서 타이르기를, '네가 매우 어리석다. 네가 세자의 빈이 되었는데도 아들이 없는데, 권승휘가 다행히 아들을 두게 된다면, 인지상정으로서는 기뻐할 일인데도 도리어 원망하는 마음이 있다니, 또한 괴이하지 않은가' 하였으나, 봉씨는 조금도 뉘우치는 기색이 없었다.

이보다 먼저 세자의 유모가 항상 궁내의 일을 맡아 보았는데, 유모가 죽자 중궁에서 또 늙은 여종을 뽑아 보내어 이 일을 대신 맡게 하였다. 그 여종은 평소부터 순실하고 근신하며 말이 적은 사람인데, 빈에게 말하여 세자의 의복·신·띠 등의 물건을 몰래 자기 아버지 집에 보내고, 또 속옷·적삼·치마 등을 여자 의복으로 고쳐 만들어 그 어머니에게 보냈었다. 나는 그가 어버이를 위한 것이라 하여 책망하지 아니하고, 다만 세자의 속옷 따위로 어버이의 의복을 할 수 없다는 것만 꾸짖었을 뿐이었다. 그 후에 또 세자에게 항상 가르치기를, '비록 여러 후궁이 있지마는, 어찌 본부인에서 아들을 두는 것만큼 귀할 수가 있겠느냐. 본부인을 물리쳐 멀리할 수는 없느니라' 하였다. 이때부터 세자가 조금 우대하는 예절을 보였는데, 그 후에 봉씨가 스스로 말하기를, '태기가 있다' 하여, 궁중에서 모두 기뻐하였다. 그가 혹시 놀람이 있을까 염려하여 중궁으로 옮겨 들어와서 조용히 거처한 지가 한 달 남짓하였는데, 어느 날 봉씨가 또 스스로 말하기를, '낙태를 하였다'고 하면서, '단단한 물건이 형체를 이루어 나왔는데 지금 이불 속에 있다'고 하므로, 늙은 궁궐 여종으로 하여금 가서 이를 보게 하였으나, 이불 속에는 아무것도 보이는 것이 없었으니, 그가 말한 '임신하였다'는 것은 거짓말이었다.

또 지난해 세자가 종학(宗學: 왕족의 교육을 담당하던 관청)에 옮겨 거처할 때에, 봉씨가 시녀들의 변소에 가서 벽 틈으로부터 외간 사람을 엿보았었다. 또 항상 궁궐 여종에게 남자를 사모하는 노래를 부르게 하였었다. 또 일찍이 환관들의 무릎 받이·주머니·자루 등의 물건을 손수 만들었는데, 이로 인하여 세자의 생신에 으레 바쳐야 할 물건들을 미리 만들 여가가 없어서, 지난해 생신에는 이미 전에 바쳤던 오래된 물건들을 새로 마련한 것처럼 속이고 바쳤었다. 또 궁중에서 쓰는 물건과 음식물은 그 나머지를 덜어서 그 어머니의 집에 보내자고 청하였다가, 세자가 옳지 않다고 하자 자기가 먹다가 남은 음식물을 그 어버이에게 보내므로 이를 금지시켰더니, 그 후에는 환관들을 몰래 경계하여 세자에게 절대로 아뢰지 말고 보내게 하였다. 그 아버지의 상을 당하여 사사로이 당고모부 송기에게 사람을 보내어 그에게 노제를 맡게 하였는데, 후에 송기가 제사를 지낸 족친의 성명을 기록하여 사사로이 봉씨를 뵈오니, 봉씨가 즉시 무료 받이를 주어 사례하였으나 모두 세자에게 아뢰지 않았으니, 이와 같은 온당치 못한 일이 상당히 많았다.

나는 모두 부인이 사리의 대체를 알지 못한 때문이라 하여 이를 내버려두었는데, 요사이 듣건대, 봉씨가 궁궐의 여종 소쌍이란 사람을 사랑하여 항상 그 곁을 떠나지 못하게 하니, 궁인들이 혹 서로 수군거리기를, '빈께서 소쌍과 항상 잠자리와 거처를 같이한다'고 하였다. 어느 날 소쌍이 궁궐 안에서 소제를 하고 있는데, 세자가 갑자기 묻기를, '네가 정말 빈과 같이 자느냐'고 하니, 소쌍이 깜짝 놀라서 대답하기를, '그러하옵니다' 하였다. 그 후에도 자주 듣건대, 봉씨가 소쌍을 몹시 사랑하여 잠시라도 그 곁을 떠나기만 하면 원망하고 성을 내면서 말하기를, '나는 비록 너를 매우 사랑하나, 너는 그다지 나를 사랑하지 않는구나' 하였고, 소쌍도 다른 사람에게 늘 말하기를, '빈께서 나를 사랑하기를 보통보다 매우 다르게 하므로, 나는 매우 무섭다' 하였다. 소쌍이 또 권승휘의 개인 노비 단지와 서로 좋아하여 혹시 함께 자기도 하였는데, 봉씨가 개인 노비 석가이를 시켜 항상 그 뒤를 따라다니게 하여 단지와 함께 놀지 못하게 하였다. 이 앞서는 봉씨가 새벽에 일어나면 항상 시중드는 여종들로 하여금 이불과 베개를 거두게 하였는데, 자기가 소쌍과 함께 동침하고 자리를 같이한 이후로는, 다시는 시중드는 여종을 시키지 아니하고 자기가 이불과 베개를 거두었으며, 또 몰래 그 여종에게 그 이불을 세탁하게 하였다. 이러한 일들이 궁중에서 자못 떠들썩한 까닭으로, 내가 중궁과 더불어 소쌍을 불러서 그 진상을 물으니, 소쌍이 말하기를, '지난해 동짓날에 빈께서 저를 불러 내전으로 들어오게 하셨는데, 다른 여종들은 모두 지게문 밖에 있었습니다. 저에게 같이 자기를 요구하므로 저는 이를 사양하였으나, 빈께서 윽박지르므로 마지못하여 옷을 한 반쯤 벗고 병풍 속에 들어갔더니, 빈께서 저의 나머지 옷을 다 빼앗고 강제로 들어와 눕게 하여, 남자의 교합하는 형상과 같이 서로 희롱하였습니다' 하였다.

내가 항상 듣건대, 시녀와 여자종 등이 사사로이 서로 좋아하여 동침하고 자리를 같이한다고 하므로, 이를 매우 미워하여 궁중에 금령을 엄하게 세워서, 범하는 사람이 있으면 이를 살피는 여관이 아뢰어 곤장 70대를 집행하게 하였고, 그래도 능히 금지하지 못하면 혹시 곤장 1백 대를 더 집행하기도 하였다. 그런 후에야 그 풍습이 조금 그쳐지게 되었다. 내가 이러한 풍습이 있음을 미워하는 것은 아마 하늘에서 내 마음을 인도하여 그리 된 것이리라. 어찌 세자빈이 또한 이러한 풍습을 본받아 이와 같이 음탕할 줄 생각하였겠는가. 이에 빈을 불러서 이 사실을 물으니, 대답하기를, '소쌍이 단지와 더불어 항상 사랑하고 좋아하여, 밤에만 같이 잘 뿐 아니라 낮에도 목을 맞대고 혓바닥을 빨았습니다. 이것은 곧 저희들의 하는 짓이오며 저는 처음부터 동숙한 일이 없었습니다' 하지마는, 여러 가지 증거가 매우 명백하니 어찌 끝까지 숨길 수 있겠는가. 또 저들의 목을 맞대고 혓바닥을 빨았던 일을 또한 어찌 빈이 알 수 있었겠는가. 항상 그 일을 보고 부러워하게 되면 그 형세가 반드시 본받아 이를 하게 되는 것은 더욱 의심할 여지가 없다. 그 나머지 시중드는 여종들로 하여금 노래를 부르게 한 것과 벽 틈으로 엿본 따위의 일은 모두 다 자복하였다. 그러나 나머지 일은 모두 경하므로 만약 소쌍의 사건만 아니면 비록 내버려두어도 좋겠지마는, 뒤에 소쌍의 사건을 듣고 난 후로는 내 뜻은 단연코 폐하고자 한다. 대개 적장자의 아내의 직책은 관계되는 바가 가볍지 않은데, 이러한 실덕(失德)이 있고서야 어찌 종사를 받들고, 한 나라에 국모의 모범이 되겠는가. 그러나 빈을 폐하고 새로 다른 빈을 세우는 일은 역대에서 중하게 여기는 바이다. 옛날에 한나라 광무제와 당나라 현종이 모두 그 아내를 내쫓아서 뒷세상의 비평을 면하지 못하였는데, 더군다나 지금 두 번이나 폐출을 행한다면 더욱 나라 사람들의 보고 들음을 놀라게 할 것이므로, 나는 이를 매우 염려하여 처리할 바를 알지 못하겠다. 어제 안평 · 임영 두 대군으로 하여금 영의정 황희 · 우의정 노한 · 찬성 신개를 불러서 이를 의논하게 하였더니, 모두 말하기를, '마땅히 폐해야 될 것입니다' 하였다. 나도 거듭거듭 이를 생각해보니, 공자와 자사도 모두 그 아내를 내쫓았으며, 옛날 사람이 또한 어버이 앞에서 개를 꾸짖었다 하여 그 아내를 내쫓은 이도 있으니, 진실로 소중히 여기는 것이 있기 때문이다. 대의로써 결단하여 그렇게 아니 할 수가 없는데, 경 등은 일을 처음부터 끝까지 상세히 알고 있으니, 교지를 만들어 초해서 바치도록 하라. 옛날에 김씨를 폐할 적에는 내가 한창 나이가 젊고 의기가 날카로와서, 빈을 폐하고 새로 다른 빈을 세우는 것은 중대한 일이므로 애매하게 할 수 없다고 여긴 까닭으로, 그 일을 교서에 상세히 기재하였으나, 지금은 그렇게 할 필요가 없다. 봉씨가 궁궐의 여종과 동숙한 일은 매우 추잡하므로 교지에 기재할 수는 없으니, 우선 성질이 질투하며 아들이 없고, 또 노래를 부른 네댓 가지 일을 범죄 행위로 헤아려서, 세 대신과 더불어 의논하여 속히 교지를 지어 바치게 하라" 하였다.

신인손이 권채와 더불어 임금의 뜻을 황희·노한·신개에게 전달하고, 함께 교지를 기초하여 바치고, 즉시 입직한 동지중추 김맹성으로 하여금 행향사(行香使: 임금의 명을 받고 종묘나 능소에 향을 가지고 가서 분향하던 사신)로 삼아 빈을 폐하는 일로써 종묘에 고하고, 봉씨를 폐출하여 서인으로 삼아 사저로 돌려보냈다. 그 교지에,

"왕세자는 한 나라의 근본이요, 배필은 삼강의 중대함이니, 처음을 바로잡는 도리는 삼가하지 않을 수가 없다. 기유년에 봉씨를 명가의 후손이라 해서 세자빈으로 삼았는데, 나중에 대궐의 의칙을 어길 줄을 생각하지 못하였다. 일이 한두 가지가 아니므로 우선 그 대개만 들어 말한다면, 성질이 투기가 많고 대를 이을 자식이 없으며, 또 궁궐 여종들로 하여금 항상 남자를 사모하는 노래를 부르게 하였다. 또 세자가 종학으로 옮겨가 거처할 때에 몰래 시녀의 변소에 가서 벽 틈으로 엿보아 외간 사람들을 바라보았다. 환관의 주머니·자루·호슬을 손수 만들었기 때문에, 이로 인하여 세자의 생신에 으레 바쳐야

할 물건들을 미리 만들 여가가 없어서, 지난해 생신에 쓴 오래된 물건을 몰래 가져다가 새로 마련한 것처럼 속이고 바쳤으며, 또 궁중에 쓰는 물건과 음식물을 세자의 명령을 받지 않고서 몰래 환관을 경계하여 그 어머니 집으로 보내었다. 무릇 이 몇 가지 일이 모두 애매한 것이 아니므로, 내가 친히 사유를 물으니 모두 다 자복하였다. 내가 생각하건대, 부부의 도리는 풍화의 근원이요, 빈을 폐하고 다른 빈을 다시 세우는 것은 역대에서 소중히 여기는데, 더군다나 지금 세자빈은 두 번이나 폐출을 행하니, 더욱 사람들의 보고 듣는 것을 놀라게 할 것이다. 다만 총부의 직책이 관계한 바가 가볍지 않은데, 이러한 실덕이 있으니 어찌 세자의 배필이 되어 종묘의 제사를 받들고, 한 나라에 국모의 의표가 되겠는가. 이에 마지못하여 대신에게 의논하여 종묘에 고하고, 그 책인(冊印: 책서와 인장. 책서는 책봉 내용을 기록한 문서이고, 인장은 대개 금으로 만든 금보였음)을 회수하고 폐하여 서인으로 삼는다. 다만 그대들 정부는 나의 지극한 마음을 본받아 중앙과 지방에 알아듣도록 타이도록 할지어다" 하였다.

27
순빈 봉씨의 기행

『세종실록』 18년(1447) 10월 26일자에 보면 세종이 다음과 같은 엄명을 내린다.

"내가 항상 듣건대, 시녀와 종비(從婢: 여자종) 등이 사사로이 서로 좋아하여 동침하고 자리를 같이한다고 하므로, 이를 매우 미워하여 궁중에 금령을 엄하게 세워서, 범하는 사람이 있으면 이를 살피는 여관(女官: 궁중에서, 임금, 왕비, 왕세자를 가까이 모시어 시중들던 여자)이 아뢰어 곤장 70대를 집행하게 하였고, 그래도 능히 금지하지 못하면 혹시 곤장 1백 대를 더 집행하기도 하였다."

이와 같은 기록은 세종 대에 궁녀들의 동성애가 많았음을 반증하는 것이다. 궁녀들 사이에는 '대식'이라 불렸고 서로를 '방동무', '벗', '맷돌부부' 등으로 부르며 지냈다. 대식은 『한서(漢書)』에 나타나는데 여기서는 궁녀들이 서로 부부가 되는 것을 대식이라고 하였다.

또 『세종실록』 75권 세종 18년 11월 7일의 기록에 의하면, 세종이 대신들에게 알린 순빈의 폐위 이유는 다음과 같다.

"처음에 김씨를 폐하고 봉씨를 세울 적에는, 그에게 옛 훈계를 알아서 경계하고 조심하여 금후로는 거의 이런 따위의 일을 없게 하고자 하여, 여자 스승으로 하여금 『열녀전』을 가르치게 하였는데, 봉씨가 이를 배운 지 며칠 만에 책을 뜰에 던지면서 말하기를, '내가 어찌 이것을 배운 후에 생활하겠는가' 하면서, 학업을 받기를 즐겨 하지 아니하였다. 『열녀전』을 가르치게 한 것은 나의 명령인데도 감히 이같이 무례한 짓을 하니, 어찌 며느리의 도리에 합당하겠는가. 또 생각하기를, 부인이 반드시 글을 배워서 정사에 간여하는 길을 열게 해서는 안 될 것이라 하여, 다시 그에게 가르치지 못하게 하였다. 또 세자의 유모가 죽었으므로 이름이 고미라고 한 늙은 궁궐 여종으로 하여금 궁중의 일을 대신 맡게 하였는데, 봉씨가 밤마다 고미를 불러 말하기를, '할미는 어찌 내 뜻을 알지 못하오' 하니, 대개 이 노파로 하여금 세자를 불러오도록 하고자 함이었다. 부부가 서로 사랑하는 것은 비록 그것이 떳떳한 정리이지마는, 그러나 부인이 남편을 잃어도 밤에 울지 않는 것은 다름이 아니라 그 혐의를 피하기 때문이다. 그런데도 더군다나 매일 밤마다 세자를 보고자 하니, 어찌 부인의 도리에 적합하겠는가. 또 세자가 오랫동안 밖에 옮겨가 있다가 돌아와서, 궁궐에 들어와 뜰을 돌아다니며 구경하였는데, 빈의 궁에 가까이 이르니, 봉씨가 지게문으로 바라보고 말하기를, '저분이 왜 안방으로 들어오지 않고 공연히 밖에서 걷고 있을까' 하면서, 자기 있는 곳에 들어오기를 바랐으니, 이것도 또한 상스러운 일이다. 또 성품이 술을 즐겨 항상 방 속에 술을 준비해두고는, 큰 그릇으로 연거푸 술을 마시어 몹시 취하기를 좋아하며, 혹 어떤 때는 시중드는 여종으로 하여금 업고 뜰 가운데로 다니게 하고, 혹 어떤 때는 술이 모자라면 사사로이 집에서 가져와서 마시기도 하며, 또 좋은 음식물을 얻으면 시령 속에 갈무리 해두고서는, 손수 그릇 속에 있는 것을 꺼내어서 먹고 다시 손수 이를 갈무리하니, 이것이 어찌 빈이 마땅히 할 짓이겠는가. 또 내가 중궁과 함께 항상 세자를 가르쳐서 마땅히 빈궁을 접대하도록 하였는데, 세자가 며칠 동안 왕래하였다가 그 후에 드물게 가매, 봉씨가 노래를 지어 궁궐의 여종으로 하여금 이를 부르게 하니, 그 대개는 세자를 사랑하는 내용이었다. 또 그 아버지가 죽은 초기에는 술을 마시지 않고 이를 두었다가 그 어머니 집에 보내므로 세자가 알고 이를 금지시키니, 그 술을 모두 안으로 들여오게 하고는 말하기를, '이 술은 내 몫인데 이미 이것을 집에 보내지 못할진댄, 마땅히 내가 스스로 마셔야 되겠다' 하면서, 상이 1백 일을 지나지 않았는데도 평상시와 같이 술을 마시었다. 또 중궁이 궁인을 대우하는 데 매우 은혜와 예절이 있었으므로, 궁인이 죄가 있으면 몸소 책망하거나 벌주지 않고 반드시 나에게 아뢰어 이를 결정하였는데, 봉씨는 여러 번 투기 때문에 몸소 궁인을 구타하여, 혹 어떤 때에는 거의 죽을 지경에까지 이르게 하니, 어진 부인이 진실로 이와 같을 수 있겠는가. 시골의 여자로 궁중에 들어왔으니, 마땅히 공손하고 잠잠하여 자기 몸을 지켜 경계하기에 여가가 없을 것인데도, 교만하고 무례함이 이와 같았다. 세자가 항상 말하기를, '내가 그를 총애한다면 투기하고 사나워져서, 비록 칼날이라도 또한 가리지 않을 것이며, 만약 그 뜻대로 된다면 옛날의 한나라 여후(呂后: 고조의 황후)라도 또한 능히 이보다 더하지 못할 것입니다' 하니, 그 말이 아마 거짓은 아닐 것이다. 무릇 이 몇 가지 일은 전일에는 미처 말하지 못하였지마는, 그대들은 마땅히 이를 알아야만 될 것이며,

또 세 대신들에게 전해 말하여 내가 마지못하여 세자빈을 폐출하는 뜻을 알리기 바란다"고 하였다.

문종의 후사가 없는 것을 걱정한 세종의 명으로 문종이 세 명의 후궁을 들였는데, 순빈 봉씨는 성품이 시기하고 질투함이 심하여서, 사랑을 독차지 못 한 일로 오랫동안 원망과 앙심을 품었다. 조선시대에서 한 집안의 아내는 단순히 남편 개인의 처로 맞이한 것이 아니라 조상의 뒤를 이을 가문 자체를 맞이하였다는 관념이 있다. 따라서 가문의 계승자로서의 아들을 생산하는 주요한 목적을 다하는 이외에 가장을 비롯하여 온 가족과의 화합이 큰 의무로서 부과되어 있었기 때문에 시기와 질투는 부녀자로서 해서는 안 되는 일이다.

그리고 순빈 봉씨는 급기야 '대식'에 관심을 가졌다. 대식이란 궁중 여인들의 동성애를 일컫는다. 당시 궁중에선 궁녀들 사이에 대식이 유행하였는데, 궁녀들의 동성애에 관심을 보이기 시작한 것이다. 궁녀들은 왕의 승은을 얻는 경우에만 남녀의 일이 가능하였고 다른 남성과의 사랑이 절대 금지되었다. 사랑을 할 수 있는 남자는 왕 하나인데 왕의 승은을 선택받을 궁녀들은 차고 넘치다 보니 자연스럽게 같은 성적 억압으로 인한 욕구불만으로 서로 간에 눈이 맞는 일이 내밀하게 이루어졌다고 한다. 궁녀들끼리 밴대질, 즉 동성애를 하는 일이 있었는데 이것도 대식이라고 하였다. 밴대질은 동성애를 나타내는 말로 이런 행위를 하는 것을 '밴대질치다'라고 한다. 또한 이 경우에도 '밴대질'치는 상대자는 '살친구'가 된다. 동성애가 서양이나 중국에만 있어온 것이 아니라는 것을 새삼 깨닫게 된다. 동양이나 서양이나 문화적 차이에도 불구하고 동성애는 인간의 본능적인 행위 중의 하나로 은밀히 자리 잡아온 것이다.

원래 궁녀들은 한 번 궁에 들어오면 밖으로 나갈 수가 없어 가족들을 만나기 위해서는 같이 밥을 먹으려 궁으로 불러들이는 것 이외에 없었는데, 아마도 (성행위를 목적으로) 같이 한 방에 있기 위해서 댈 수 있는 가장 쉬운 핑계 중 하나가 '밥을 같이 먹는 것'이어서 동성애 쪽 의미로 변질되었을 확률도 있다. 실제로 궁녀들이 대식을 핑계로 어린 소녀나 비구니, 과부를 궁 밖의 여성을 가족이라 핑계대고 불러들여 교합하고 있다는 상소를 올린 적도 있다.

순빈의 동성애는 남편의 사랑을 받고 싶어한 휘빈의 방술에 비할 바가 아니었다. 세종은 진상을 파악한 뒤 가차 없이 순빈을 내쫓았다. 순빈이 궁궐에서 쫓겨오자, 순빈의 아버지는 그녀를 목매달아 죽이고 자신도 목을 매어 생을 마감하였다.

28
제안대군의 두 번째 부인 박씨를 음해한 사람들

조선 왕조 제8대 예종의 원자 제안대군 이현의 두 번째 부인은 박중선의 딸이었다. 박중선은 박석명의 손자인데, 박석명은 태종의 어릴 적 친구이자, 최측근이었다. 그는 태종 때 가장 오랫동안 도승지 자리에 있었던 황희를 그 자리에 천거한 사람이기도 하다. 이후로도 박중선의 집안은 왕실과 친밀하였다. 세종과도 가족 관계로 연결되었는데, 박중선의 어머니는 태종에 의해 의도적으로 죽임을 당한 세종의 장인 심온의 딸이다. 즉, 소헌왕후는 박중선의 어머니의 언니(이모)이고, 박중선 본인도 이시애의 난과 성종 즉위에 공을 세운 공신이자 병조판서로 군권을 쥔 거물이었으며 반란 토벌로 잔뼈가 굵은 무인이었다. 또 박중선과 세조는 이종사촌이고, 성종의 형수인 월산대군 부인 승평부대부인도 박중선의 딸이었다. 그리고 훗날 연산군을 내쫓고 중종반정을 주도하게 될 박원종이 그의 아들이다.

박중선은 어려서 아버지를 여의고 이모 밑에서 자랐다. 그의 이모부는 돈녕부 지사를 지낸 강석덕(강희맹의 아버지)이었는데, 강석덕의 그늘에 있으면서 그는 스스로 스승을 찾아 공부하였고, 특히 무예에 뛰어나서 무과를 준비하여 장원 급제하였다. 이후 무인의 길을 걸으며 세조와 친분을 쌓았고, 한명회와도 친밀하여 출세가도를 달렸다. 또한 자신의 딸과 세조의 손자 월산대군을 결혼시켜 왕실과 사돈 관계를 맺었다. 이후 이시애 난을 평정하여 공신의 반열에 올랐고, 평양군의 칭호를 얻었다. 덕분에 30대 초반에 병조판서에 올랐으며, 예종 시절에는 남이장군의 옥사에 공을 세워 다시 공신이 되었다. 이후 그는 이종사촌 형 강희맹의 도움에 힘입어 문신들이 '불해문묵(不解文墨: 문필을 이해하지 못하는 인물)'이라고 반대하는데도 이조판서에 발탁되었으며, 이듬해 3월 판돈녕부사에 이르렀다.

제안대군 이현의 두 번째 아내는 박중선의 딸이었다. 왕실과 밀접한 관계에 있던 박중선의 사위가 되었지만, 박중선의 딸 박씨와 오래 살지 못하였다. 박씨가 시비들과 동침한다는 소문이 있었기 때문이다. 이와 관련한 내용을 실록 성종 13년(1482) 6월 11일에 이렇게 기록하고 있다.

> 형방 승지 강자평이 임금의 명을 받고 제안대군 이현의 아내 박씨의 여자 종 및 유모 등을 남쪽 빈청에서 국문하였는데, 곧 박씨와 여자 종이 동침한 일이었다. 함께 동침한지를 물으니 내은금·금음덕·둔가미 등이라고 하였다.
>
> 내은금이 말하였다.
>
> "부인과 5월부터 동침하였으며, 하루는 부인이 내은금을 위하여 곡을 지어 노래를 불렀는데, 그 노래 뜻이 내은금이 없으면 그리운 생각이 난다는 것이었습니다."

금음덕이 말하였다.

"부인이 밤에 잠자는데 오기에 내가 더럽다는 것으로 사양하니, 부인이 말하기를, '네 사내의 흔적이 네 몸에 붙어 있느냐?' 하며, 다음 날 아침에 언문을 써서 주면서 말하기를, '어젯밤에 몇 번이나 나를 사랑했느냐? 내가 남자의 형세가 있었다면 반드시 네 사내가 하는 일을 행했을 것인데, 너는 마음으로 나를 안타깝게 여겼을 것이다' 하였으며, 이달 초 6일 밤에는 내은금과 함께 자는 것을 유모의 시비 금음물이 부인의 집 종 녹덕을 데리고 등불을 밝히고 들어와서 이불을 걷고 함께 보았습니다."

이에 드디어 언문으로 왕대비전에 알렸는데, 다음 날 대비전에서 사람을 보내어 다시 국문하여 들이게 하였다.

결국 제안대군 이현의 두 번째 부인인 박씨가 내은금과 금음덕을 유혹하여 잠자리가 있었다는 내용이다. 다시 다음 날 우부승지 강자평이 제안대군 이현의 여자 종들 및 유모의 남편 중운 등을 빈청에서 국문하였는데, 그 말이 처음과 같았다. 성종이 다음과 같이 명을 내렸다.

"이 일은 대비의 하교를 받은 것인데, 처음에는 비밀히 하여 외간에서 알지 못하게 하려고 하였다. 그러나 실로 여자 종과 주인이 동침을 하였다는 것은 일이 강상에 관계되는 것이니, 명일 승정원에서 함께 추문하도록 하라."

그런데 내은금과 금음덕의 변론에 대해 박씨는 오히려 이들이 자신을 유혹한 것이라고 극구 부인하며 자신은 무고하다고 항변하고 있다. 실록 성종 13년 6월 16일자 기록이다.

어느 날 밤에 내가 잠이 들기를 기다리고 있는데 둔가미가 한자리에 동침하기를 여러 번 청하므로, 내가 대답하기를,

"내가 비록 귀신과 같고 도깨비와 같다고 하더라도 이미 명색이 주인인데 네가 어찌 동침하자고 하느냐?"

고 하니, 둔가미가 물러나서 금음덕과 더불어 같이 잤습니다. 또 어느 날 밤에 내은금도 나와 같이 자고자 하므로, 내가 꾸짖어 물리쳤더니 물러나서 평상 밑에 앉았다가 내가 잠들기를 기다려서 가만히 내가 누운 자리로 들어왔는데, 금음물(유모의 여종)이 녹덕을 데리고 등을 밝히고 들어오므로, 내가 즉시 깨었더니, 금음물이 이르기를,

"양반이 저 모양인가? 더럽다. 더럽다."

고 하였습니다. 그때 내가 생각하기는 날이 새벽이 되었는데도 일어나지 않는다고 책망하는 줄로만 알고 한마디도 대답하지 아니하였습니다. 또 하루는 금음덕이 내 베개에 기대면서 내 입을 맞추려고 하기에, 내가 말하기를,

"종과 주인 사이에 감히 이와 같이 하느냐?"

고 꾸짖어도 오히려 그치지 않고 억지로 맞추었으며, 또 말하기를,

"부인이 젖이 매우 좋습니다."

하면서 문지르고 만지기를 청하기에, 내가 손으로 뿌리치고 말았습니다. 또 하룻밤에는 무심(남자 종)이 다락 침실 아래에 이르러서 둔가미·내은금·금음덕·금음물 등을 추문하였는데, 나는 잠이 들어 알지 못했다가 다음 날 아침에 무심의 목소리를 듣고 내은금에게 물었

더니 대답하기를,

"무심이 우리더러 '부인과 동침했느냐?'고 묻기에, '부인이 시켜서 동침하였다'고 대답했습니다."

하였습니다. 무심이 또 나에게 묻기를,

"전교 안에 '부인이 스스로 한 일은 부인이 손수 써서 아뢰도록 하라'."

하였고, 둔가미·내은금·금음덕·금음물 등이 나에게 말하기를,

"부인이 스스로 했다는 것으로 대답하면 반드시 무죄가 될 것이고, 그렇지 않으면 죄가 우리에게 돌아올 것입니다."

고 하면서 이런 것으로 간곡하게 말하기를, 내가 한 것이라고 써서 아뢴 것입니다.

그러나 사실은 내가 한 것이 아닙니다. 그리고 단오 때 내가 백초삼을 입고자 하였더니, 내은금이 청삼과 녹색 치마를 입도록 권하므로 내가 상중이라 물리쳤는데, 내음금이 인생이 가석하다는 것으로 말하기에 그대로 따랐습니다.

또 개질동과 내은덕 등이 그네 놀이를 하자고 간곡하게 말하기 때문에 잠시 올라서서 둘러보니, 사방이 환하게 바라보이고 가린 데가 없기에 즉시 도로 내렸습니다.

박씨는 처음부터 조리 있게 자신과 관련된 의혹을 설명하자, 사건의 흑막이 조금씩 벗겨지기 시작하였고, 박씨의 누명도 해명될 수 있었다.

29
제안대군 유모 금음물의 음모

성종이 급기야 6월 16일 의금부에 이런 명을 내렸다.

"제안대군 유모의 시비 금음물과 계집종 내은금·금음덕·둔가마·개질동·내은덕·단비와 계집종의 남편 중운 등의 초사 및 박씨의 변명한 사연을 상세히 모두 추국하고, 아울러 무심도 가두게 하라."

성종 13년 6월 18일, 우의정 홍응과 우부승지 강자평에게 명하여 의금부에 가서 제안대군 이현의 여자 종들을 모두 불러 국문하게 하고, 또 안중경에게 명하여 국문에 참여하게 하였다.

먼저 둔가미의 공초(供招: 죄인이 범죄 사실을 진술)하기를,

"금음물과 내은금이 매양 저에게 부인과 동침하라고 시키므로, 제가 어느 날 부인의 침실 안에 들어갔더니, 부인이 꾸짖었기 때문에 동침을 할 수가 없었습니다. 그러다가 무심이 와서 물을 때에 특별히 내은금이 저에게 말하기를, '마땅히 부인과 5일 동안 동침했다고 대답을 해야 한다' 하므로, 저는 그 말대로 대답하였습니다."

하고, 금음덕은 공초하기를,

"금음물과 내은금이 저로 하여금 부인의 과실을 암기하라고 하기에, 전일 무심이 와서 물었을 때 부인이 내은금에게 노래를 지어주었다고 했으며, 또 제가 자는 데에 와서 동숙하자고 요청했다는 일을 꾸며서 대답했습니다. 다만 부인과 서로 입을 맞추고 젖을 주무르고 했다는 등의 일은 그때 술이 취해서 알지 못하겠습니다."

하고, 개질동은 공초하기를,

"부인이 내은금과 동침하는 것을, 내가 녹덕을 불러 같이 가서 이불을 걷고 보았으며, 또 부인으로 하여금 둔가미와 동침하게 하려고 일부러 둔가미의 살결이 아름답다고 칭찬하였으며, 또 부인에게 그네 놀이를 하도록 권한 것과 또 억지로 부인으로 하여금 염색된 옷을 입게 한 것들을 모두 저 스스로 한 것이 아니고, 곧 금음물이 꾀어서 한 것입니다."

하고, 내은금은 공초하기를,

"금음물과 개질동이 저에게 말하기를, '네가 부인과 동침하면, 내가 녹덕으로 하여금 증거로 보게 한 뒤에 마땅히 부인의 과실을 기록하여 아뢸 것이다' 하기에, 제가 부인이 깊이 잠들기를 기다렸다가 가만히 잠자리에 들어가서 같이 누웠는데, 조금 있다가 금음물이 녹덕을 데리고 불을 밝혀 가지고 들어와서 부인이 덮고 있는 이불을 모두 걷고 보았습니다. 그런데 반드시 녹덕을 증인으로 삼으려는 것은 부인의 본댁의 여자 종이기 때문이었습니다."

하였으며, 금음물은 공초하기를,

"대군이 전처 김씨와 다시 합하고자 하므로, 제가 내은금 등으로 하여금 부인과 동침하게 하고 또 날마다 부인의 과실을 암기하게 한 것은, 그의 악덕이 밝게 드러나게 하려고 한 것입니다."

하고, 무심은 공초하기를,

"금음물 등이 부인의 과실을 거짓 꾸민 것을 제가 처음에는 알지 못했다가, 금음물 등이 부인의 과실을 말하는 것을 듣기에 이르러서 언사가 무례하고 방자하므로 곧 그것이 근거 없는 일인가 의심했습니다. 그러나 금음물이 이미 계달(啓達: 임금에게 의견을 아뢲)하였고, 부인도 한마디의 자기 변명이 없기 때문에 저도 금음물이 계달한 사연에 따라서 아뢰었을 뿐입니다."

하고, 사내종 중운은 다음과 같이 공초하였다.

"제 아내 금음물이 부인을 모함하는 일은 저도 미리 들었습니다."

제안대군 이현의 여자 종들을 문초 끝에 이들이 모두 박씨를 무고해서 일어난 일이라는 판명이 났다. 그러나 이러한 판명에도 불구하고 의문의 여지가 계속 남았다. 과연 실질적인 힘이 없는 여자 종들이 입을 모아 대군의 비를 모함할 수 있겠는가이다. 그것도 다름 아닌 동성 간의 잠자리로 말이다. 어찌 되었든 제안대군 박씨의 여자 종들과의 잠자리 문제는 일단락되었지만 풀리지 않는 찜찜한 구석은 남아있었다.

결국 대왕대비 윤씨와 대비 한씨는 박씨가 깨끗하지 못하다고 하여 성종에게 제안대군과 박씨를 이혼시키라고 강력하게 종용하였다. 성종은 이를 극구 반대하였고, 조정 대신들도 역시 반대하였다. 하지만 대왕대비 윤씨가 이혼을 강력히 요구하여 박씨와 제안대군 이현은 결국 이혼하고 말았다.

30
제안대군 이현의 말 못 할 고민

제안대군 이현은 원자의 신분이면서도 세자가 되지 못한 불운한 인물이다. 20살도 되기 전에 두 번이나 이혼하였고, 한 여자와 두 번 결혼하기도 하였다. 그런데 성현이 1504년(연산군 10년)에 쓴 『용재총화』에는 그 당시 남녀의 일에 무관심해 유명인사가 된 남자 세 명이 등장한다. 제안대군, 한경지 그리고 김자고의 아들이 그 주인공이다.

음식과 남녀는 사람들의 큰 욕망인데도 지금 색(色)을 모르는 사람이 셋 있다. 제안대군은 무한히 아름다운 아내를 두었으되 항상 말하기를, "부녀자는 더러워서 가까이하지 말아야 한다"고 하여, 마침내 부인과 마주앉지 않았고, 생원 한경기는 상당부원군의 손자인데, 마음을 닦고 성품을 다스린다는 구실로서 문을 닫고 홀로 앉아 일찍이 그 아내와 서로 말한 일이 없었으며, 만약 종년의 소리라도 들리면 막대기를 들고 내쫓았다. 김자고에게는 외아들이 있었는데 어리석어서 콩과 보리를 분변하지 못하였고, 또한 음양의 일을 알지 못하므로 자고는 그 후사가 끊어질 것을 염려하여 그 일을 아는 여자를 단장시켜 함께 잠자리를 하게 하고 남녀의 사귀는 정을 가르치려 하니, 그 아들은 놀라 상 밑으로 도망쳐 들어갔다. 그 뒤에는 붉게 단장하고 족두리를 한 여자만 보면 울면서 달아났다.

제안대군, 한경지 그리고 김자고의 아들 세 명은 남녀의 일도 모르는 얼간이 반 푼으로 성현은 기록하고 있다. 이들 세 명의 남자가 선천적으로 문제가 있었는지 아니면 다른 문제가 있었는지는 기록에 없으니 상상에 맡길 수밖에 없다. 이 중에서도 가장 관심을 끄는 인물은 단연 제안대군 이현이다. 그는 예종의 원자로서 왕이 될 수 있었던 인물이다. 그런 제안대군이 어쩌다가 남녀의 일에 무관심하게 되었는지 그 이면을 자세히 살펴보자.

조선왕조 8대 예종의 원자인 제안대군은 중종 20년(1525) 12월 14일의 기록에서 사신은 논한다. "이현은 예종의 아들로 성격이 어리석어서 남녀 관계의 일을 몰랐고, 날마다 풍류를 즐기며 음식 대접하는 것을 일과로 삼았다. 그러나 더러는 행사가 예에 맞는 것이 있으므로 사람들이 거짓 어리석은 체하는 것"이라고 하였다.

1469년(예종 1) 11월 28일, 예종이 재위 1년 만에 세상을 떠났다. 그때 원자였던 제안대군은 겨우 4세였다. 비록 어린 나이였지만 왕위 계승의 서열 1순위는 당연히 원자였다. 그러나 당시 대왕대비였던 정희왕후 윤씨는 원자가 너무 어리다고 하며 그 대신 13세의 자을산군 이혈을 후계 왕으로 지명하였다. 사촌형인 자을산군 이혈이 성종으로 등극함으로써 제안대군은 원자에서 왕자로 격하됐다.

자을산군 이혈은 세조의 적차손이자 연산군과 중종의 아버지이며 인종과 명종의 할아버지이다. 세조의 장남인 의경세자와 세자빈 한씨의 적차남으로 태어났는데 태어나자마자 아버지는 젊은 나이로 요절하였고 왕위 계승권은 작은아버지에게 넘어갔으나 작은아버지 예종마저도 갑작스럽게 승하하였다. 왕위 계승 서열 3위임에도 불구하고 사촌동생 제안대군과 친형 월산대군을 제치고 장인 한명회라는 막강한 지원과 당시 왕실의 최고 어른이신 대왕대비이자 할머니 정희왕후의 후원을 받아 예종의 양자로 입적되면서 임금으로 즉위하였다.

4세의 제안대군은 아직 어렸기에 궁에서 생모인 안순대비 한씨와 함께 살았다. 그렇지만 어린 제안대군을 키운 사람은 유모 금음물이라는 여성이었다. 어려서부터 항상 제안대군과 함께 생활해왔기 때문에 그의 성품과 기질을 그 누구보다 잘 아는 사람이 바로 이 금음물이였다. 그래서 제안대군에게 유모 금음물은 절대적이었다.

당시의 궁중 관행대로 제안대군은 10세 전후로 혼인해 궁중을 나갔다. 부인은 미곡출납을 담당하는 사도시의 책임자 김수말의 딸이었고 비슷한 또래였다. 살림집은 한양 동부의 성균관 부근이었다. 그때 유모 금음물 역시 제안대군을 따라 나갔다. 제안대군이나 부인 김씨는 아직 어렸기에 실질적으로 가정을 꾸리는 사람은 유모였다.

제안대군의 유모 금음물이 실력을 행사할 수 있었던 이유는 제안대군이 어리다는 사실 이외에 안순왕후 한씨의 신임이 한몫하였다. 당시 궁궐의 유모는 대비가 뽑는 것이 관행이었고, 대비는 자신이 가장 믿을 만한 여성을 유모로 들여 자녀를 맡겼다. 그러다가 자녀가 혼인해 나가면 유모를 딸려 내보내 살림살이를 돌보게 하는 한편 어떻게 사는지도 수시로 보고하게 하였다.

그런데 제안대군의 유모 금음물은 보통 여성이 아니었다. 제안대군이 태어났을 때는 예종의 원자로서 차기 왕위가 보장된 처지였다. 그래서 정희대비는 유능한 여성을 유모로 들이기 위해 널리 물색하였다. 그 결과 세종의 사위인 윤사로가 특별히 금음물을 유모로 뽑아 올렸다. 분명 지성과 성품 모든 면에서 차기 왕의 유모로 손색이 없었기에 선택됐을 것이다. 이런 금음물은 혼인한 제안대군에게 막강한 힘을 구사하는 보이지 않는 무서운 실세로 작용하였다.

제안대군 이현이 13세 되던 해 여름, 부인 김씨는 피서차 외가로 갔다가 더위를 먹게 되었다. 외할아버지가 지극정성으로 치료해 많이 좋아지기는 하였지만 다리를 저는 후유증이 남았다. 제안대군이 14세 되던 해에도 부인 김씨의 후유증은 완쾌되지 않았다.

왕실의 관행상 부인들은 15세쯤에 성인식을 치르고 합방을 하였다. 제안대군은 비록 10세 전후로 혼인하기는 하였지만 14세가 될 때까지 합방을 하지 않았던 것이다. 이에 따라 왕실 어른들은 제안대군이 15세 가까이 되자 부인 김씨와 성인식을 준비하는 한편 합방 준비도 하였다.

특히 제안대군의 생모인 안순대비 한씨는 하루라도 속히 손자를 보고 싶은 마음에 자주 궁녀를 보내 며느리 김씨 즉 제안대군 부인의 상태를 확인하였다. 이때 며느리 김씨의 상태를 궁녀에게 전하는 역할은 당연히 제안대군의 유모가 맡았다.

그런데 눈에 띄는 것은 제안대군의 유모는 무슨 일인지 김씨의 후유증이 심해 걷지도 못하는 것은 물론 자주 기절한다고 인순대비에게 과장해서 보고하였다. 일테면 제안대군 부인 김씨가 사람 구실을 할 수 없어 성인식도 불가능하고 합방도 불가능하다는 것이었다.

여기다 이즈음 제안대군은 부인 김씨를 심각하게 미워하였다.

실록 성종16년(1485) 5월 29일, “경이 지난날 김씨를 소박하였을 때 남이 상처(喪妻)하였다는 것을 들으면 말하기를, ‘김씨는 언제나 죽을 것인가?’ 하고, 국가에 순릉(順陵: 제9대 성종의 원비 공혜왕후 한씨의 능)의 상(喪)이 있음을 듣고서는 말하기를, ‘나도 어떻게 하면 이렇게 될 수 있을까?’ 하여, 김씨를 미워하기를 이와 같이 하다가 마침 김씨가 병이 들자 그때에 의논하여 삼전(三殿: 왕대비전 · 대전 · 중궁전)께 아뢰어서 이혼시켰다”라고 기록하고 있다.

제안대군에게 미움받는 며느리 김씨가 사람 구실까지 못하는 상태라고 전해 들은 정희대왕대비는 즉시 이혼을 명령하였다. 조선시대 칠거지악 중의 하나가 악질(惡疾) 즉 심각한 병이었는데 그것을 핑계로 김씨를 쫓아냈던 것이다. 이에 대해 김씨의 외할아버지는 중간에서 유모가 거짓말을 해서 그렇지 후유증은 다 치료됐다고 항변하였지만 소용없었다.

문제는 제안대군의 태도였다. 정상적인 남자라면 상식적으로 합방을 앞둔 14세에 호기심과 흥분으로 들떠 있었을 텐데 제안대군은 전혀 그렇지 않았다는 것이다. 오히려 제안대군은 누군가의 부인이 죽었다는 이야기를 들으면 “나의 부인 김씨는 언제나 죽을 것인가?” 라며 몹시 부러워하였다고 한다.

왜 그랬을까? 그 이유는 남에게 말 못 할 사정 때문이라는 후일담이 전해진다. 제안대군은 어려서부터 “부인은 더러워서 가까이할 수 없다”고 하였는데 그 이유는 자신의 병 때문이었을 가능성이 높다. 제안대군의 병이 구체적으로 무엇인지 정확하게 알려주는 기록은 없지만 여러 상황으로 미루어볼 때 성 불능이 아니었을까 하는 짐작이 된다. 성 불능에 시달리던 제안대군은 자신의 병을 공개할 수도 없었고, 그렇다고 남녀의 중요한 거사를 치르는 합방도 불가능하였을 것이다. 그런 아픔 속에서 자신의 부인이 죽었으면 하는 속 짧은 마음이 들었음직하다.

한편 이 같은 상황을 잘 아는 유모의 입장에서는 어떻게든 제안대군이 여자에게 관심을 갖게 하려고 노력하였음이 분명하다. 더위병의 후유증으로 다리를 저는 김씨는 그렇지 않아도 여자에 관심이 없는 제안대군에게 더더욱 매력이 없어 보였을 것이다. 이런 김씨와는 도저히 합방도 되지 않고 자녀 생산도 불가능하다고 판단한 유모는 거짓말을 해서라도 좀 더 매력적인 여성을 제안대군의 부인으로 맞게 하려고 노력하였을 가능성이 높다.

여기에다 제안대군의 생모인 안순대비 한씨는 유모를 통해 대군의 상태를 어렴풋이 알고 있었을 것이다. 그리고 그 유모를 통해 김씨와는 합방도 어렵고 자녀 생산도 어렵다는 소식을 듣고 그 이야기를 정희대왕대비에게 하였을 듯하다.

이렇게 보면 안순대비 한씨와 정희대왕대비는 유모와 마찬가지로 하루라도 속히 손자를 보고 싶은 욕심에서 김씨를 쫓아냈다고 생각된다. 성종 10년(1479) 12월 21일자의 실록기사에 의하면 성종은 김씨의 외할아버지에게 "이것은 내 뜻이 아니고 곧 대왕대비의 명령이다. 경이 처음 혼인할 때 오래 묵은 병이 있다고 알렸다면 좋았을 텐데 말을 하지 않아 이 지경에 이르렀으니, 이는 경의 실수"라고 해 이혼 책임을 김씨의 외할아버지에게 돌렸지만, 실제 이혼 책임은 제안대군에게 있었다.

이렇게 석연치 않은 이유로 제안대군이 이혼한다고 하자 사대부 관료들이 반대하고 나섰다. 나라의 모범이 되어야 할 대군이 분명한 이유 없이 이혼하면 안 된다는 이유에서였다. 그러나 성종은 정희대왕대비의 뜻이니 어쩔 수 없다고 하며 받아들이지 않았다. 이렇게 제안대군은 장안에 한바탕 소동을 일으킨 후 이혼함으로써 합방의 공포에서 벗어났다.

그러나 재혼을 막지는 못하였다. 생모 안순대비 한씨는 하루라도 빨리 손자를 보고 싶은 마음에 재혼을 서둘렀다. 그 결과 이시애 난을 진압한 병조판서 박중선의 딸이 두 번째 부인으로 들어왔다. 그 시점은 이런저런 상황을 고려할 때 제안대군이 15세 되던 해 가을이나 아니면 16세 되던 해 봄쯤이었을 것이다.

하지만 재혼한 제안대군은 여전히 박씨와도 합방하지 않았다. 손자를 기다리는 안순대비 한씨는 수시로 며느리 박씨를 궁으로 불러들였다. 아이를 재촉하는 시어머니 앞에서 며느리 박씨는 답답하기 짝이 없었다. 하늘을 봐야 별을 딴다고, 아이를 갖고 싶어도 하늘을 볼 수 없는데 어떻게 한단 말인가? 그런 사정도 모르면서 자신만 채근하는 시어머니에게 며느리 박씨는 점점 정이 떨어졌고, 정이 떨어지는 만큼 말투나 행동도 거칠어졌다.

박씨는 시어머니에게 자신들의 내밀한 부부 사이를 툭 터놓고 이야기할 수가 없었다. 그러자 박씨는 자신의 아이를 갖기 위해 제안대군을 몰아붙였을 것이고, 이것이 결국 제안대군의 화를 일으키고 말았다. 미움이 치솟은 제안대군은 보는 사람마다 자신의 부인이 죽었으면 좋겠다는 말을 하고 다녔다.

31
제안대군과 유모 금음물

그런데 제안대군은 17세 되던 해 봄부터 갑자기 이혼한 부인을 찾기 시작하였다. 재혼한 지 겨우 1년여 지난 시점인데 어떤 연유인지 이혼한 전처와 만나기 시작한 것이다. 아마도 부인 박씨로부터 남녀의 일로 모진 채근을 당하다 그렇게 됐을 듯하다.

성종 13년(1482) 1월 14일, 제안대군은 전처 김씨의 집으로 찾아갔다. 김씨는 친정으로 돌아가 살고 있었다. 침방으로 들어간 제안대군은 전처와 밤새 이야기를 나누었다. 둘 사이에 무슨 이야기가 오갔는지는 알 수 없다. 김씨의 입장에서는 성 불능인 제안대군과 다시 합치는 것이 분명 비극이기는 하나, 이혼당하고 더워 병으로 다리가 불편한 장애를 가진 처지로 친정집에서 눈칫밥을 먹는 것보다는 그래도 본 남편과 함께 해로하는 것이 낫다는 판단이 들었을 것이다.

다음 날 아침 일찍 제안대군은 집으로 돌아갔다. 이어서 사람을 보내 김씨를 맞이해 갔다. 이 결과 제안대군은 졸지에 부인 두 명을 거느리게 되었다. 비록 후처인 박씨에게 이 사실을 숨겼지만 소문을 막지는 못하였다. 결국 소문이 퍼지고 퍼져 사헌부에까지 알려졌다.

성종 13년(1482) 5월 6일, 사헌부에서는 제안대군 사건을 조사하라고 요구하였다. 성종은 제안대군이 이혼한 전처와 재결합하였다는 소식을 처음 들었다. 조선시대에 한 남성이 처첩을 거느리는 것은 용인됐지만, 부인 두 명을 거느리는 것은 분명 불법이었다. 성종의 명령에 따라 조사가 진행됐고 모든 것이 사실로 밝혀졌다. 뒤이어 법적 조치가 취해졌다. 전처 김씨는 다시 친정으로 쫓겨났다. 그때가 5월 19일이었다.

그러자 제안대군은 불같이 화를 냈다. 아마도 제안대군은 자신이 전처와 재결합한 일을 부인 박씨가 밀고하였다고 의심하였던 듯하다. 이런 상황에서 가장 애가 닳은 사람은 생모 안순대비 한씨가 아니라 오히려 유모 금음물이었다. 유모는 제안대군의 상태를 그 누구보다 잘 아는 여인이었다. 냉정히 따지면 아이를 갖지 못하는 책임은 제안대군에게 있었다.

그러나 제안대군을 자기 자식처럼 사랑하는 유모는 철저하게 대군의 입장에서 생각하였다. 부인 박씨가 조금만 더 여성스럽게 군다면 대군의 사랑을 받았을 것인데 그렇지 못한 것은 부인 박씨의 책임이라고 생각한 것이었다. 유모는 제안대군의 부인 박씨를 쫓아내기 위해 끔찍한 음모를 꾸몄다.

성종 13년 6월 11일, 유모 금음물은 성종에게 밀서를 올렸다. 제안대군의 부인 박씨가 수많은 여종과 동침하였다는 내용이었다. 조선시대 양반들은 동성애를 부정한 행위이자 끔찍한 범죄로 간주하였다. 그런 상황에서 다른 사람도 아닌 제안대군의 부인이 동성애를 벌였다는 밀서가 들어오자 성종은 깜짝 놀랐다.

여종들을 조사한 결과 배후자는 유모 금음물로 밝혀졌다. 마침내 금음물을 조사하자 그녀는, “제안대군이 전처 김씨와 다시 합하고자 하므로 제가 내은금 등으로 하여금 부인과 동침하게 하여 그 악행을 들추고자 그랬습니다”라고 실토하였다. 요컨대 부인 박씨를 쫓아내기 위해 동성애자로 조작하였다는 내용이었다.

결국 이 사건은 제안대군 유모의 자작극으로 결론이 났다. 다른 사람도 아닌 유모가 제안대군 부인 박씨를 모함하였다는 사건 자체가 한양에 큰 물의를 일으켰다. 나아가 이 사건의 성격을 어떻게 해석할 것이냐를 놓고 논쟁이 벌어졌다.

제안대군의 유모 금음물은 생각하기에 따라 충직하기도 하고 한편 반기를 든 셈이기도 하였다. 즉 제안대군을 위해 이런 악역까지 자행하였다고 하면 금음물은 충직이었다. 반면 제안대군의 부인 박씨는 유모에게도 주인인데 그런 주인을 모함하고 고발까지 하였다는 것은 크나큰 하극상의 반기였다. 금음물을 충직으로 생각하는 사람들은 처벌하지 말아야 한다고 주장하였고, 반대로 반기로 생각하는 사람들은 사형시켜야 한다고 주장하였다.

성종은 이런저런 정상을 참작해 금음물을 변방의 관비로 보내버렸다. 또한 유모의 지시를 받고 박씨의 방으로 들어갔던 여종들은 곤장 1백 대를 치고 3천 리 밖에 유배하도록 하였다. 비록 지시를 받고 한 짓이기는 해도 주인을 모함에 빠뜨린 것은 크나큰 반역이라고 판단하였던 것이다.

이어서 성종은 제안대군에게 다시 장가들 것을 명령하고 부인을 물색하기 시작하였다. 실록 성종 16년(1485) 5월 29일, 제안대군 이현

이 언문 사간을 올렸는데, 그 대략에 이르기를,

"신은 이미 김씨와 다시 결합하였는데, 지금 듣건대 신을 위하여 여자를 채택하신다고 하니, 실망함을 이기지 못하겠습니다. 신이 본래 다시 장가들 마음이 없었고, 문벌이 높은 집안의 딸을 지금 또 내쳐버리면 나라에 폐단이 있을 뿐만 아니라, 상감과 양전(兩殿: 대전과 중전)께 불효가 대단합니다. 만일 성상의 은혜를 입지 못하게 되면 일생 동안 홀아비로 사는 것이 신의 소망입니다"라고 하며 전처인 김씨와 재결합하겠다고 하였다. 만약 들어주지 않으면 '평생토록 홀로 살 것입니다'라고 하였다. 이 같은 제안대군의 고집에 결국 성종도 굴복하였다. 이 결과 제안대군은 전처 김씨와 다시 살게 됐고, 그와 관련된 모든 내용이 실록에 실렸다.

제안대군과 관련된 사건이 조정 안팎에서 그토록 커지고 역사화된 이유는 제안대군의 말 못 할 고민이 한몫하였고 여기에 유모 금음물의 과욕이 부른 결말이다. 유모 금음물은 제안대군에 대한 애정이 너무 과한 나머지 엄청난 과오를 범하고 만 사건이다.

32
제안대군 이현과 연산군

제안군은 평생 정치와 거리를 두고 살았는데 평소 '노래를 즐기고 사죽관현(絲竹管絃: 관현악기와 현악기) 연주에 뛰어난 풍류가객이었다. 연산군 역시 숙부인 제안대군의 집을 자주 왕래하며 풍류를 즐겼다고 한다. 심지어 연산군은 제안대군의 집에 뇌영원(蕾英院)이라는 가흥청(假興淸: 예비 기생)을 설치한다.

1505년(연산군 11) 6월 제안대군의 집을 징발하여 가흥청을 설치하여 거처하게 하고, 이를 뇌영원이라 하였다. 이에 대하여 흥청(興淸: 정식 기생)들의 처소는 취홍원(聚紅院)이라 하였다. 뇌영은 '꽃봉오리'를 뜻하며, 가흥청은 전국에서 소집된 처녀 기생으로서 아직 대궐에 들어가지 않은 여자들을 지칭하였다. 취홍원과 뇌영원에는 문관 4인씩을 각각 배정하여 매일 2인씩 숙직하게 하였는데, 1506년 중종반정과 함께 혁파되었다.

연산군이 전국의 기생 가운데에서 미모가 출중한 1등급 기생만을 엄선하여 대궐 내에 출입시켰는데, 이들을 일컬어 흥청이라 하였다. 처음에는 1백여 명 정도였는데, 후에는 1천 명을 헤아릴 정도로 늘어났다. 『조선왕조실록』 중 『연산군일기』에 의하면 '이른바 홍청은 나쁜 기운을 씻어 없애다라는 의미〔所謂興淸乃蕩滌邪穢之意也〕'라고 설명되어 있다. 가홍청의 기녀였던 장녹수가 연산군을 만날 수 있었던 통로였다.

제안대군은 자신의 노비들에게도 음악을 가르치며 소일하였는데, 그에게 음악을 배웠던 노비 중에서 빼어난 자가 있어 역사의 풍문을 일으키게 된다. 연산군의 애첩으로 유명한 장녹수였다. 그녀는 미모는 빼어나지 않았으니 역사의 기록은 "그녀의 얼굴은 중인을 벗어나지 못한다"고 하였다.

『연산군 일기』 47권의 기록에 다음과 같이 내용이 있다.

> "장녹수는 제안대군의 집안 여자 종이었다. 성품이 영리하여 사람의 비위를 잘 맞추었는데 처음에는 집이 매우 가난하여 몸을 팔아서 생활을 했으므로 시집을 여러 번 갔었다. 그러다가 대군의 사내 종의 아내가 되어서 아들 하나를 낳은 뒤 노래와 춤을 배워서 창기가 되었는데, 노래를 잘해서 입술이 움직이지 않아도 소리가 맑아서 들을 만하였으며, 나이가 30세였는데도 얼굴은 16세의 아이와 같았다. 왕이 듣고 기뻐하여 드디어 궁중으로 맞아들였는데, 이로부터 총애함이 날로 융성하여 말하는 것은 모두 좇았고, 숙원으로 봉했다."

연산군은 제안대군과는 흉허물을 가리지 않고 친하였으니 아마도 동병상련을 느낀 듯하였다. 제안대군의 모친 안순왕후는 성종의 모후인 소혜왕후(인수대비)보다 서열이 높았음에도 불구하고 정희왕후와 소혜왕후의 권위에 눌려 기를 펴지 못하고 살다 죽었다. 연산군도 마찬가지로 이 두 여인들에게 시달림을 받다 쫓겨난 모친 폐비 윤씨를 늘 마음에 품고 살았는데, 제안대군에게는 남다른 살가움을 가질 수밖에 없었다. 제안대군 역시 어머니 없이 자라는 오촌 조카 연산군의 처지를 동정해 어릴 적부터 잘 대해주었다.

그러던 어느 날 연산군은 술자리에서 흥을 돋우던 한 노비의 노래 솜씨에 반해 그녀를 궁으로 데려온다. 바로 장녹수로서, 『연산군일기』에 다음과 같이 적고 있다.

> "왕이 듣고 기뻐하여 드디어 궁중으로 맞아들였는데, 이로부터 총애함이 날로 융성하여 말하는 것은 모두 좇았고, 숙원(淑媛: 왕의 후궁에게 내린 작호로서, 내명부의 여덟 번째 자리의 맨 끝이며, 품계는 종4품이다)으로 봉했다. 남모르는 교사와 요사스러운 아양은 견줄 사람이 없었으니 왕을 조롱하기를 마치 어린아이 다루듯 하고, 왕에게 욕하기를 마치 노예에게 하듯 했다. 그럼에도 연산군은 아무리 화가 나는 일이 있어도 녹수만 보면 기뻐하였다."

장녹수가 궁에 들어온 후 연산군의 연회는 지속되었다. 장녹수의 농간에 연산군이 놀아난 것이다. 그러던 어느 날 두모포와 응봉 사이의 높은 고개에 누각을 세우게 하였으니 바로 황화정(皇華亭)이었다. 황화정을 건립하고 주위의 민가를 모두 헐어 민간인 접근금지 표시인 금표(禁標)를 세웠다. 연산군이 그 금표 안 길을 따라 두모포 이궁으로 놀러 갈 때 궁녀 1천여 명이 따랐고, 연산군은 길가에서 간음하였다.

연산군은 이곳에서 잔치를 벌일 때 내명부(內命婦)를 소집하였다. 즉 왕실의 어른이 되는 여인들과 비빈들을 이곳에서 벌어지는 음탕한 잔치에 불러들인 것이었는데, 그 전교는 다음과 같다.

"두모포 잔치 때 내명부들을 참석케 하라. 또 장단 석벽(長湍石壁)은 명승지로 이름 난데다가 이제 새 정자를 지으니, 상전(上殿)을 모시고 가서 구경하고 싶다. 옛날 세조 때 놀이할 적에도 정희 왕후 및 궁녀들이 시종하였으니, 이젠들 무엇이 해로우랴. 옛말에 '주(紂: 은나라 마지막 임금)가 기묘한 짓과 음탕한 기교를 부려 부녀들을 기쁘게 하였다.' 하지만, 주가 어찌 이 때문에 망했겠는가. 만일 부녀들을 기쁘게 하려면 이런 것이 아니면 안 될 것이다."

이런 짓을 벌이던 연산군은 결국 중정반정이 일어나 왕위에서 쫓겨났다. 왕위에 오른 중종은 두모포 황화정을 제안대군에게 하사하였다. 새로운 왕이 즉위하였어도 제안대군은 왕실의 어른으로 대접받았으니 비록 왕위에 오르지 못하였지만 성종, 연산군, 중종 3대에 걸쳐 종친으로 대접을 받으며 장수를 누렸다.

제안대군 이현은 부인과의 남녀 관계의 일을 몰랐지만, 풍류를 즐기며 남에게 접대하는 것을 일과로 삼았다. 이러한 그의 행동에는 예에 맞는 것이 있었기 때문에 행여 거짓으로 어리석은 체하는 것이 아닌가 하는 의문을 제기하는 사람도 있었다.

조선 명종 때의 문인 어숙권이 지은 『패관잡기』에는 제안대군을 평하여 "성품이 어리석다"고 하면서, 한편으로는 "진실로 어리석은 것이 아니라 몸을 보전하기 위하여 스스로를 감춘 것"이라는 또 다른 평가를 내리고 있다.

조선 중기 유몽인의 『어우야담』은 "제안대군은 실제로 멍청하지 않았으나 역모에 휘말리는 것을 두려워해 일부러 바보짓을 하고 자손조차 두지 않았다"고 하였다.

그의 비문에는 "평생 동안 여색을 좋아하지 않고 날마다 성악을 일삼아 몸소 악기를 연주하였는데, 모두 절주(節奏: 리듬)가 맞아 스스로 음률에 정통하다고 하는 자도 모두 굴복하였다"고 기록되어 있다.

33
신이 외면한 사람들: 사방지의 이중생활

'남녀추니, 어지자지'는 남녀 생식기를 한 몸에 가진 사람을 말한다. 즉 '암수한몸'이라고 한다. '반양성(半兩性)' 또한 마찬가지이다. 그중 여성적 외모가 강한 경우는 불알 달린 여자라 하여 '고녀(睾女)'라고도 한다. 어지자지 중 여성성이 강한 경우는 음경 아래애 음부가 있는데, 성기능을 발휘하지 못할 때가 흔하다. 대신 유방은 확실하게 발달되어 있었다.

남성의 고환과 여성의 난소가 공존해서 양쪽으로 성분화가 이루어지면서 양성의 내부 생식기를 모두 가진 증상이다. 난소 고환증을 가진 사람의 생식샘의 경우 보통 두 가지 경우가 있는데 한 가지 경우는 한쪽에는 고환이 있고 반대쪽은 난소가 있다. 또 다른 경우는 한쪽에는 난소 고환이 있으며 다른 한쪽에는 고환이거나 아니면 난소가 있는 경우이다. 난소 고환은 여성의 생식샘인 난소 조직과 남성의 생식샘인 고환 조직을 모두 가지고 있어서 정자와 난자를 동시에 생산하는 생식기관을 말한다. 난소 고환증의 생식샘은 난소와 고환이 완전히 조직학적으로 혼합된 것일 수도 있고, 한쪽의 난소와 고환 조직이 붙어 있는 형태일 수도 있다.

조선 세조 때 사방지는 사천(私賤: 개인에 의해 매매되고 부리던 종)으로, 어릴 때부터 그 어미가 여자아이의 의복을 입히고 연지와 분을 발라주고는 바느질을 가르쳤다. 그는 어미 밑에서 자라다가 어미가 병들어 죽자 내시 김연의 집에서 살게 됐는데, 김연의 처는 사방지의 고모였기 때문에 오갈 데가 없던 그를 자식처럼 거두어 준 것이었다.

사방지의 고모는 남편이 자주 집을 비웠기 때문에 그때마다 바느질을 하다 사방지와 함께 잠이 들곤 하였다. 그러던 어느 날 밤 함께 자던 사방지가 갑자기 옷을 벗고는 김연의 처를 안고 남자가 행하는 행위를 하는 해괴한 일이 일어났다.

그녀는 놀라서 "너는 사내아이냐"고 물었고, 사방지는 "저는 양성인입니다"라고 눈물을 흘리며 대답하였다고 한다. 이렇게 해서 서로 간음을 하게 된 두 사람은 여러 해 동안 함께 지냈으나, 계유정난에 의해 김연이 처형당하면서 부인 또한 노비로 전락하고 사방지는 갈 곳이 없게 되었다.

오갈 데가 없어진 사방지는 여승이 되기 위해 암자로 들어갔다. 그곳에서 지원이라는 여인을 만나면서 또다시 마음이 동하였다. 그는 이번에도 역시 여인인 척 위장해 지원과 함께 누워서는 몰래 옷을 벗기고 남자와 같은 행위를 하였다.

그의 간음 행위는 이뿐만이 아니었다. 그 뒤에 사방지는 여승 중비의 소개로 조선 초 천문학자로 역법서 『칠정산외편』을 지은 이순지의 과부가 된 딸의 집을 내왕하였다. 사방지는 과부 이씨의 집을 자주 드나들며 바느질을 하게 되었다. 사방지는 이곳에서도 역시 여종들과 성관계를 하였는데, 처음에는 사방지가 여장을 하고 있어 여종들이 몰랐으나 함께 자는 동안 그가 음란한 행동을 해 관계를 맺게 되었다.

이러한 소문을 들은 이씨는, 사방지를 방으로 불러들여서는 치마를 들어 정말로 남자의 성기를 가지고 있는지 확인하였다. 그런데 이게 웬일인가. 사방지는 남자와 여자의 성기를 모두 가지고 있었다고 한다. 게다가 남자의 것은 보기 드물 정도로 장대해보였다. 이에 얼굴이 붉어진 이씨는 사방지에게 달려들어 그동안 과부로 지내온 외로운 나날에 대한 보상으로 삶의 쾌락을 즐겼다. 그 후로 이씨는 사방지에게 화려한 옷을 입혀서는 밤마다 자신의 처소로 불러들였고, 이씨의 극진한 사랑 속에 행복하고 즐거운 나날을 보내게 됐다.

그런데 이러한 소문이 사헌부에 접수되고 말았다. 소문의 진상은 그가 여자의 옷을 입고는 과부 이씨는 물론 많은 여자들과 간음하였다는 내용이었다. 이에 사헌부는 즉시 사방지를 불러들였으나, 그는 하얀 피부에 가슴까지 있는 틀림없는 여자였다. 사헌부에서 국문을 하였는데 그가 평소에 간통하였던 여승에게 묻자, 여승이 말하기를 '남자의 생식기가 매우 장대하다' 하므로 여자아이 반덕에게 만져보게 하였더니 정말이었다.

『열하일기』 피서록(避暑錄)의 기록에는,

사방지라는 자는 사천(私賤: 개인에 의해 사역되고, 매매·상속되었던 노비) 계층의 출신으로서, 어렸을 때부터 여복을 가장하여 얼굴에 분과 기름을 단장하며 재봉을 배웠더니, 자라나서 조정 신하들의 집에 드나들곤 하였다. 천순(天順: 중국 명나라의 제6대 황제인 영종 주기진 때의 연호이다) 7년(1463년) 봄에 사헌부에서 그 일을 풍문으로 듣고 체포하

여 그가 평소에 간통하던 여보살에게 취조한즉, 보살은,

"그의 양도(陽道: 남자의 생식기)가 유달리 큽니다" 한다. 이에 여의 반덕을 시켜서 만져보았고, 또 영순군 이보와 하성위 정현조 등도 차례로 실험하며 보고는 모두 혀를 뽑으면서,

"에이, 대단하더구만" 하였다고 전한다.

임금이 승정원 및 영순군*의 스승 하성위 정현조 등에게 여러 가지로 시험하여 보게 하였다.

하성위의 누이는 이순지의 며느리였다. 하성위 역시 혀를 내두르며 '어쩌면 그렇게 장대하냐' 하였다. 거기다 더욱 놀란 것은 사방지가 여자의 성기인 '정도'까지 가지고 있다는 사실이다. 이에 신하들은 당장에 사방지를 처형할 것을 청하였으나, 세조는 당시 명망 높은 자리에 있었던 이순지를 생각하여 그에게 대신 사방지를 처리하라고 명하였다. 세조는 특별히 추국하지 말라고 명하였다. '이순지의 가문을 더럽힐까 염려된다' 하시고 사방지를 이순지에게 주어 처리하게 하니, 이순지는 다만 곤장 10여 대를 쳐서 기내(畿內)에 있는 사내종의 집으로 보내었다. 얼마 후 아버지가 죽은 후에 이순지의 딸은 사방지를 몰래 다시 끌어들여 예전과 같은 생활을 하였다. 그들이 함께 살자 소문은 또다시 퍼지기 시작하였고, 당시 조정에서는 이를 어떻게 처리할 것인가를 두고 고심하였다. 신하들은 사방지를 처형하라 하였으나,

---

* 영순군(永順君): 세종의 넷째 아들 광평대군과 영가부(永嘉府) 부인 신씨의 외동아들이다. 그러나 그가 태어난 지 6개월 만에 부친 광평대군이 세상을 떠난다. 세종대왕의 손자로서 깊은 사랑을 받았으며 단종과도 가깝게 지냈고 세조 때에는 왕실의 최고위직인 현록대부에 제수되었으며, 1470년(성종 1년)에 27세로 별세하였다.

세조는 그럴 생각이 전혀 없어 "이 사람은 인류가 아니다. 마땅히 나라 안에서 함께 살 수가 없으니, 외방 고을의 노비로 영구히 소속시키는 것이 옳다"라고 하고는 그를 먼 지방의 노비로 보내버렸다. 이렇게 해서 장안을 떠들썩하게 하였던 '사방지 사건'은 마무리가 됐다.

조선 초 서얼 출신 문인인 어숙권은 세조대에 세상을 떠들썩하게 하였던 사방지 스캔들을 소재로 이 같은 시를 지었다.

"아녀자의 깊숙한 방에 몇 번이나 몸을 숨겼는가, 縫羅深處幾潛身
치마와 비녀 벗기니 정체가 드러났네, 脫却裙釵便露眞
물건이 본래 모습으로 변환하니, 進物從來容變幻
세상에는 양성을 가진 사람이 있는가 보다." 世間還有二儀人

어숙권이 저술한 『패관잡기』도 사방지 얘기를 자세히 기술한다. 그는 책에서 사방지의 불알은 늘 살 속에 간직되어 있었으므로 양성인(兩性人)이라는 말이 생겼는데, 서거정의 『필원잡기』에 자세히 적혀 있다.

"내가 일찍이 의주의 갑사 최한수의 집에서 암말을 보았는데, 그 음부 안에 양경이 있어 졸아들면 안으로 감추어지고 일어서면 밖으로 나오며 양경으로 오줌을 누었다. 봄이 되면 암말을 따라다니나 그 양경이 뒤로 향하여 있으므로 서로 교미는 할 수 없었다. 만약 숫말이 다가오면 발로 차서 가까이 오지 못하게 하였다. 모든 사물의 이치를 알 수 없음이 이쯤 되니, 사람으로 말하면 사방지의 부류라고나 할까.

그러니 둘이 다 만물 중의 요물인데, 사방지는 게다가 여자를 범하였으니 말보다 심한 자이다."

1988년에는 사방지를 주인공으로 영화가 제작되었는데, 당시 포스터 문구가 '여자인가 남자인가, 하늘이 인간을 내시매 남자와 여자 그리고 사방지가 있었다'였다. 이 포스터는 법원으로부터 표현이 과도하게 성욕을 자극시키고 일반인의 정상적인 성적 정서를 해치게 돼 건전한 성풍속이나 성도덕 관념에 반한다는 이유에서 음화라는 판결을 받았다.

34
실록을 통해서 본 사방지 판결

사방지는 실록에도 등장하는 실존인물로, 남자이기도 하고 여자이기도 하였던 양성인물로 기록되어 있다. 세조 재위 시 한양 도성에서는 조선 최고 천문학자 이순지의 딸인 과부 이씨 부인이 집안에 여장남자를 들인다는 입소문이 나돌고 있었다.

마침내 1462년(세조 8) 4월 27일, 여장을 하고 김구석의 처와 간통한 사방지를 의금부에 가두고 국문하였다. 사헌부 장령 신송주(신숙주의 동생)가 다음과 같이 아뢰었다.

"여경방(광화문 남쪽)에 사는 고 김구석의 처 이씨의 가노 사방지가 여복을 하며 종적이 괴이하다고 하였으므로 본부에서 잡아다가 이를 보았더니, 과연 여복을 하였는데, 음경과 음낭은 곧 남자였습니다. 그가 남자로서 여장을 한 것은 반드시 그 까닭이 있을 것이니, 청컨대 가두어 고신(拷訊: 조선시대 처벌의 근거가 되는 범인의 자백을 강요하기 위하여 실시한 고문제도)하게 하소서."

하니, 하성위 정현조에게 명하여 전교하기를,

"그를 승정원으로 하여금 살펴보게 하라."

하고, 정현조에게 영순군 이부와 승지 등과 더불어 가서 보게 하였는데, 머리의 장식과 복색은 여자였으나 형상과 음경·음낭은 다 남자인데, 다만 정도(精道)가 경두(莖頭) 아래에 있어 다른 사람과 조금 다를 뿐이었다. 승지 등이 아뢰기를,

"이것은 이의(二儀: 남녀 한 몸)의 사람인데, 남자의 형상이 더욱 많습니다."

하니, 신송주에게 전교하기를,

"이씨의 집안의 여종 소근소사(小斤召史)를 난장(亂杖: 장형을 할 때 마구 치는 매)하여 신문한 것이 여러 번 있었는데, 또 무엇을 문초할 것이 있어서 고신하기를 청하느냐?"

하였더니, 신송주가 대답하기를,

"그가 남자로서 여복을 하였으니 반드시 그 실정이 있을 것이므로 고신하기를 청한 것이며, 또 소근소사는 신문할 즈음에 당하여 태〔革便〕 1, 2도를 때렸을 뿐입니다."

하였다. 또 전교하기를,

"황당한 사람이 여자의 집을 출입하였는데도 이순지는 가장으로서 능히 금하지 못하였으니 진실로 그르다. 그러나 간통한 것을 잡은 것도 아닌 데 재상집의 일을 경솔하게 의논하고, 또 이와 같은 이상한 일을 계품(啓稟: 글로 임금에게 아룀)하지 않고 억지로 취조하였으니 심히 불가하다."

하고, 헌부의 관리를 파직하도록 명하였다. 저녁에 부(溥)로 하여금 승지 등에게 묻기를,

"사방지를 가두어 국문하는 것이 어떠하겠는가?"

하니, 승지 등이 아뢰기를,

"진실로 마땅합니다."

하므로, 의금부에 명하여 가두어 국문하게 하였다. 김구석의 처는 일찍이 과부가 되었는데 사방지와 사통한 것이 여러 해 되었고, 또한 김중렴 집의 계집종으로 여승이 된 이가 있었는데, 사방지와 더불어 간통하였는데 일이 발각되었으므로, 이에 이르러 헌부에서 굳이 청하였다. 임금이 도승지 홍응에게 이르기를,

"이순지도 또한 대부의 가문이다. 애매하여 명백히 하기 어려운 일을 가지고 하루아침에 흠을 받는다면 또한 억울하지 않겠느냐? 헌부 등은 대체를 알지 못하니 감히 욕되게 하지 말고 그를 가두게 하라."

하였다. 당시에 이씨는 부호라고 일컬었는데, 사방지의 복식이 화려한 것은 다 이씨가 준 것이었다.

세조 8년 4월 29일, 의금부에서 사방지의 추국을 건의하였으나 병자라 하여 허락하지 않았으나 5월 1일, 사정전에서 주연을 베풀고, 도승지 홍응에게 사방지 국문을 약속하였다. 5월 2일, 사방지의 일로 사헌부 관리들을 국문하고 이순지를 파직하고 이순지에게 사방지를 처리하도록 맡겼다. 또 5월 2일, 사인 권윤이 사방지와 간통한 자들을 국문하도록 청하였으나 허락하지 않았다.

"사방지가 이씨의 집에 있었을 적의 소행은 알지 못하나, 처음에는 여승 중비가 지원과 소녀와 함께 살았는데, 사방지가 머리를 깎고 여승이 된 것을 칭탁하여 중비의 집을 왕래하며 지원을 간통하였고, 또 중비와 소녀를 간통하였습니다. 중비가 아이를 밸 것을 두려워하

면 이르기를, '내가 일찍이 내수 김연의 처를 간통한 것이 하루가 아니었는데도 일찍이 잉태하지 않았으니, 너는 두려워하지 말라' 하였다고 하니, 김연의 처는 그 아비의 동복(同腹: 한 어미에서 난 동기)인데, 이를 간통하였으니 그 죄는 더욱 심하며, 또 그 어미가 여복을 하게 하여서 이에 이르렀다고 하니, 청컨대 아울러 국문하게 하소서."
하니, 하성위 정현조로 하여금 전지하기를,

"간통하는 것을 잡은 것도 아닌데, 국문하는 것은 율문에 실려 있지 않은 바인데, 만일 이를 국문한다면 폐단이 만세에 미칠까 두렵다. 또 그 어미가 처음에 여복을 하게 한 것이 어찌 오늘의 소행을 미리 헤아렸겠는가? 이것은 비록 사정의 흔적이 명백하다고 하더라도 모두가 죄를 사면하기 전에 있었으니, 국문하는 것이 불가하다. 하물며 이것은 전해 들은 말이니 어찌 다 믿겠는가?" 하였다.

세조 8년 5월 12일, 사방지를 국문하지 말도록 하고, 이순지의 복직을 명하였다. 5월 13일, 사간원의 사방지 국문을 허락하지 않았다. 같은 날, 사헌 장령 이문환이 사방지를 외방으로 유배할 것을 청하였으나 허락하지 않았다. 5월 14일, 사방지를 국문하기를 청한 정언 이길보를 의금부에 가두어 국문하도록 하였다. 5월 22일, 사정전에서 상참 후 주연을 베풀고 권남의 건의에 따라 사방지에 관해 유배를 청한 이문환과 사방지의 국문을 청한 이길보를 석방하였다.

1467년(세조 13년) 4월 5일, 신하들은 풍속을 문란하게 한 사방지를 극형에 처해야 한다고 주장하였다.

처음 김귀석의 아내는 이순지의 딸이었다. 일찍이 과부가 되었는데, 그 일가 연창위 안맹담의 종 사방지라는 자는 턱수염이 없어 모양이 여자와 같은 데다가 재봉을 잘하여 여자 옷을 입고 일찍이 한 여자 중을 통간하였다. 여자 중과 이씨는 이웃하였으므로 사방지가 인연이 되어 이씨의 집에 들어갈 수 있게 되었는데, 마침내 사랑하고 가까이 친해짐을 보고는 좌우에 있으면서 음식도 그릇을 같이하고, 앉고 눕는 데도 자리를 같이하며 의복도 빛깔을 같이하니 모두 사치스럽고 화려하기가 극도에 달하였다. 노비가 섬기기를 집주인과 같이 하여, 이웃 마을에서 비록 알더라도 이씨는 달리 부끄럽게 여기지 않으니, 추잡한 소리가 퍼지어 사헌부의 대관이 이를 죄상 등을 캐고 자세히 밝혔다. 임금이 승정원으로 하여금 잘 살펴서 증거를 살피게 하고, 사족을 더럽히고 욕되게 함은 옳지 못하다 하여 석방하려고 하니, 길창군 권남이 허물을 가려내어 벌을 주기를 힘껏 청하므로, 명하여 사방지를 의금부의 옥에 내려 사건의 실상을 조사하게 하고, 이어 이순지에게 구분하여 처리함에 붙이니, 이순지가 엄호하여 징계하여 다스리지 아니하고 시골집에 두었는데, 이씨가 온천에 목욕함을 칭탁하고 따라갔다. 이순지가 죽음에 이르자 사방지는 다시 이씨의 집에 들어가 처음과 같으므로, 사헌부에서 자세히 조사하여 살피고 여의로 하여금 증험하여 보게 하였더니, 과연 그러하였다. 이순지가 여러 재상에게 말하기를,

"사헌부는 어찌 혹심합니까? 그 근거는 바로 쓸데없는 군말이고 진실이 아닙니다" 하였다. 당시 사람들이 기록하기를,

"속담에 사위를 췌랑(贅郞)이라고 부르니, 이공의 발명은 진실을 발명하였다" 하였다.

이에 이르러 한명회가 아뢰기를,

"사방지는 다시 이씨의 집에 들어가 추잡한 흔적이 더욱 현저하니, 청컨대 먼 지방으로 유배하소서" 하니, 임금이 말하기를,

"전에도 이미 국문하지 않았으니, 지금도 또한 우선 용서하라."
하니, 신숙주와 심회가 진언하기를,

"사방지는 일찍이 한 여자 중을 통간하고 여자 중은 마침내 머리를 길렀으니, 그 정상을 알 만합니다. 청컨대 도성 안에 머물러 풍속을 오래도록 더럽힘이 없게 하소서."
하고, 홍윤성은 아뢰기를,

"신과 한계희·노사신 등이 함께 들었으니, 이 일은 진실로 허위가 아닙니다" 하고,

신숙주가 또 아뢰기를,

"친척이 아닌 남이 전하는 말이, '사방지가 아니고 바로 서방적(西房的)이라'고 하니(속담에 사위는 서방(西房)에서 묵으니, 따라서 사위를 서방(西房)이라고 부른다), 이와 같은 사람은 『강호기문(江湖紀聞)』에도 또한 있습니다" 하니,

임금이 서거정에게 이르기를,

"경도 또한 아는가?" 하니,

서거정이 대답하기를,

"과연 있습니다. 그 말에 이르기를, '하늘에 달려 있는 도리는 음과 양이라 하고 사람에게 달려 있는 도리는 남자와 여자라고 한다' 합니다. 이 사람은 남자도 아니고 여자도 아니니, 죽여서 용서할 게 없습니다" 하니,

임금이 좌승지 윤필상에게 이르기를,

"이 사람은 인류가 아니다. 마땅히 모든 먼 후세의 자손과 떨어지고 나라 안에서 함께할 수가 없으니, 서울이 아닌 지방 고을의 노비로 영구히 소속시키는 것이 옳다"고 하였다.

이씨의 집안은 살림살이가 넉넉하고, 한 아들이 있으니 이름은 김유악이다. 하동군 정인지의 사위가 되어, 일찍이 그 어미에게 울면서 간하였으나, 이씨는 아들의 청을 듣지 않았다. 그래서 마침내 용서를 받지 못하였다.

결국 사방지는 이순지에 의해 시골로 쫓겨났다. 실록의 기록에 따르면 사방지가 간통을 한 상대는 이씨 외에도 여승 중비, 지원, 소녀, 내수(내수란 내시를 말한다), 김연의 처 등인데, 놀라운 것은 김연의 처는 사방지 아비의 동복, 다시 말해 사방지의 고모였다는 점이다. 즉 근친상간을 한 것이다. 이 중 중비는 머리를 다시 기르고 환속하기까지 하였다. 그러나 이순지가 죽은 후, 이씨는 다시 사방지를 불러 올려서 간통을 즐겼고 결국 더 이상 이를 묵과할 수 없었던 세조는 사방지를 변방의 관노비로 내쳐버렸다.

이씨의 아버지 이순지는 세종이 아끼던 공신으로서 판원사라는 종2품 벼슬까지 지냈다. 또 이씨에게는 김유악이라는 외아들이 있었는데 김유악의 아내가 바로 세조의 왕위 찬탈을 도와 영의정이 된 정인지의 딸이었다. 이씨와 정인지는 사돈 사이였던 것이다. 그래서 세조는 사방지와 이씨를 처벌해야 한다는 탄원이 잇따랐는데도 이순지에게 맡겨 집안일로 처리하도록 한 것이다. 그런데 또 간과하지 못할 것은 사방지의 성을 감별하는 일을 직접 맡은 정현조가 정인지의 아들이자 이씨 며느리의 친오빠였으니, 전무후무한 사돈 사이로 역사에 남게 되었다.

당사자의 아들이었던 김유악은 연좌제에 걸려 평생토록 족쇄처럼 작용하였었던 듯하다. 성종 때는 이 일로 서거정에 의해 경상도 도사에 임명하는 것이 보류되었고, 연산군은 이 일 때문에 부마를 선택할 때 김유악의 아들은 궁궐에 절대 들이지 말라고 명하였다.

35
『필원잡기』의 사방지 기록

조선 초 대신이었던 서거정이 자신의 저서 『필원잡기』에 사방지에 대해 기록한 내용이 오늘날까지 전해오고 있다. 서거정은 사방지를 관노비로 보낼 때 세조가 의견을 물은 신하였으며 성종 때 대사헌을 지내면서 위 사건의 피해자 김유악을 경상도 도사로 임명하는 걸 반대한 인물이다. 세조가 서거정에게 의견을 물었던 것을 실록에는 아주 간단하게 기록하고 있으나 서거정 본인의 회고에 따르면 실제로는 좀 더 길게 얘기하였었던 듯하다. 관련 기록은 다음과 같다.

> 근래에 모습이 여자와 흡사한 사내종이 한 명 있었다. 이 사내종은 어려서부터 여자의 옷을 입고, 나이 40이 넘도록 사대부 가문에 출입하다가 이 사실이 드디어 탄로되었다. 대간이 법에 의하여 논죄할 것을 청하였으나 세조는 일이 애매하다 하여 이를 용서하고 나를 돌아보며 말하기를 "경의 의사는 어떠하냐" 하여, 이렇게 답하였다.
>
> "신이 소시 때에 『강호기문(江湖記問)』을 열람하였는데 강회(江淮) 사이에 한 비구니가 수(繡)를 잘 놓았으므로 양가(良家)에 딸을 보내

어 배우게 하였더니, 돌연 임신을 하였습니다. 부모가 이를 힐책하니, 딸은, '비구니와 더불어 날마다 서로 잠자리를 같이하자 성(性)의 감각이 있는 것 같더니 드디어 이에 이르렀습니다' 하였습니다. 양가에서 지방관에 호소하여 비구니를 자세히 조사해 살펴보니, 음양의 두 생식기가 모두 없었습니다. 지방관이 장차 이를 관대히 용서하려 하자, 한 늙은 할미가 말하기를, '소금물로 양경(陽莖: 남자의 성기) 뿌리 위를 적신 다음 누런 개를 데려다가 이를 핥게 하면 양경이 튀어나옵니다' 하므로, 지방관이 시험하니 과연 그러하였습니다. 지방관이 판단하여 말하기를, '하늘의 도리에 있어서는 양과 음이요, 사람의 도리에 있어서는 남자와 여자이다. 이제 이 비구니는 남자도 아니며 여자도 아니니, 사람의 도리의 바른 것을 어지럽히는 자이다' 하고 마침내 죽이니, 강회 사람들이 모두 통쾌하게 여겼다 하오니, 대개 천하의 일의 이치가 무궁함이 이와 같사옵니다."

세조는 웃으며 말하기를, "뭔 그렇게 잡설을 자세하게 늘어놓는가? 경은 부디 억지로 무슨 일을 밝히려고 하지 말라"고 하였다. 이 이야기를 보아 사방지의 행각은 꽤 오래전부터 지속되고 있었던 모양이다.

세조 13년(1467) 4월 6일, 의금부에 명하여, 사방지를 신창현(충남 아산 근방)의 관노비로 소속시키게 하고 고을의 수령 이하 모든 사람들이 잘 감시하게 하였다. 이로부터 80년이 지난 후 1548년(명종 3) 사방지와 비슷한 '양성'의 소유자 임성구지가 등장한다.

36
시집도 가고 장가도 들었던 임성구지

세조 때 사방지의 일이 있은 후에 1548년(명종 3년)에 이와 유사한 사건이 함경도 길주에서 또 발생하였다. 11월 18일자의 『명종실록』을 보면 함경 감사가 혼자 결정하기엔 너무 곤란한 일로 조정에 장계를 올렸다. 장계 내용에 의하면 "길주 사람 임성구지라는 사람이 있는데 음양이 모두 갖추어져 지아비에게 시집도 가고 아내에게 장가도 들었으니 매우 해괴합니다"라고 되어 있다.

그 사정은 대략 다음과 같다. 함경도 길주에 사는 임성구지는 어릴 때부터 생식기 구조가 좀 특이하고 남달랐지만 여자로 성장하였다. 그러다 시집갈 나이가 차서 남자에게 시집을 갔다. 그런데 신혼 첫날밤을 맞은 남편은 그만 혼비백산을 하고 말았다. 새색시의 은밀한 부위에 생각지도 못한 남성의 성기가 달려 있었던 것이다.

그 길로 당장 남편과 시댁에서 쫓겨난 임성구지는 갈 곳이 없어 이곳저곳 떠돌다가 남장을 한 후 이젠 남자 행세를 하였다. 그러다 마음이 맞는 여자를 만나 장가를 들었다. 하지만 그의 이중 행각은 얼마 가지 않아 들통이 났고, 이 소문이 파다하게 나자 결국 관청에 끌려오게 되었다. 그런데 문제는 임성구지를 어떻게 처리해야 할지 몰라 고민에 빠진 함경 감사가 조정에 장계를 올린 것이다.

장계를 받은 명종도 난감하기는 마찬가지였다. 전교하기를 "임성구지의 일은 율문에도 그러한 조문은 없으니 대신에게 의논하라. 성종 조에 사방지를 어떻게 처리하였는지 아울러 문의하라" 하였다. 영의정 홍언필이 의논드리기를 "임성구지의 이의(二儀: 음양)가 다 갖추어져 물건의 괴이함이 심한 것이니 사방지의 예에 의하여 그윽하고 외진 곳에 따로 두고 왕래를 금지하여 사람들 사이에 섞여 살지 못하게 하여야 합니다" 하니 명종이 따랐다.

11월 21일 사간원에서 김순고를 체직시키고 임성구지를 죽이라고 하였으나 불허하였다. 사간원에서 아뢰기를,

"길주의 죄수인 임성구지는 아내를 거느리며 지아비에게 출가도 하여 사람의 도리를 두 번 사용하였으니 실지로 천지간에 요사하고 음란하고 더러운 요물입니다. 『강호기문』을 상고하니 이와 같은 사람은 사람의 도리의 올바름을 문란하게 한다고 하여 죽였으니 진실로 하루라도 인류에 섞어둘 수 없었기 때문입니다. 더구나 임성구지는 무당과 박수를 핑계하여 남자 의복 여자 의복으로 변환(變幻)하며 남의 가정에 드나들면서 몰래 예의에 어긋나는 행동을 하여 인륜을 더럽히고 어지럽힘을 행하여 성스러운 교화를 더럽혔으니 죄악이 이미 지극합니다. 사형으로 단죄하소서" 하니 명종이 답하기를 "임성구지는 괴이한 물건이지마는 다만 인간의 목숨이 지중하니 그윽하고 외진 곳에 두어 인류에 섞이지 못하게 하고 구태여 엄하고 무거운 법률을 쓸 것까지는 없다" 하였다.

임성구지는 영의정 홍언필의 말대로 사방지의 예에 의하여 인가와 멀리 떨어진 외진 곳에 따로 두고 왕래를 금지하여 사람들 사이에 섞여 살지 못하게 하였는지 자세히 알지 못하겠으나, 자신의 의지와 상관없이 남녀의 몸으로 원치 않았던 삶을 산 기구한 운명을 가진 사람이다. 결국 목숨을 부지한 채 혼자 사람들과 접촉 없이 외롭게 삶을 마감한 것으로 보인다.

사방지와 임성구지는 비인류로 취급받은 역사 속 양성구유(兩性具有) 암수한몸을 지니고 태어난 이유로, 물괴(物怪: 물건으로서 괴이하게 생긴 것)라는 이유로, 간신히 죽음을 면할 수 있었지만 평생 스스로를 숨기고 격리되어 살아야만 하였다.

명종 8년(1553) 3월 14일에는 평안도 관찰사 홍섬이 의주인 김성비를 처벌할 것을 청하였다. 평안도 관찰사 홍섬이 장계하기를,

"의주(義州)의 김성비란 자는 남자인데 여자로 변장하여 인가를 출입하며 음란을 자행하므로 잡아다가 조사하였더니, 이는 남자도 아니고 여자도 아니었습니다. 음양이 함께 달려 있으니 진실로 요괴로운 물건입니다" 하니, 상이 형조에 명하여 처치하게 하였다.

Ⅳ

왕과 사대부, 한량들의 연회 도우미

기생은 전통사회에서 잔치나 술자리에서 노래·춤 및 풍류로 참석자들의 흥을 돋우는 일을 업으로 삼았던 여자를 일컫는다. 일종의 사치한 노예라고 할 수 있으며, '기녀(妓女)', 말을 할 줄 아는 꽃이라는 뜻에서 '해어화(解語花)', 또는 '화류계 여자'라고도 하였다.

성호 이익은 『성호사설』에서 기생이 양수척(揚水尺)에서 비롯되었다고 하였다. 양수척은 곧 유기장(柳器匠: 버들 그릇을 만드는 것을 업으로 삼는 사람)으로서, 고려가 후백제를 칠 때 가장 다스리기 힘들었던 집단이었다. 이들은 원래 소속도 없고 부역에 종사하지도 않고, 떠돌이 생활을 하면서 버드나무로 키·소쿠리 등을 만들어 팔고 다녔다.

후에 이들이 남녀 노비로서 읍적(邑籍)에 오르게 될 때, 용모가 고운 여자를 골라 춤과 노래를 익히게 하여 기생을 만들었다고 한다. 따라서 기(妓)와 비(婢)는 원래 같은 것으로 보아야 하고, 그중 비가 기보다 먼저 발생하였다고 보아야 한다. 결국 비나 기는 한 사회의 계급 분화과정에서 비롯된다고 할 수 있다.

기생의 발생을 무녀(巫女)의 타락에서 찾는 견해도 있다. 즉 고대 제정일치사회에서 사제로서 군림하던 무녀가 정치적 권력과 종교적 권력이 분화되는 과정에서 기생으로 전락하였다는 것이다.

한편 원래부터 세습되어 내려온 기생 이외에도, 비적(婢籍)으로 떨어져 내려와 기생이 되는 경우도 있다. 대표적인 경우가 반역을 꾀한 역신(逆臣)의 부녀자들이다.

고려시대에 근친상간의 금기를 범한 상서예부시랑 이수의 조카며느리를 유녀(遊女)의 적에 올린 경우와, 조선 초기 사육신의 처자들을 신하들에게 나누어준 경우가 그 대표적인 예이다. 또한, 조선 광해군 때 인목대비의 친정어머니를 제주감영의 노비로 삼았다는 이야기는 유명하다.

기생은 노비와 마찬가지로 한번 기적(妓籍)에 올려지면 천민이라는 신분적 굴레에서 벗어날 수 없었다. 기생과 양반 사이에 태어난 경우라도 천자수모법(賤者隨母法)에 따라 아들은 노비, 딸은 기생이 될 수밖에 없었다.

그러나 기생이 양민으로 되는 경우도 있었다. 즉, 속신(贖身)이라 하여, 양민부자나 양반의 소실이 되는 경우 재물로 그 대가를 치러줌으로써 천민의 신분으로부터 벗어나는 것이었다.

한편, 기생이 병들어 제 구실을 못하거나 늙어 퇴직할 때 그 딸이나 조카딸을 대신 들여놓고 나오는데, 이를 두고 대비정속(代婢定屬)이라 하였다.

고전소설인 『추풍감별곡(秋風感別曲)』에는 양반의 딸이 아버지의 빚을 갚아주기 위해 기녀가 되는 얘기도 있다. 이러한 기생은 조선사회에서 양민도 못 되는 이른바 여덟 천민으로, 여덟 천민에는 사노비·승려·백정·무당·광대·상여군·기생·공장(工匠) 등이 있었다.

다만 그들에게 위안이 있다면, 첫째, 양반의 부녀자들과 같이 비단옷에 노리개를 찰 수 있었던 점이고, 둘째, 직업적 특성에 따라 사대부들과의 자유 연애가 가능하였다는 점이며, 셋째, 고관대작의 첩으로 들어가면 친정을 살릴 수 있었다는 점이다. 그러나 신분적 제약으로 인해 이별과 배신을 되풀이당하는 경우가 많았다.

불후의 시조시인으로 꼽히는 송도 명기 황진이는 시조뿐 아니라 한시에도 뛰어난 작품을 남겼으며, 특히 서경덕과의 일화는 유명하다. 부안 명기 이매창은 당시 문인과 명신들인 허균·이귀 등과 교분이 두터웠으며, 중종 때는 선비들이 그녀의 시비를 세워주었다. 그 밖에 송이·소춘풍 등 시조시인으로 이름을 남긴 시기(詩妓)들이 많다.

기녀들이 국문학에 끼친 영향 중 가장 큰 것은 고려가요의 전승이라 하겠다. 오늘날까지 전해지는 짙은 정과 한의 고려가요는 대부분 그녀들의 작품으로 보여진다. 한편 진주 기생 논개는 조선시대의 대표적 의로운 기녀로 꼽힌다.

조선 말기에 이르면 기생이 일패(一牌)·이패·삼패로 나뉜다. 일패 기생은 관기를 총칭하는 것으로, 예의범절에 밝고 대개 남편이 있는 유부기(有夫妓)로서 몸을 내맡기는 일을 수치스럽게 여겼다. 이들은 우리 전통가무의 보존자이며 전승자로서 뛰어난 예술인들이었다. 이패 기생은 은근짜[隱君子]로 몰래 몸을 파는 여자를 속되게 이르는 말이다. 삼패 기생은 이른바 창녀로서 몸을 파는 매춘부라고 할 수 있다.

일제 강점기에 들어와서는 한말의 기생학교·기생조합이 권번(券番)으로 바뀌었다. 권번은 서울·평양·대구·부산 등 대도시에 있었고, 입학생들에게 교양·예기·일본어 학습을 시켜 요릿집에 내보냈다. 일부 기생들은 권번의 부당한 화대 착취에 대항하여 동맹 파업을 일으키기도 하였다.

한편, 어떤 친일파 인사가 거금을 주고 당시 이름난 요정인 서울 명월관의 진주 기생 산홍을 소실로 삼으려 하자, "기생에게 줄 돈이 있으면 나라 위해 피 흘리는 젊은이에게 주라"며 단호히 거절하여 의기의 맥을 이었다. 그 밖에도 일제 강점기에는 애국 충정과 관련된 기생들의 일화가 많다.

흔히 기생과 같은 여성들을 두고 필요악적 존재라고 하거나, 하나의 직업여성으로 다루려고 하지만, 대부분의 여성운동가들은 부정적 입장을 견지하면서 여성 자신의 분발과 남성들의 각성을 촉구하고 있는 실정이다(『한국민족문화대백과사전』).

37
경국지색(傾國之色)의 중국 4대 미인

① 서시

중국의 문헌에는 날씬하고 호리호리한 여성이 선호되었지만, 당나라 시대에는 풍요로운 외모가 미인의 조건이 되기도 하였다. 당나라 시대에는 눈썹 화장인 미대(眉黛), 얼굴에 그리는 그림인 화전(花鈿), 볼을 붉게 칠하는 홍장(紅粉), 이마와 콧등, 턱을 희게 칠하는 삼백(三白), 이마 경계 부분을 누렇게 칠하는 액황(額黃), 보조개를 그리는 면엽(面靨), 볼에 흐르는 피를 그리는 사홍(斜紅)이 있었다. 여기에 필수 요소처럼 따라오는 것이 깨끗하고 밝은 피부이다.

오늘날에도 어떤 미인은 입을 가리고 웃는 행동을 한다. 치아가 예쁜 미인도 왜 그래야 하는지 모르나, 치아를 보이지 않고 미소 짓는 행동은 미인의 가장 중요한 덕목으로 천년 이상 내려왔음을 서시(西施)를 보면 알 수 있다. 여인이 치아를 드러내지 않고 웃는 것은 당나라 때 송약신 송약소 자매가 여성의 미덕에 대해 쓴 『여논어(女論語)』에서 유래하였다. 송씨 자매는 '어막흔순(語莫掀脣: 입술을 들지 않고 말한다)'이라고 훈계하였다. 이런 연유로 당나라 때 미인의 중요한 덕목 하나는 치아를 드러내지 않고 말하고 미소 짓는 것이었기 때문에, 이백은 서시를 아래와 같이 표현하였다.

"하얀 이 드러내지 않고 웃고,	皓齒信難開
가라앉은 목소리 옥 구름 사이에서 울리네"	沈吟碧雲間

옛날 중국에서는 옥 같은 손가락과 하얀 팔, 가느다란 허리와 흰 피부, 전족을 한 작은 발, 백분과 연지로 화장한 얼굴, 진한 체향, 검고 긴 머리카락, 구름처럼 틀어 올린 머리, 누에나방처럼 짙고 푸른 눈썹, 맑은 눈동자와 윤기 있는 공막, 붉은 입술과 흰 치아를 갖고 있어야 미인으로 여겼다.

이와 같은 필수조건에 만족할 만한 중국의 4대 미인으로 춘추말기의 서시, 서한 원제 때의 왕소군, 삼국시대의 초선, 당대의 양귀비를 예로 든다.

오나라와 월나라는 개와 원숭이 사이처럼 사이가 아주 나쁜 관계였다. 그 관계가 얼마나 나쁜 관계였는가 하면, 오나라의 부차는 월나라와의 전쟁 중에 아버지를 잃고, 아버지의 원수를 갚기 위해 땔나무 위에서 잠을 자며 복수를 다짐하였다. 부차는 곧 반격에 나섰고, 마침내 아버지의 원수를 갚을 수 있었다. 그리고 전쟁에서 패한 월나라의 구천은 쓸개를 늘 곁에 두었다. 그는 쓸개의 쓴맛을 생각하면서 자신이 당한 치욕을 잊지 않고 되갚기 위해 노력하였다. 즉 와신상담(臥薪嘗膽)으로 원수를 갚거나 계획한 일을 이루기 위해 온갖 괴로움을 참는다는 뜻이다.

오나라에 패한 월나라 왕 구천은 오나라 부차에 대한 원한의 치욕을 씻으려고 대부 종의 책략을 이용하여, 두 명의 복숭아 꽃처럼 아름답고 고운 서시와 정단을 데려와 악사로 하여금 서시에게 가무와 몸가짐 등을 가르치게 하였으며 3년 후 재상 범려를 사신으로 보내 오왕 부차에게 바쳐 부차를 미혹시키려 하였다. 많은 백성들이 서시의 미모를 한번 보고자 몰려들었고 역관으로 몰려가 그녀를 맞이하였으며 거리에 인파가 가득하였다고 전한다.

당시의 이야기에 따르면 서시를 데려간 월나라의 대부 범려는 미인을 보려고 하는 사람은 돈을 내야 한다고 하며 역관 내에 돈궤를 마련하였는데 얼마 되지 않아 가득 차고 넘쳤으며 3일간 거두어들인 돈을 월나라로 가져가 국가재정에 사용하였다고 한다. 범려는 오나라 왕을 만나 꿇어앉으며 말하기를 동해의 '적신 구천이 대왕의 은덕에 감복하여 나라 안을 뒤져서 가무에 능한 여자를 구해서 왕께 바치오니 하녀로라도 쓰시기 바랍니다'라고 하자 오자서가 오나라 왕에게 진언하기를 '신이 듣기에 하나라는 말희로 인해 망하였고, 은나라도 달기로 인해 망하였으며 주나라가 망한 것도 포사로 인한 것이니 무릇 미인이라는 것이 나라를 망하게 하는 요인이니 청컨대 받으시면 아니 될 것입니다'라고 간청하였으나 오나라 왕은 이를 듣지 않고 바로 서시를 받아들였다.

이후 오나라 왕은 고소대에 춘소궁을 짓고 영암산 위에 관왜궁을 지었으며 큰 연못을 파서 서시로 하여금 놀게 하는 등 부차는 서시를 매우 총애하며 국사를 등한시하여 구천이 오나라를 칠 수 있는 충분한 준비를 할 수 있는 계기가 되었다. 결국 서시는 월나라 구천이 오나라에 원수를 갚기 위해 동원한 미인계로, 이를 눈치채지 못한 부차는 결국 목숨과 나라를 동시에 잃고 만다.

어느 날 그녀는 강변에 있었는데 맑고 투명한 강물이 그녀의 아름다운 모습을 비추었다. 이 모습에 취한 수중의 물고기가 수영하는 것을 잊고 천천히 강바닥으로 가라앉았다고 한다. 그래서 서시는 침어(浸魚: 물고기가 가라앉음)라는 칭호를 얻게 되었다.

② 왕소군

기원전 60년을 전후하여 흉노는 허려권거 선우가 세상을 떠나자 권력 쟁탈 과정에서 내부 분열을 일으키며 선우가 다섯이나 생기는 상황이 발생하였다. 혼란스러운 전쟁이 일어났음은 말할 것도 없었다. 결국 호한야 선우와 질지 선우가 서로 공격하며 맞붙는 지경까지 왔지만, 호한야가 밀리는 형국에 이르렀다. 그러자 호한야 선우는 서한에 귀부하기로 결정하였다. 서한 황제는 호한야의 귀부를 받아들이고 그의 세력이 미치는 곳을 남흉노라 일렀다. 서한과 흉노는 이런 관계로 평화를 유지할 수 있었다.

흉노의 호한야 선우가 서한 황궁에서 서한 황제 원제를 배알하는 자리에서 호한야는 이렇게 아뢰었다.

"궁녀 한 사람을 제게 내려주십시오, 그러면 제가 서한의 변새를 굳게 지키도록 하겠습니다."

이에 서한은 적당히 후궁을 보내기로 한다. 서한 원제는 그래서 초상화만 보고 흉노로 보내도 아깝지 않을 왕소군을 보내기로 결정하였다.

역대 황제 대부분이 그랬듯이 서한 원제도 자기 곁에 수없이 많은 궁녀를 거느렸다. 따라서 재주 넘치는 화공들을 궁중에 두고 궁녀들의 얼굴을 그리도록 명령하였다. 서한 원제 때의 왕소군은 『서경잡기』에 의하면, 평소 서한 원제는 후궁이 많아서 화공에게 궁녀들의 초상화를 그리게 한 뒤, 그걸 보고 누구와 동침할지를 결정하였다. 당시에는 후궁으로 들어가서 황제 얼굴도 한 번 못 보고 죽는 여자도 많았기 때문에, 후궁들은 화공 모연수에게 예쁘게 그려달라고 뇌물을 바쳐댔다. 하지만 천하절색인 왕소군만이 뇌물을 주지 않아서 황제의 총애를 받을 수 없었다. 당연히 화공 모연수는 뇌물을 바치지 않은 왕소군을 원제에게 추천하지 않았을 것이지만 정확한 언급은 없다. 추녀로 그렸다는 설도 있고, 눈물 점을 찍어서 과부상으로 그렸다는 설도 있는데 정확하지 않다.

왕소군은 기회를 택하지 않았고, 자신을 운명에 맡겼다. 그녀는 궁녀들이 너나 할 것 없이 뇌물을 들고 길게 늘어선 행렬에 동참하지 않았다. 이런 왕소군을 궁정화가 모연수가 곱게 보았을 리 없다. 사실을 왜곡하는 데 익숙한 사람은 자기가 저지른 죄를 죄라 생각하지 않고 관행이라고 치부하는 경향이 있다. 역사를 들여다보면 예나 이제나 똑같은 관행이 권력이나 명예, 돈에 의해서 그대로 반복되고 있다. 이렇게 해서 모연수는 아무것도 챙겨주지 않은 왕소군의 천하절색을 형편없는 추녀로 둔갑시키는 재주를 발휘하였다.

그런데 흉노로 가기 전날 원제가 왕소군을 만나보았더니 왕소군이 지금까지 보지 못하였던 천하절색이었다.

"세상에 저렇게 아름다운 궁녀를 내가 어찌 몰랐던가!"

아름다운 외모만이 아니었다. 기품까지 넘치는 모습이었다. 얼굴도 아름다웠지만 몸매도 자기 눈을 의심할 정도였다. 그야말로 하늘에서 내려온 선녀였다. 뒤늦은 후회가 밀려왔다. 그 아름다움을 접하고 넋이 나갔지만, 이미 결정된 사항이라 왕소군을 흉노에게 보낼 수밖에 없었다. 그 연유를 캐묻던 원제는 화공 모연수가 부린 장난질 때문임을 알았다. 원제는 그만 화가 나서 지금까지 자신을 속였던 화공 모연수의 목을 베었다.

고향을 떠나가는 도중 그녀는 멀리서 날아가고 있는 기러기를 보았고 한번 떠나면 다시 오지 못할 고향 생각이 물밀 듯 밀려와서 거문고를 탔는데, 이때 한 무리의 기러기가 거문고 소리를 듣고 날개 움직이는 것을 잊고 땅으로 떨어져 내렸다고 한다. 이에 왕소군은 낙안(落雁: 기러기가 떨어짐)이라는 칭호를 얻었다고 전해진다.

1천 년의 세월이 지난 뒤, 북송 고문운동을 앞장서서 이끌었던 구양수는 「명비곡재화왕개보(明妃曲再和王介甫)」에서 이렇게 노래하였다. 명비는 물론 왕소군을 가리키며, 왕개포는 북송의 사상가요 개혁을 이끌었던 왕안석을 말한다.

> 한 나라 궁중에 절세미인 있는데,
> 황제도 처음에는 알지 못했다네.
> 어느 날 사신 따라,
> 먼 곳 흉노 땅 선우에게 시집간다네.

천하에 둘도 없이 뛰어난 용모,

한번 보내면 다시 얻기 힘들다네.

화공은 죽일 수 있을지라도,

이게 어찌 위안이 될라나.

③ 초선

『삼국지』에는 무려 1,228명의 인물이 등장하니 역할이 좋은 사람도 있고 나쁘게 평가되는 이도 있다. 『삼국지』에서 가장 나쁘게 평가되는 인물은 동탁과 여포가 아닐까 생각된다. '사람 가운데 여포요, 말 가운덴 적토마'라고 할 정도로 여포는 내몽골 출신으로 어릴 적부터 말을 잘 탔다. 그에 대한 평가는 첫째, 북방인 출신이고, 둘째, 주군을 자주 배신하였다는 것이었다. 우선 그는 동탁의 꼬임에 빠져 병주자사 정원을 배반한다. 낙양에서 정권을 잡고 있던 동탁이 여포에게 낙양에 병주병을 끌고 오면 한 자리 주겠다고 꼬드기자, 여포가 병주자사 정원을 죽이고 병주병을 이끌고 동탁과 합류한다. 이어진 사건은 동탁과 함께 장안으로 이동한 여포가 초선이라는 여인을 이용하여 동탁을 배신한 것이다.

동탁의 교만 방자함은 날이 갈수록 심하였다. 동탁은 스스로 상부(尙父)가 되어 천자와 똑같은 의장을 갖추고, 장안에서 북쪽으로 250리 떨어진 곳에 별장인 미오성을 건설한다. 그 크기는 장안성과 같았는데, 동탁은 이곳에 20년 동안 먹을 양곡을 보관하고, 산해진미와 금은보화를 산처럼 쌓아두었다.

동탁의 폭정은 끝이 없었다. 그는 항복한 군졸 수백 명의 팔다리를 그 자리서 자르고 눈알과 혀를 뽑아 가마솥에 삶아 죽였다. 비명과 통곡소리가 장안을 진동하였지만 동탁은 낄낄대며 즐거워하였다. 백관을 모아 술잔치를 하던 중 사공 장온을 끌어내 '원술과 결탁해 나를 죽이려 하였다'며 목을 베는 등 공포정치를 더욱 강화하였다.

사도 왕윤은 집으로 돌아와 잠 못 들고 근심하다 후원을 배회하였다. 이때 왕윤이 딸처럼 키워온 가기(歌妓) 초선은 그가 한숨 쉬는 것을 보고 그 이유를 물었다. 초선은 왕윤의 고민이 무엇인지 익히 짐작하고 있었다.

"만일 저를 써야 할 곳이 있으시면 분부하여주소서. 만 번 죽는다 해도 사양하지 않겠나이다."

왕윤은 초선에게 큰절을 올리고 막중한 임무를 지시한다. 즉, 초선이 연환계(連環計)*를 써서 동탁과 여포를 갈라놓은 후, 여포가 동탁

---

* 연환계(連環計): '고리를 잇는 계책'이라는 뜻으로, 여러 가지 계책을 교묘하게 연결시킨다는 의미이다. 중국의 고대 병법인 36계 가운데 35번째 계책이다. 36계 가운데 미인계·공성계(空城計)·반간계(反間計)·고육계(苦肉計) 등과 함께 패전계(敗戰計)에 속한다. 패전계란 패세에 몰린 싸움에서 기사회생하여 승리를 이끌어내는 계책이라는 뜻이다. 이 계책에 대한 설명으로는 "적의 장수와 병사들이 많을 때는 정면으로 대적할 수 없다. 적으로 하여금 스스로 묶어놓게 함으로써 그 기세를 죽여야 한다. 아군의 군사(軍師)가 뛰어나면 하늘의 은총을 입는다(將多兵衆, 不可以敵, 使其自累, 以殺其勢. 在師中吉, 承天寵也)"라고 하였다. 연환계의 예는『삼국지연의』에 여러 차례 보인다. 왕윤이 초선을 이용하여 동탁과 여포를 이간함으로써 이들의 세력을 무너뜨린 것도 연환계의 일종이다. 적벽대전에서는 방통이 조조를 속여 선단(船團)을 쇠사슬로 연결하게 만든 다음 주유가 화공(火攻)을 펼쳐 조조군의 선박을 모두 불태워버림으로써 대승을 거두었다. 이는 첩자를 적에게 보내 계책을 꾸미게 하고, 그 사이에 적을 공격하여 승리를 얻은 경우로서, 연환계의 대표적인 예로 언급된다. 또 송나라의 장수 필재우는 금나라 병사들과의 전투

을 죽이게끔 한다는 계획이었다. 이에 초선은 살신성인으로 왕윤에게 은혜를 갚겠다고 약속한다.

왕윤은 곧바로 여포를 집으로 초대해 후하게 대접하며 초선을 소개한다. 초선은 왕윤의 분부에 따라 여포에게 술을 따라주었다.

소설가 박종화의 표현은 그야말로 완벽한 분위기를 만들어내고 있다.

"초선은 부끄러운 듯 아미(蛾眉)를 숙인 채 곱게 일어나 여포를 향해 절을 올린 후, 이내 옥 같이 흰 손을 들어 황금 술잔을 잡고, 호박(琥珀)빛의 좋은 술을 남실남실 따라서 여포한테 두 손으로 바쳤다. 여포의 눈과 초선의 눈이 마주쳤다. 여포의 눈은 이글이글 타오르는 불빛 같았고, 초선의 눈은 그믐달처럼 요염하고 싸늘하였다. 여포의 타오르는 눈은 한시도 초선한테서 떠나지를 못하였다. 못하는 것이 아니라 떠날 수가 없었다."

이 한 문장으로 여포는 초선의 손아귀에서 빠져나갈 수 없음을 알 수 있다. 이러한 여포에게 왕윤은 초선을 첩으로 보내겠다고 한다. 여포가 왕윤에게 견마지로(犬馬之勞: 주인을 위해 치성을 다하는 개와 말의 노력)를 다하겠다고 다짐하며 초선을 바라보았다. 이때 초선의 모습을 박종화의 글로 살펴보자.

에서 진격과 퇴각을 거듭하여 하루 종일 적군에게 쉴 틈을 주지 않았다. 저녁이 되자 향료를 넣어 삶은 콩을 땅에 뿌려놓고는 적을 도발하여 싸우는 척하다가 도망쳤다. 승세를 놓칠세라 추격하던 적군이 콩을 뿌려놓은 곳에 이르자, 하루 종일 굶주린 적군의 말들은 콩을 먹느라 채찍을 휘둘러도 움직일 줄을 몰랐다. 필재우는 이 틈을 타서 역습하여 대승을 거두었는데, 이 전략도 연환계의 한 예로 언급된다.

"초선도 붉은 입술에 미소를 머금고 자주 추파를 흘려 정을 보냈다. 여포의 삼혼칠백(三魂七魄)은 초선의 예쁜 추파 속으로 녹아 흘렀다."

인간의 정신을 관장하는 것을 혼이라 하고 육신을 관장하는 것을 백이라고 한다. 삼혼칠백은 인간이 지니고 있는 혼과 백이 각각 3개와 7개가 있다는 뜻이다. 여포의 삼혼칠백이 초선의 추파에 홀렸으니 여포의 미래는 초선 이외에는 어떤 것도 의미가 없게 되었다.

왕윤은 이어 동탁을 자기 집으로 초대해 극진한 대접과 말로 치켜세우고, 초선을 선보인다. 동탁 역시 초선을 보자 얼이 나간 것처럼 보였다. 동탁은 그 밤으로 초선을 데리고 자기 궁으로 왔다. 그리고 초선과 지내느라 달포 동안 정사도 게을리하였다. 여포는 왕윤의 말만 믿고 양부인 동탁이 자신과 초선을 짝지어줄 것이라 고대하였으나, 오히려 동탁에게 초선을 뺏겨 억장이 무너졌다. 동탁은 동탁대로 여포가 미웠다. 왕윤이 자신에게 준 애첩을 여포가 가로채려 하는 것을 알았기 때문이다. 동탁은 자신의 모사인 이유의 설득으로 여포에게 상을 주며 그를 다독였지만, 동탁과 여포의 관계는 금이 가고 있었다.

여포가 초선을 애타게 기다리던 어느 날, 동탁이 정사를 논하려 헌제를 만나러 가자 여포는 그 틈을 타 곧장 초선을 찾아간다. 초선은 후원의 봉의정으로 여포를 데리고 가 여포와의 이룰 수 없는 사랑을 슬퍼하며 자결하려는 척 연기를 시도하였다. 그러자 여포가 말리고 흐느끼는 초선을 끌어안고 "당신을 아내로 삼지 못한다면 나는 영웅이 아니오"라며 안심시킨다.

동탁은 여포가 곁에 없는 것을 눈치채고, 의심이 들어 즉시 집으로 돌아왔다. 아니나 다를까. 입구에 적토마가 매여 있었고, 봉의정에서 초선과 밀회를 즐기고 있는 여포를 발견하고는 눈이 뒤집혔다. "네 이놈, 여포야!" 벼락 치듯 고함을 질러댔다. 여포는 깜짝 놀라 줄행랑을 쳤다. 동탁은 무기 방천화극을 들고 쫓아가며 여포에게 힘껏 던졌다. 여포는 이를 밀쳐내고 줄행랑을 쳤다. 봉의정 난간에서 이 모습을 지켜보던 초선은 회심의 미소를 지었다. 이제 여포와 동탁 둘 사이는 돌아올 수 없는 강을 건넜으니 말이다.

『삼국지연의』에서 초선은 왕윤의 시비인 10대 소녀로 등장하며, 왕윤에게 부탁을 받아 동탁과 여포 사이를 이간질하는 계략에 동원된다. 먼저 여포에게 선을 보여 첩이 되기로 약속한 다음, 동탁의 첩으로 들어가서 여포를 분기하게 하여, 둘 사이를 갈라놓아 여포로 하여금 동탁을 죽이게 만드는 계략이다. 연환계라고 불리는 대목으로 삼국지에서 가장 흥미진진한 부분 중 하나이다.

여기에서 초선은 단순히 계략의 도구로서 이용되기만 하는 것이 아니라, 직접 교묘한 말솜씨를 발휘해 동탁과 여포를 속여 이간질하는 지혜로움을 보여주기도 한다. 거의 대부분 남자들의 이야기인 『삼국지』에서, 여성이 중심을 차지하는 몇 안 되는 장면이다.

④ 양귀비

양귀비의 본명은 양옥환으로 귀비 책봉을 받아 양귀비가 되었다. 앞에 나온 여인들이 모두 빼어난 미모로 경국지색에 이르게 하였던 것처럼 양귀비도 미모가 뛰어난 인물 중 하나이다. 당나라 제6

대 황제 현종은 젊었을 때 상당한 정치적 수완을 발휘하였다. 즉위 초, "짐이 마르더라도, 천하와 백성들이 살찌면 아무 여한이 없다"라고 할 정도로 나라와 백성을 위해 헌신하였다. 현종은 중앙의 유능한 관리를 지방에 도독이나 자사로 파견하였고, 능력이 없는 관리는 모두 교체하였다. 심지어는 나라에 가뭄이 돌자, 황궁의 쌀을 배고픈 민중들에게 나누어주는 등 구휼 정치를 행하였고, 환관과 인척을 정치에 관여하지 못하도록 하였다. 현종의 훌륭한 치적 덕분에 당나라의 국력은 강성해졌으며, 태종 이세민이 이룩한 태평성세에 버금가는 치세를 하여 후세 사람들은 이를 당시의 연호인 개원(開元)을 따 '개원의 치(治)'로 불렀다.

이런 그가 무슨 일 때문인지 충신들의 간언을 듣지 않고 간신들과 가까이하기 시작하였다. 자신의 초기 치세에 만족하였는지 독단적으로 정책을 결정하기 시작하고 아첨하는 말에 귀를 기울이기 시작하였다. 자신에게 간언하는 훌륭한 대신들을 내치고, 아첨을 떠는 신하들을 중용하였다. 충신인 장구령을 해임하고, 이임보를 승상으로 임명하였다. 이임보는 무식하지만 아첨에 뛰어나 승상에 오른 후 현종에게 올라오는 모든 정보를 차단하고 19년간이나 국정을 농단한 간신배이다.

그의 재위기간 초기에는 어진 재상을 잘 기용하여 당나라 초기의 정치를 실현하여 일찍이 보지 못하였던 번영을 이루었으나 후반에 이르러서는 사치스러운 생활을 하면서 환관의 세력이 강대해졌다. 궁중에 4만여 명의 궁녀를 거느리고 황의(黃衣) 이상의 옷을 입은 품관(品官)이 3천 명이고, 관복을 입은 자는 1천여 명에 불과할 정도로 환관의 세력이 막강해졌다. 역사가들은 이렇게 된 이유로 '양귀비'를 꼽고 있다. 양귀비의 품에 안겨 정사를 돌보지 않은 황제로 현종을 매도하기 시작하였다. 실제로 현종이 양귀비를 만나고 난 후의 치세를 '천보난치'라고 부른다. 천보는 당 현종 때의 새로운 연호이다. 이 시대부터는 '난잡한 시대'라고 해서 이렇게 불린다.

현종은 자신이 사랑하였던 무혜비가 죽은 뒤 방황하던 어느 날, 자색이 빼어난 미모의 여인을 보고는 온통 정신이 그녀에게 빼앗겼다. 결국 자신을 제외하고 최고의 권력자인 환관 고력사로 하여금 그녀를 데려오게 한다. 그녀가 바로 양옥환이다. 양옥환은 현종의 며느리였는데, 그녀의 빼어난 미모에 정신이 빼앗긴 현종이 자신의 아들 수왕 이모에게서 가로챘던 것이다. 아무리 막강한 권력을 가진 황제라 하더라도 이목이 두려운 법이다. 아들의 아내를 바로 빼앗을 수 없었던 현종은 일단 양옥환을 화산으로 보내 도교의 도사로 입문시킨다. 도교에서는 일단 입문을 하면 그 이전에 있었던 속세의 일들은 다 지워지는 것으로 여겼기 때문에 현종은 이런 도교사상을 자기의 염치없는 사랑에 이용하였다. 이때 양옥환은 태진이라는 도명을 얻었다. 그리고 아들 수왕에게는 위씨 성을 가진 여인과 재혼하도록 주선하였다.

현종은 고력사의 도움으로 마침내 모든 일이 성사되어 꿈에도 그리던 여인을 맞을 수 있게 되었다. 일단 도사를 모셔와 가르침을 받는다는 핑계로 태진궁을 짓고 그곳에 양옥환을 거주하게 하였다. 이때부터 태진궁은 현종과 양옥환의 사랑을 나누는 밀회 장소가 되었다. 이후 양옥환은 27세가 되던 해 귀비 책봉을 받아 양귀비가 되었다. 양귀비는 비록 비의 신분이었지만 현종이 황후의 자리를 비워둔 채 지냈기 때문에 실질적으로는 황후와 다름없어 황궁의 권력을 쥐락펴락하게 되었다.

현종이 양귀비를 맞으면서 당나라는 큰 변화를 맞이한다. 현종은 즉위 초에 '개원 치'라는 칭송을 받으며 중국 역사상 몇 안 되는 태평성세를 구가하였다. 그러나 현종은 양귀비를 맞으면서 양귀비에게 빠져 정치는 관심 밖의 일이 되고 말았다. 양귀비 주위에 맴돌고 있었던 환관과 탐관오리가 득세하면서 부정부패가 만연하였고 백성들의 삶은 급속히 몰락해 민심은 흉흉해졌다.

현종의 양귀비에 대한 사랑은 병적이었다. 양귀비를 자신의 말을 이해하는 꽃, 즉 해어화(解語花)라 부르는 한편 그녀의 아름다움 앞에는 꽃조차도 부끄러워한다는 찬사를 아끼지 않았다. 양귀비가 좋아한다는 이유로 2천 리 밖 광둥에서 나는 과일 여지(茘枝)를 매일 공수해오도록 하였다. 여지를 실은 말이 장안까지 줄을 이었다고 한다.

그리고 그녀의 친인척이 황실에 대거 등용되었다. 현종은 죽은 양귀비의 아버지에게 '대위제국공'이란 벼슬을 내리고, 그녀의 숙부와 세 명의 친오빠에게도 높은 벼슬을 하사하였다. 사촌 오빠 양소는 건달 출신이었지만 현종에게서 국충(國忠)이라는 이름까지 하사받았다. 양국충은 현종 말기 대표적 부패권력이었고, 결국 '안사의 난'의 빌미를 제공한 인물이다. 이임보가 죽자, 양국충은 승상에까지 올라 국정을 농단하였다. 양국충은 충신을 내치고, 아첨꾼들을 현종 옆에 붙여놓는 등 갖은 전횡을 일삼았다.

양귀비의 몰락은 현종 외에 양귀비가 총애하던 두 남자 사이의 알력에서 시작되었다. 양귀비는 중국 변방 돌궐족 출신의 안녹산을 가까이 하였다. 안녹산은 일개 군졸에서 시작하여 용맹으로 공을 세워 일약 중앙정계로 진출한 인물이다. 20대의 양귀비는 40대의 안록산을 수양아들로 삼고 그를 매우 가까이 하였다. 일설에는 양귀비가 안녹산과 부적절한 관계를 맺었다고도 한다. 그러나 현종은 안녹산과 양귀비의 관계를 조금도 의심하지 않았다. 오히려 양귀비가 안녹산을 총애하는 것만큼 더욱 안녹산을 높은 지위로 등용하였다. 그것이 양귀비의 사촌 오빠인 양국충과 안녹산 사이에 갈등의 원인이 되었다. 양국충은 안녹산의 성장에 위협을 느끼고 그를 제거하려 하였다. 이를 눈치챈 안녹산은 변방에서 난을 일으키고 곧이어 당나라의 수도인 장안까지 쳐들어왔다. 이것이 바로 안사의 난이다.

양귀비에 정신이 나간 현종의 정사는 결국 안으로는 친인척 비리와 환관의 아첨, 밖으로는 '안사의 난'까지 겹쳐 당나라의 패망을 가져오게 한다.

38
중국 4대 미인에 버금가는 기생 자동선

그런데 중국 4대 미인에 버금가는 미인이 조선에 실존해 있었고, 그 소문이 중국에까지 퍼져 중국 명나라 사신이 조선에 오기만 하면 그 미인을 어떻게든 만나보려고 애를 쓴 기록이 실록에 있어 소개한다.

『조선왕조실록』 세조 10년(1464) 5월 25일, 종친이 태평관에 나아가서 명나라 사신에게 잔치를 베푸니, 명나라 사신 장성이 통역을 맡은 관리 장유성에게 이르기를,

"장녕이 나에게 이르기를, '조선에 명기 자동선이란 여자가 있다'는데, 누구인가?"

하므로, 장유성이 다음과 같이 말하였다.

"기생이 연회 날 번갈아서 오기 때문에 오지 않았습니다."

이 기록에 의하면 명나라 사신 장성은 이미 장녕을 통해 조선의 명기 자동선에 대한 소문을 익히 알고 있었고, 그녀에 대한 관심 또한 적지 않았으므로 연회장에 그녀가 혹시 오지 않았나 물어보고 있다. 그러나 통역사 장유성은 기생은 본래 연회장에 상주해 있는 것이 아

니라 번갈아서 출석하기 때문에 참석하지 못하였다고 알려주었다. 따라서 명나라 사신 장성은 결국 자동선과의 만남이 불발되었음을 알 수 있다. 이후 자동선의 소문을 듣고 조선에 온 중국 사신 김식은 자동선의 미모를 재삼 확인하고 감탄하였다고 한다.

『풍류 천일야화 자동선』에 보면, 명나라 사신 장녕이 자동선을 보자 짐짓 놀란다. 자신의 눈을 의심하는 눈치다. 자동선의 아름다움에 놀라 자신의 눈이 뭣을 잘못 봤나 의심이 났기 때문이다. 중국인들이 미인으로 생각한 여인은 서시 · 왕소군 · 초선 · 양귀비 등 4대 미인을 말하는데 조선에서 자신의 눈을 의심하게 한 자동선을 보고는 그만 생각이 바뀌었다.

동이족은 노래만 잘하는 줄 알았는데 미인까지 있어 그의 생각이 바뀌기 시작하였다. 장녕은 명의 황제 영종의 명을 받고 조선에 왔다 임무를 마치고 송도에 들러 중국에까지 천하제일의 명기로 소문이 난 자동선을 보고 가려던 길이다. 중국 사신들이 조선에 오면 소문으로만 듣던 자동선을 보고 가야 귀국해서 친구들과 만나게 되면 조선에 갔다 왔다는 무용담을 자랑스럽게 털어놓을 수 있기 때문이다.

장녕은 자동선 앞에 앉았다. 장녕은 긴 호흡을 가다듬었다. 개성 유수에게 사신으로 오기 전에 청을 넣어 오늘 극적으로 자동선을 만나게 되었다. 조선의 사신에 임명될 것이란 소문을 듣고 미리 서신을 보낸 결과다.

그런데 장녕이 긴장하였다. 장녕은 개성 유수 유병림에게 자동선에 대해 정보를 미리 입수하였다. 자동선은 가무에 뛰어나고 시와 서예까지 탁월하여 웬만해선 수청을 받기 어렵다는 얘기다. 장녕은 여자를 만나면 꼭 잠자리를 성사시켰다. 그런데 지금 자동선을 품을 수 있을까 벌써부터 불안하다. 만약 잠자리를 성사시키지 못하고 돌아가면 친구들은 사정은 모르고 자신의 능력을 과소평가할 것이 분명하였기 때문이다.

자동선은 이런 장녕의 속내를 미리 알아채고 어떻게든 술을 많이 마시게 하려 하였다. 잠자리에 들더라도 사내구실을 못할 만큼 먹여야 수청을 피할 수 있고 인사불성이 되면 대리기생을 넣을 수도 있기 때문이다. 그런데 장녕이 두서너 잔을 연거푸 마신 후론 술잔을 들었다 놨다를 반복할 뿐 시원스럽게 마시지 않았다.

"대인군자께선 소저가 마음에 안 드신 모양이죠? 딴 아이를 부를까요?"

자동선이 춤을 추고 나서 목이 탔던지 태상주(太常酒: 개성명주)를 단숨에 한 잔을 들이켜고 말을 다시 건넸다.

"아니다, 아니야. 너의 자색에 취해 내가 지금 정신을 못 차리고 있느니라!"

"호호호! 대인군자께선 농담도 잘하시네요! 이 자동선이 눈치 없어도 사내들의 마음을 대충 읽을 줄 압니다…. 어서 마음 놓으시고 마시고 즐기세요! 소저가 시 한 편을 낭송해드리겠습니다. 대인군자께선 시를 좋아하실 것 같네요?"

봄도 다 가는데 왜 이리 못 견디게 고향이 그리운가
몸져누우니 긴 머리 빗는 것이 원수로다.
대들보의 제비는 종일 무어라 지저귀는데

장미 향기 미풍 타고 방 안으로 스민다.

이청조(李淸照, 1084~1155)의 〈춘잔(春殘)〉이다.

장녕은 이청조의 〈춘잔〉을 듣고는 더욱 놀라는 표정을 지었다.

"네가 어떻게 우리나라 여류시인 이청조를 아느냐?"

말을 마친 장녕은 술상을 발길로 걷어차 밀어내고 자동선의 손을 덥석 잡았다. 그리고는 손을 자동선의 허리 밑으로가 속곳 속으로 들어갔다.

"대인군자께선 이러시면 아니 되옵니다. 대인군자면 대인답게 행동을 하셔야지요!"

서릿발 같은 자동선의 말에 전광석화 같았던 장녕의 행동이 고목처럼 멈추었다. 사십대 중반은 되어 보이는 장녕이 조선기생 자동선의 말에 기가 질린 것이다. 이청조는 중국에서도 알아주는 여류시인인데 조선의 기생이 그녀의 시까지 암송하고 있어 자신이 섣불리 행동하였다가는 국격에 손상이 갈까 사신으로서 걱정이 앞섰다. 바로 그때다.

"대인군자 어른! 조선은 동방예의지국입니다. 아무리 초면의 남녀가 만나 사랑을 나눈다고 해도 예의는 갖추어야 하지 않을까요? 술기운에 넘치는 욕정에 교합을 하면 개·돼지나 다를 바가 없지요! 소저는 비록 기녀지만 그렇게는 못하겠습니다…. 내친김에 설도(薛濤, 768~832) 선배의 시까지 낭송해드릴게요. 그리고 격식을 차려 방사(房事)를 하셔도 늦지 않습니다."

말을 마친 자동선은 '봄날 들판에서 구경하며 놀다가 손처사께

부치다'를 낭랑한 목소리로 낭송하기 시작하였다.

자동선이 시를 낭송하는 사이에 장녕은 술을 자작하여 연거푸 마셨다. 자동선이 시를 다 낭송할 때엔 장녕은 고주망태가 되었다. 자동선이 바라던 대로다.

"대인군자님, 이제 그만 드시고 잠자리로 드시죠…."

향초 향이 은은히 풍기고 원앙 한 쌍이 수놓아진 비단이불이 깔려 있으며 붉은 연산홍 빛의 촛불까지 일렁이어 신비하기까지 한 분위기다. 이제 자동선은 장녕의 품 안에 들어간 여자가 되었다. 장녕은 이제야 마음이 놓이는지 이불 위에 벌러덩 누우면서 회심의 미소를 지었다.

"대인군자 어른, 소저 화장실에 잠시 다녀오겠습니다…."

말을 마친 자동선은 바람처럼 방을 빠져나갔다. 자동선이 나오자 대기하고 있었던 퇴기 제일청이 잽싸게 방으로 들어갔다. 그리고 불을 껐다. 고주망태가 된 장녕은 능수능란한 잠자리 기술을 지닌 제일청과 만리장성을 쌓았다. 장녕은 퇴기 제일청과의 질펀한 사랑을 자동선의 방사로 알고 귀국하여 친구들에게 무용담을 털어놓을 것을 생각하니 자동선은 웃음이 절로 나왔다.

39
이해할 수 없는 연애관계

자동선의 출생연도는 대략 1431년경이고, 사망연도는 기생 대부분이 그렇듯 정확히 알 수 없다. 자동선은 송도 태생의 기생으로 동향인 황진이는 그녀보다 70년 정도 뒤의 인물이다. 지금까지 알고 있었던 송도 기생 하면 제일 먼저 떠오르는 인물이 황진이다. 그녀의 명색에 걸맞는 화려한 이력이 있어서이다. 그런데 이런 황진이보다 명나라 사신들이 조선의 경국지색이라고 불렀던 기녀가 있다. 송도 자하동의 선녀라고 해서 이름이 '자동선'이다. 이미 중국에서 먼저 공인받은 천하제일의 명기이지만 황진이처럼 자유롭게 튀는 행동을 하지 않아서 실상이 거의 묻혀 있던 기생이다.

조선 왕조가 개창한 것이 1392년이고, 조선의 기틀을 마련한 것은 태종 이방원이다. 그는 조선 건국을 위해 악역을 마다하지 않고, 건국 이후에도 왕권 중심의 권력 체제를 건립하기 위해 여말선초 격변의 건국 현장을 누비며 정도전 등 노련한 건국 공신들을 숙청하고 친형제인 경쟁자들까지 제거하고 왕위에 오른 인물이다. 조선 왕조가 혁명을 통해 개창은 하였으나, 왕족 내부의 체계와 질서도 공고하지 않아 권력투쟁이 잦았고 또 성리학을 중심으로 한 신하들의 견제도 만만치 않았다. 나라는 바뀌었지만 여전히 보이지 않는 곳에서 고려의 향수와 그림자는 남아 있었고, 더구나 왕권은 불안하고 위태한 상황의 연속이었다. 조선 제2대 왕 정종은 재위 2년 2개월 기간 동안 정사는 대부분 동생 이방원의 뜻대로 처리하여 결국 꼭두각시 노릇을 하였다.

따라서 정치와 제도 역시 기틀이 정비되지 못한 상태였기 때문에 사회적 구심점 또한 제 구실을 못 하는 상태였다. 더구나 숭유억불 정책을 지향한 유교적인 윤리도 제대로 뿌리내리지 못한 형편이었기에, 인간으로서 지켜야 할 마땅한 도리가 어그러진 '패륜(悖倫)'으로 일컬어지는 부모형제 간의 살육과 범죄, 하극상의 풍조, 문란한 성생활 문제가 자주 물의를 일으키며 고개를 들기 시작한다. 그런 가운데 여성들도 자신의 자유의지를 표현하며 문제를 더욱 복잡한 상황으로 야기시켰다.

특히 조선왕실의 경우 왕권강화를 위해서도 왕족의 보존이 절실하였기에 정실 이외에 수많은 후궁과의 관계가 오히려 권장되는 분위기가 있었던 것으로 보인다. 조선의 2대 정종과 3대 태종, 4대 세종의 왕손들로 이뤄진 당시의 적자와 서자들은 염문으로 얼룩져 있다. 염문의 대상인 여성들에게는 한편으로는 확실한 신분상승이겠지만, 한편으로는 자신의 자발적인 선택이 아닌 어쩔 수 없는 당시 남성 위주의 신분 사회의 희생양이기도 하였다. 더구나 미모로 명성이 자자한 여성들, 특히 기생은 조선왕실의 척족과 깊은 관계가 있다 보니 서로 '중복'되어 『조선왕조실록』에 사회문제를 일으키는 동인으로 기록되었다. 그 대표적인 예가 정종의 아들들과 세종의 아들들이다. 여기에 왕실과 관련된 여성의 문제도 『조선왕조실록』에 심심찮게 등장한다.

『조선왕조실록』에 처음으로 나타난 자동선의 기록은 세종 9년(1427) 5월 9일, 음란한 행위로 정윤 이무생과 이복생의 직첩을 거두고 외관으로 유배시켰다는 내용에서이다.

이무생과 이복생의 직첩을 거두고서 무생을 배천으로, 복생을 원주로 각각 유배시키고, 이의생을 강화에 거주하게 하고, 의금부의 당직관에게 명하여 기생 자동선 · 간설매 · 죽간매 · 약계춘과 신백정의 딸 보금을 각각 곤장 90대씩 때리고, 기생 매소월을 곤장 80대를 때려, 모두 그 고을로 돌려보내어 고역에 정속시키고, 보금은 예빈시에 사역하도록 정하게 하였다. 처음에 무생은 자동선 · 간설매 · 죽간매를 간통하였고, 복생은 약계춘 · 보금을 간통하였으며, 태종의 제삿날에 이들이 광대들을 모아놓고 노래하고 춤추고 술을 마셨다. 약계춘 · 죽간매는 태종의 둘째 아들 효령대군 이보가 일찍이 관계하였던 사람이고, 보금은 태종의 둘째 아들 효령대군의 맏아들 의성군 이용이 일찍이 관계하였던 여자이다. 간설매는 태조 이성계의 장자 진안대군 적장자인 봉녕군 이복근의 아들이 관계하였던 여자인데, 이의생이 먼저 매소월로 첩을 삼고, 그를 시켜서 위의 기생들을 중매하여 음란한 짓을 하게 된 것이다. 임금인 세종이 매우 미워하여 이러한 명령이 있게 된 것이었다. 이의생 · 무생 · 복생은 모두 조선 2대 정종 궁첩의 아들이었다.

신성군 이무생은 조선의 제 2대 정종과 숙의 지씨에서 태어난 정종의 4남으로 정종이 임금의 자리를 버리고 풍덕의 강가로 물러나자 선성군 이무생은 아침저녁으로 문안을 드렸으며 담백하고 조용한 마음을 스스로 지켜 권세와 존귀함을 싫어하였다. 그런 이무생은 1427년(세종 9년) 자동선·간설매·죽간매를 간통한 혐의로 배천으로 유배되었다. 그러나 종친의 예에 의거하여 종학에 나왔다는 기사가 세종 12년에 있는 것으로 보아 얼마 되지 않아 유배 생활에서 풀려난 듯하다. 1444년(세종 26년) 다시 주색을 좋아하고, 병을 핑계하고 학문을 게을리한 것 때문에 다시 배천으로 유배되었다. 1454년(단종 2년) 3월에 중의대부에 오르고 선성군에 봉해졌다. 1457년(세조 3년)에 창기 탁금아를 사랑하여 정처를 내쫓은 일로 인하여 파직되었다.

석보군 이복생은 정종과 숙의 윤씨에 태어난 정종의 9남으로 본성이 청렴 검소하고 효성과 우애가 돈독하며 학문에 통달하여 '대문장가'라 일컬었다. 그러나 관직에는 뜻이 없어서 늘 산간에 은거하고 세상일에 관여치 않았다. 평소에 검묵(儉黙)을 생활신조로 삼았기 때문에 당시 사람들은 '검묵공자'라고 일컬었다. 이로 인하여 '검묵'을 당호로 삼았다. 1427년(세종 9년) 5월 정종의 아들들이 음란한 행위를 하다가 벌을 받을 때, 이복형은 배천으로, 이복생은 원주로 유배되었다. 같은 해 9월 직첩(職帖)을 빼앗겼고, 1430년(세종 12년) 윤 12월 직첩을 돌려받았다. 1436년(세종 18년) 10월 황해도 해주로 목욕을 간다고 핑계대고 다른 곳으로 돌아다니다가, 태종의 제삿날에 춘천에 가서 이복형 순평군을 사칭하고 여러 날 유숙하면서 기생과 어울렸고 매사냥을 하였다. 이로 인하여 종부시(宗簿寺: 조선시대 왕실의 계보인 선원보첩의 편찬과 종실의 잘못을 규탄하는 임무를 관장하기 위하여 설치하였던 관서)에서 죄를 줄 것을 청하자, 세종은 그의 직첩을 빼앗고 외방에 귀양 보냈다. 사헌부와 사간원에서는 그 죄가 크므로 더 중한 죄로 다스릴 것을 청하였으나 세종이 허락하지 않았다. 1439년(세종 21년) 6월 이복동생인 도평군 이말생 등 다른 형제들과 함께 음란한 짓을 하다가 물의를 일으켰는데, 세종이 경녕군 이비를 불러서 종친들의 의견을 물어본 다음에, 그들을 각각 징계하였다.

금평군 이의생은 정종과 숙의 기씨에서 태어난 정종의 3남으로 이복형 의평군 이원생과 같이 사패를 위조한 혐의로 1425년 전라도 금구에 유배되었다가 그해 6월 23일에 풀려났다. 1427년(세종 9년) 이의생이 먼저 매소월을 첩으로 삼고, 그를 시켜서 기생들을 중매하여 음란한 짓을 함으로 인해 다시 강화로 유배되었다. 오래지 않아 1428년 유배에서 다시 풀려난다.

의평군 이원생은 정종의 장남이며 성빈 지씨에서 태어난 장남이다. 성장하면서 지조와 행실이 탁월하고 재능과 기예가 민첩하였다. 또 석학의 학문을 강구하고 연마하여 문장에 통달하여 진실한 왕자의 기풍을 앞장서 이끌었다. 효성이 지극하고 형제간의 우애도 돈독하여 15왕자와 8옹주를 화합으로 이끌어감은 물론 아우 왕자들과 옹주와 함께 매사를 솔선 궁행하여 모두들 공경하였다.

이 사건은 단종 2년(1454) 5월 15일, 다음과 같이 마무리되었다.

"정효전의 딸 정석을금·정옥금·아들 정막금, 정원석의 아내 만금, 첩 기생 자동선, 첩의 아들 정비내, 정효순의 아들 정석지·정석희, 정효완의 첩의 아들 정생·정홍생, 정효강의 첩의 아들 정백지를 아울러 율문에 의하여 시행하소서."

하니, 봉교(奉敎)하기를 정석을금·정옥금·자동선은 논하지 말고, 나머지 사람들은 먼 지방으로 거주지를 제한하는 유배형벌을 시켰다.

정효전은 태종의 딸 숙정옹주의 부마로, 1422년(세종 4년) 일성군에 봉해졌다. 1433년 사은사(謝恩使: 중국 명나라와 청나라에 보냈던 답례 사신으로 정기적인 사신이 아니라, 명나라와 청나라가 조선에 대하여 은혜를 베풀었을 때 이를 보답하기 위하여 수시로 파견한 임시사절이다), 1450년(문종 즉위년) 진하사(進賀使: 조선시대 대중국 관계에서 임시로 파견되던 비정규 사절 또는 그 사신으로, 중국 황실에 경사가 있을 때 임시로 파견하던 축하사절이다. 대개 황제의 등극, 존호(尊號)·존시(尊諡), 황태자·황후 등의 책립 및 외적에 대한 토평(討平) 등을 축하하기 위하여 파견되었다)로 명나라에 다녀온 뒤 병조판서를 거쳐 삼군도진무사에 올랐다. 1453년(단종 1년) 계유정난 때 김종서 등 중신이 살해되자 병을 핑계로 나가지 않다가 파직되었다. 의분을 참지 못하여 주먹으로 가슴을 치다가 피를 토하면서 죽었다. 이듬해 그의 죄를 추론하여 부관참시하고 그의 가솔들은 먼 지방으로 유배당하는 벌을 받았으나 딸과 정효전의 기생 첩 자동선만화를 면하였다.

세조가 즉위하고 정치가 조금씩 안정을 되찾게 되자 문화사업에도 관심을 치중하였다. 세조 9년(1463) 윤 7월 4일, 이전·호전·예전·병전·형전·공전을 찬수하기 위해서 유학에 조예가 깊은 신하들에게 경회루 아래에서 잔치를 베풀어줄 때 내녀 3인과 네 기녀를 내어서 음악을 연주하게 하였다. 네 기녀는 옥부향·자동선·양대·초요갱인데, 모두 가무를 잘하여 여러 번 궁내의 잔치에 불려 들어가니, 임금이 '네 기녀'라고 불렀다.

세조 12년(1466) 9월 11일에는 형조에 전교하여 기생 초요갱·양대·자동선·옥부향 등에게 천민의 신분을 면하게 하였다.

40
송도의 명기 자동선과 두 남자

한양은 젊은 선비들이 신분상승을 위해 과거를 보러 모여드는 언제나 활기찬 도시이고, 송도(개성)는 한양에 비해 점점 잊어져가는 도시이지만 파면 팔수록 이어지는 이야기가 있는 곳이었다. 어찌 보면 쓸쓸한 옛 도시의 정취는 힘을 상실해 은퇴한 늙은 정승의 무상감을 불러일으키는 곳이기도 하였지만 아직 마르지 않은 붉은 옛 영화의 체취가 묻어있는 고풍스러운 도시이기도 하였다. 옛 왕조의 권력이 상주한 곳이니 미인이 많았을 것이고, 송도를 중심으로 국내 상업, 국제교역을 담당하고 축적된 상업자본을 바탕으로 인삼 재배, 홍삼 제조업 등을 경영한 한국의 대표적 상인집단인 송상이 거주한 곳이다.

조선왕조는 신왕조를 개창한 이후 개성 주민들을 한양으로 강제 이주시키는 정책을 취하였다. 이 정책에 호응하지 않고 개성에 잔류한 자들은 신왕조에 충성하지 않는 자들로 지목되었기 때문에 이들에게는 과전(科田)의 혜택도 부여되지 않았다. 또한 개성부의 토지도 다른 군·현에 비해 훨씬 적었으므로 개성 주민들은 장사를 하지 않으면 살아갈 수 없었다. 개성 상인은 고려와 조선시대를 거쳐 일제 강점기까지 우리나라의 상업을 쥐락펴락한 상인들이었다. 그들은 전국을 무대로 농민들이 필요로 하는 유의(襦衣: 겨울에 입는 옷으로, 가운데 솜을 넣고 안팎으로 생무명을 받쳐 추위를 피할 수 있도록 만들었음)나 목면류, 농기류 등을 판매하였다.

묵은 솔이 광솔이란 말이 있다. 송도는 자연히 교통과 상권이 번성해 인구가 번성하고 옛 도읍지인 만큼 그 영향이 남아 있었다. 송도 기생의 명성은 이런 배경 속에서 조선 초기 사대부들과 한량들의 마음을 들뜨게 하였다. 자동선의 출현은 어쩌면 송도라는 역사적 배경에 힘입어 더욱 돋보였는지 모를 일이다.

송도 명기 자동선은 영천군 이정과의 잠자리 관계로 인해 자신의 본업을 청산하고 새로운 삶을 시작한다. 조선왕실 후손들은 선천적으로 신분이 높아 그들이 할 일이 제한적일 수밖에 없었다. 소일거리가 없는데도 먹고사는 데 걱정이 없으니 주색에 빠지는 일이 대다수였다. 개중에는 자신의 재능을 십분 발휘하여 명성을 높였던 왕손도 있었지만 대다수가 구설수에 올라 왕의 심려를 끼쳤다.

왕실에 태어난 남자들은 종친부에 소속되고, 그곳에서 벼슬을 받는데, 왕의 적자들은 대군의 작호를 받고, 왕의 서자들은 군의 작호를 받는다. 군의 작호를 받은 서자들을 왕자군이라고 하는데, 이는 나라에 공을 세워 군의 작호를 받은 일반 신하들과 구분하기 위한 것이었다. 그리고 군의 작호는 세자의 손자, 대군의 아들, 왕자군의 적장손에까지 이어진다. 이후 그들의 손자와 증손자로 이어질수록 품계가 낮아지면서 정, 부정, 수, 부수, 영, 부령 등의 벼슬을 받게 된다.

적자와 서자는 그만큼 신분 차이도 엄격하다. 전자는 매우 높은 대군 신분이지만 왕자군의 속하는 후자는 어머니의 낮은 신분 때문에 자연히 왕실의 눈치를 볼 수밖에 없어 주색에 몰두하는 왕족이 많았다.

그래서 이들은 예술 분야나 종교 등에 심취해서 심신을 수양하였거나 그렇지 않은 경우 자칫 주색의 유혹을 뿌리치지 못하였다. 영천군 이정도 조선 최고의 신분인 왕족이다. 그림에 뛰어난 재주가 있었으나 왕족이라는 신분의 제약으로 행동에 항상 자유롭지 못하였음을 인식하고 눈길을 자연스럽게 여자에 두었는지 모를 일이다.

태종의 둘째 아들 효령대군 이호는 셋째 충녕대군(세종) 이도에게 왕위가 넘어간 뒤 불교에 심취하여 불경 강론에 매달렸던 사람이다. 태종의 거친 정치 격변기에도, 동생인 충녕대군이 왕위를 물려받았을 때도 묵묵히 독서와 활쏘기를 하며 자신의 심중을 굳게 감추고 살아 91세까지 장수를 누렸다. 그런 아버지의 처세술을 이어받았음일까. 영천군 또한 정치와 권력에는 전혀 뜻을 두지 않고, 천하를 유유자적하게 풍류객처럼 일생을 보낸다. 아름다운 명산 고찰과 산수를 즐기며 그 고장의 명기와 풍류를 탐하며 자신의 억눌림을 해소하였다. 이런 그의 행동이 오히려 왕들은 그의 일탈로 여겨 역모와 상관없는 풍류로 보아 한시름 덜게 하였다. 그러나 인생은 자신의 의지와 상관없이 주어진 궤도를 벗어날 수 없고, 또 그에 따른 결과를 순응할 수밖에 없다. 영천군은 나중에 조선 최대의 연애사건을 일으킨 박어우동의 시아버지가 된다.

이런 영천군에게 죽마고우 서거정이 있었다. 서거정은 두 살 아래의 영천군과 허물없이 지냈다. 서거정(1420~1488)은 1438년(세종 20

년) 생원·진사 양시에 합격하고 1444년 식년시에 문과 을과 3위로 급제하였다. 그는 당나라 문호 한유에 비견할 수 있는 조선시대 대표적인 학자이다. 서거정은 세조의 총애를 받아 승승장구하면서 성종 대까지 국가의 편찬 사업에 주도적으로 참여하였다. 오랜 기간 대제학을 지냈으며, 『경국대전』, 『삼국사절요』, 『동문선』 등 책의 서문을 작성하기도 하였다. 그는 천문·지리·의약·복서(卜筮)·성명(性命)·풍수에 통달한 만물박사이다. 그의 명문들은 『사가집(四佳集)』을 통해 전해지고 있다. 『사가집』에 서거정의 이런 글이 있다.

"나의 외조 권근은 도덕과 문장이 백세의 모범이 될 만하여 일찍이 예문응교를 역임하고 마침내 문형(文衡)을 맡았으며, 그의 아들 권제는 선업을 잘 이었고, 권제는 이계전에게 전하였으니, 이계전은 바로 권근의 외손이요, 그가 다시 최항에게 전하였으니, 그는 또한 권근의 외손 사위인 것이다. 내가 무능한 사람으로 잠시 빈자리를 채워서 명성을 이었는데, 비록 불초하지만 역시 권근의 외손이다. 한 집안에서 80에서 90년 동안에 아버지를 비롯하여 아들 그리고 외손 세 사람이 서로 이어 예문응교가 되었다가 끝내 문병(文柄)을 손에 쥐고 일품의 관직에 오른 경우는 천고에 드문 일이니, 이는 실로 우리 외조의 적선으로 인한 경복과 시례(詩禮)를 가르치신 은택으로 말미암은 것이다."

또 그의 누이는 훈민정음 창제, 『용비어천가』 창작에 공을 세운 최항에게 시집갔으니 서거정과 최항은 처남 매제 사이다.

서거정은 호를 사가(四佳), 혹은 사가정이라고 불렀다. 17세기 사람이지만 김창흡의 시에 '사가'가 나온다. '아름다운 물과 아름다운

산, 그리고 아름다운 정자, 거기에 아름다운 객'이 만났으니 '사가정'이라는 것이다. 그를 기리는 사가정역은 중랑구 면목동에 있고 사가정길은 동대문구 답십리에 있으니, 서거정의 인품과 덕성이 아직도 서울 일원에서 느낄 수 있는 셈이다.

두 사람의 우정에 대해 작가 정비석의 『명기열전』에서 비교적 상세하게 그리고 있다. 서거정과 영천군이 함께 송도로 가서 몽매 그리던 자동선을 만났다는 것이다. 그때를 1448년(세종 30년)으로 잡고 있다. 이때 서거정의 나이는 29세, 영천군은 27세였다. 작가는 서거정이 이 해에 사가독서(賜暇讀書: 독서휴가)를 받아 여행을 떠날 수 있었다고 설명하고 있다.

서거정은 첫 벼슬로 사재감직장을 받았고 이후 집현전박사, 경연사경을 거쳐 1447년 지제교 겸 세자우정자로 승진하였다. 그 뒤 임금의 배려로 1451년 특별휴가를 받는다. 그 무렵 나라를 떠들썩하게 한 소문 하나가 있었다. 명나라의 사신 장녕이 조선의 연회에 참석하여 자동선이란 기생을 눈여겨보고는 "참으로 경성지색(傾城之色)의 자태"라고 감탄하였으며, 돌아가 본국에 그 얘기를 전파해 중국에서 유명해졌다는 것이다.

서거정은 장녕을 만나본 뒤 그를 이렇게 품평하고 있다.

"사신 장녕은 그 문장은 가히 진가유(명나라의 사신으로 서거정이 대인군자로 평한 사람)에 백중하다 하겠으나 언행에 있어서는 억지스러운 곳이 있었다. 하지만 군자에 속하는 사람이다."

언행이 억지스럽다는 것으로 봐서 장녕이 소인배 같은 언행으로 서거정을 자극하여 그에 대한 불쾌감 같은 게 있지 않았나 싶다.

하지만 장녕이 "경성의 자태"라고 말한 것은 놀랍다. 이 말은 한 무제 때 협률도위(協律都尉: 음악을 관장하는 벼슬)로 있던 이연년(李延年)의 시에 나온다.

"북쪽에 미인이 있어 세상에서 떨어져 홀로 있네. 한 번 돌아보면 성을 위태롭게 하고 두 번 돌아보면 나라를 위태롭게 한다. 어찌 성이 위태로워지고 나라가 위태로워지는 것을 모르리요만 미인은 다시 얻기 어렵도다(北方有佳人 絶世而獨立 一顧傾人城 再顧傾人國 寧不知傾城與傾國 佳人難再得)."

이연년은 이 시로 자신의 누이동생을 황제에게 소개한다. 이 여인이 무제의 만년에 총애를 독차지하였던 이부인(李夫人)이다. 자동선이 중국 황제를 사로잡은 이부인에 필적할 만하다고 하였으니 보통 칭찬이 아니다. 그런 자동선을 만나기 위해 서거정은 송도로 떠난다. 임금이 혹하여 나라가 기울어져도 모를 정도의 미인이라는 뜻으로, 뛰어나게 아름다운 미인을 이르는'경성지색'이라고까지 일컬어진 자동선을 만나고 싶은 마음이 생긴 것은 어쩌면 당연한 일이 아니었을까.

서거정은 송도의 자하동 영선루에서 자동선을 처음 보았다. 희디흰 얼굴에 곱고 깨끗한 콧날, 부드러운 눈매는 지상에서 늘 보아오던 인간의 모습을 넘어 있었다. 이름을 자동선이라 한 것은 스스로 붙인 것이 아니라 이 고을 수령이 지어준 것이었는데, 한 치 틀림이 없는 자하동(중국의 신선마을)의 선녀였다. 자태만 고운 것이 아니라 검무와 거문고 솜씨, 그리고 시문에 서예까지 21세의 나이에 어떻게 완벽한 문예를 한 몸에 섭렵할 수 있었는지 놀라울 따름이었다. 그녀는 서거정에게 이렇게 말하였다. "이 시대 최고의 시인을 눈앞에 뵙게 되니 정신이 어지럽고 황홀하여 무슨 인사부터 드려야 할지 모르겠사옵니다. 사가(四佳) 어른의 별가(別佳)라 할 만한 시를 한 수 읊겠습니다."

봄을 찾아 작은 다리 서쪽을 건너니	尋春來渡小橋西
떨어진 붉은 꽃, 말발굽에 달라붙는데	零落殘紅襯馬蹄
숲 너머 숨은 새들, 시상이 떠오르는지	隔林幽鳥多才思
푸른 산을 다스리듯 제풀에 우는구나	管領青山自在啼

- 봄날 청파(青坡)에서 노닐면서, 서거정

"오오, 그대가 이 시를 기억하고 있단 말이오?"

"잔홍(殘紅, 남은 붉은 꽃잎)이 말발굽에 붙는다는 표현이 제 심장이 떨릴 만큼 극미(極美)하옵니다."

"내가 이 고도에 와서 이런 얘기를 듣다니, 정말 뜻밖의 일이외다."

"숲속에 숨은 유조(幽鳥) 하나가 지저귀는 것이라 여겨주옵소서. 청산을 어찌 작은 부리 하나로 찍어 올릴 수 있겠사옵니까?"

술잔을 든 채 두 사람은 영선루 동쪽으로 돌아오는 달을 바라보았다. 그날 밤 두 사람은 운우지정을 맺고 평생을 같이하리라 다짐한다. 한양으로 돌아오며 그는 천하의 명기가 스스로 다소곳이 그를 맞아준 일이 꿈만 같았다. 한 여인을 위해 목숨과 삶쯤은 버려도 좋겠다는 생각을 하였다. 경성지색은 한 사람의 성(城)을 기우뚱하게 할 만큼 현기증 나는 아름다움이었다.

운명처럼 다가온 그녀가 서거정을 괴롭힌다. 그는 세차게 고개를 흔들었다. 그녀를 데리러 갈 날을 보고 있던 차에 영천군이 송도의 명기 자동선을 찾는 일이 생긴 것이다. 당시 종실의 위세는 만만치 않았다. 천첩이나 관비 소생일지라도 종실의 혈통으로 인정이 되면 종친부의 작첩을 얻어 사족(士族)으로 행세할 수 있었다.

어떤 가문이라도, 그리고 상대가 비록 원하지 않는다 해도 종실이 사주단자를 보내면 어떤 연유로도 혼인을 거절할 수 없었다. 그런 때이니 영천군이 의욕을 보이는 순간 그녀의 운명은 결정된 것이나 다름없었다.

얼마 뒤 서거정과 자동선은 다시 만났지만 서로 아는 척도 할 수 없었다. 그는 다만 친구인 영천군에게 여인을 소개해주고 월하빙인(月下氷人)처럼 서로 이어주는 역할을 할 수밖에 없었다. 자동선은 얼핏 눈물을 보였지만 서거정은 외면한 뒤 친구를 바라보며 껄껄거렸다. 자동선은 이후 영천군의 애첩이 되었다.

이후 명나라의 사인(舍人) 김식이 찾아와 장녕이 감탄하고 간 '유명한 자동선'을 찾았다. 이미 군(君)의 첩실이 된 상황이라 부르기가 어려워 예관이 다른 예쁜 여자를 데리고 왔다. 그러자 김식은 고개를 저었다.

"이 사람이 자동선이라면, 장녕이 그렇게 칭찬하였을 리가 없소이다. 얼른 진짜 그 여인을 데려오시오."

당황한 예관은 영천군의 집으로 사람을 보내 자동선을 제천정(濟川亭)으로 데리고 왔다. 김식이 그녀를 보더니 한참 동안 입을 다물지 못하고 바라보았다. "과연…."

김식에 대해 서거정은 이렇게 평하고 있다.

“그는 7언과 4운을 잘하였고 필법과 화격도 높고 묘하였다. 하지만 행동은 절제할 줄 몰랐다.”

서거정은 그 후 오랫동안 혼자 자동선을 그리워하였지만 어떤 표현도 할 수 없었다.

밤 깊이 설색이 어지럽도록 희더니 夜深雪色爲渾白
새벽엔 햇살 끌어와 살짝 붉어지네 曉引朝暉欲軟紅
백 년 동안 창이 밝았다가 어두웠다가 百歲窓明窓暗裏
이불 쓰고 삐딱하게 앉아 시 짓는 늙은이 擁衾危坐一詩翁

- 〈지창(紙窓)〉, 서거정

이런 시 속에서 서거정의 자동선에 대한 회한이 슬쩍 지나갈 뿐이다. 자동선은 종실에 들어간 뒤에는 현숙한 여인으로 지낸 것으로 보인다. 이후 그녀의 자취가 사라진다. 하지만 영천군은 여전히 바람둥이로 살았고 그 이후에도 많은 여인을 첩실로 삼는다. 서거정과 영천군 두 사람은 공히 수양대군의 피바람 속에서 살아남았다.

41
세종의 아들들과 사귄 기생

중국 최고의 시인으로 추앙받는 두보는 '좋은 말과 용모가 아름다운 여인'을 다음과 같이 표현하였다.

좋은 말은 울 때마다 금빛 허리가 간들거리고	細馬時鳴金腰褭
미녀는 말할 때마다 동교요처럼 간들거린다.	佳人屢出董嬌饒

여기서 '동교요(董嬌饒)'는 1378년경에 중국 명나라 구우가 지은 전기체 형식의 단편소설집 『전등신화』에 나오는 여인으로, 허리가 날씬하고 가늘어 손바닥 위에서 놀만큼 몸이 가벼운 아름답고 날씬한 여인이다.

우리 전통사회에서는 아름다운 미녀의 기준을, 살결과 이빨과 손이 희어야 하고(三白), 눈동자, 눈과 속눈썹은 검어야 하며(三黑), 입술과 볼, 손톱은 붉어야 하고(三紅), 몸과 머리와 팔다리는 길어야 하며(三長), 이빨과 귀, 발의 길이는 짧아야 하고(三短), 가슴과 이마, 미간은 넓어야 하며(三廣), 입과 허리, 발목은 가늘어야 하고(三狹), 엉덩

이와 허벅지, 유방은 두터워야 하며(三太), 손가락과 목, 콧날은 가늘어야 하고(三細), 유두와 코, 머리 팍은 작아야 한다(三小)는 30가지의 조건을 미녀의 기준으로 삼았다. 현재도 백옥처럼 고운 하얀 치아, 매끄러운 피부, 늘씬한 체형은 모두 부러워하는 미녀상이다. 시대가 변해도 변하지 않는 불변의 진리가 있다. 바로 아름다워지고자 하는 여성의 욕망이다. 그리고 여성이 존재하는 한 아름다워지고자 하는 욕망은 앞으로도 결코 변함이 없을 것이다.

중국 초나라의 영왕은 여자 취향이 별난 통치자였다. 영왕은 가슴둘레, 허리둘레, 엉덩이둘레를 가리키는 이른바 '삼위(三圍)'를 기준으로 이 세 부위의 조화가 뛰어난 여성을 특별히 좋아하였다. 그 조화란 것이 오늘날처럼 건강한 체형이 아닌, 가는 허리에 광적으로 집착하였다. 영왕의 연회 장소였던 장화궁의 궁녀들치고 가는 허리를 갖지 않는 여자가 없었다고 한다. 반면에 몸매가 풍요롭고 허리가 굵은 사람을 영왕은 혐오하였다. 그러다 보니 관리들도 이런 왕의 기호에 따라 자연스럽게 적응할 수밖에 없었다.

당시 초나라 조정의 관리들은 왕의 이런 특이한 선호에 맞추기 위해 매일 굶는 사람이 속출하고, 입궁하기 전에 거울 앞에서 허리띠를 꽉 매고 자신의 몸매를 다시 한 번 점검한 다음에 입궐하였다. 궁으로 입궐하는 관리들은 궁궐의 문 앞에서 다 함께 모인 다음 각자 허리둘레를 점검하고, 허리끈을 꽉 조인 다음에 일렬로 정렬하여 궁으로 들어갔다. 매일 아침마다 궁 앞에서 한마디로 가관인 진풍경이 벌어졌다. 시간이 지나면서 초나라 관리들의 허리는 갈수록 가늘어졌고, 이들은 밥도 제대로 먹지 못해 몸은 점점 쇠약해졌고, 얼굴도 시간이 감에 따라 초췌해지기 시작하였다.

그래서 초나라에는 이런 일설이 전해졌다. '초나라 궁전에서는 살을 빼다 굶어 죽는 사람이 있다고 한다.' 이런 풍조는 초나라의 여성들에게도 마찬가지였다. 국왕이 허리가 가는 여자를 좋아한다는 소문이 퍼지자, 전국의 여성들이 가는 허리를 갖기 위해 동참하였고, 궁녀들은 필사적으로 살을 빼서 허리를 가늘게 해야 하였다. 그래서 '왕은 허리가 가는 여자를 좋아한다네. 궁중에 수많은 사람들이 살을 빼다가 굶어 죽는다네'라는 소문이 돌아다녔다.

사람들은 초나라의 궁전이었던 장화궁(章華宮)을 '가는 허리 궁'이라는 뜻의 세요궁(細腰宮)이라고 불렀다. 장화궁이 낙성되자 초나라 영왕은 허리가 가는 여인들만을 뽑아 그곳에 거처하게 하였다. 그래서 세요궁이라는 별칭이 붙은 것이다.

초나라의 궁궐 장화궁은 초나라 영왕이 전국에서 백성들의 재물과 고혈을 뽑아 만들었는데, 호화스럽기 그지없었다. 궁내에 있는 누각들은 모두 높이가 10미터나 되었고, 누각의 정상에 이르기 위해서는 세 번이나 쉬어야 겨우 오를 수 있다고 하여 '세 번 휴식을 해야 오르는 누각'인 '삼휴대(三休臺)'라고 불리었다.

장화궁 건설이 끝났을 때 초나라 영왕은 제후국의 군주들을 초청한 가운데 화려한 낙성식을 거행하였다. 낙성식에 참석한 노나라 소공은 장화궁의 웅대한 규모와 화려하고 섬세한 내부 장식에 깊은 감명을 받고 노나라에서도 이를 모방하고자 하였다. 노나라 소공이 초나라 연회에 참석하여 내부에서 본 청동기의 섬세함, 용 장식의 세련미는 당시 세상 사람들의 상상을 뛰어넘는 뛰어난 수준이었다. 장화궁은 왕실 연회와 사교의 중심지가 되었고, 새로운 제후국들의 문화와 유행의 중심지가 되었다. 장화궁에서는 사시사철 연회와 풍악이 그치질 않고 울려 퍼졌다. 장화궁의 주연에서 가무는 필수였다.

그러나 장화궁의 웅대함과 화려함이 국력의 내실을 보여주는 것은 아니었다. 초나라 영왕의 호화스러운 사치생활을 보다 못한 오거가 국왕에게 '진정한 아름다움은 조화에서 나옵니다. 이 궁궐은 백성들의 고혈로 이루어진 것으로, 백성들이 피땀을 흘리게 하는 것은 조화라고 할 수 없습니다'라고 간언하였다. 그러나 백성들이나 신하들의 안정된 삶에는 전혀 관심이 없던 초나라 영왕의 편집적인 욕망의 행태는 바꿀 수는 없었다.

중국의 미인은 두 가지 성향이 있었다. 하나는 당나라의 양귀비 같은 성향이고 또 하나는 후한 성제의 후궁이었던 조비연 같은 성향이다. 중국 사람들은 각기 미인의 특징을 말하는데 양귀비는 부귀 모란형이며 조비연은 임풍 양류형이다. 다시 말하면 양귀비는 마치 모란꽃처럼 풍만하고 요염한 스타일이며, 조비연은 바람에 휘날리는 버드나무가지처럼 날씬한 체형이다. 그러자면 허리가 가늘어야 한다.

조비연은 춤을 잘 추었는데 몸이 가볍기가 마치 제비 같다 하여 그런 이름이 붙여졌다. 중국 사람들이 더 중시하였던 것은 조비연 같은 날씬한 성향이었다. 초나라의 영왕이 허리가 가는 여자를 미인으로 여겼던 성향이 후한시대에도 지속되었던 것이다.

'허리가 개미처럼 가는 초나라 미인의 가벼움', '바람에 휘날리는 버드나무가지처럼 날씬함'바로 기생 초요갱(楚腰輕)에 담긴 뜻이다. 초요갱, 그 이름도 '초나라의 미인은 허리가 가늘다', '바람에 휘날리는 버드나무가지처럼 날씬하다'고 한 데서 누군가가 붙여준 것 같다. 그뿐만 아니라 초요갱은 노래도 잘 부르고 몸이 날씬하고 가벼워 춤도 잘 추었다. 옛날에 미인은 허리가 가늘어야 하였고 흰 피부를 가지고 있어야 하였다. 벌처럼 잘록하고 마치 버드나무처럼 하늘거리는 허리와 티 하나 없이 눈처럼 깨끗한 피부를 말함이다.

조선시대의 기생 이름은 그 기생이 가지고 있는 성향을 그대로 표현한다. 예를 들어, 기생 옥부향(玉膚香)은 '옥같이 맑은 피부에서 아름다운 향기가 난다'는 뜻이고 자동선(紫洞仙)은 '신선들이 사는 곳의 선녀'라는 뜻이다. 그 밖에 '이슬을 머금은 꽃이라는 뜻'의 함로화(含露花)라는 기생도 있고, '봄바람에 만개한 꽃들이 웃는다'는 소춘풍(笑春風)이라는 기생도 있고, 황진이의 기생 이름인 명월(明月)은 '정월 대보름달처럼 환하다'는 뜻을 머금고 있다.

중국 초나라 영왕과 후한 성제의 아름다운 미녀의 기준이 되는 기생 초요갱은 『조선왕조실록』에 무려 16번이나 등장하는 기녀이다. 기생은 겉보기에 화려해보이는 여자들이지만, 조선사회에서 이른바 여덟 천민인 사노비 · 승려 · 백정 · 무당 · 광대 · 상여군 · 기생 · 쟁이 등 사람 대접을 받지 못한 가장 천한 사람들 중 하나였다. 자신의 노력으로 신분상승을 꾀할 수도 없고 오직 자신이 가지고 있는 몸 하나로 사대부들과 한량들의 비위를 맞추는 연회 도우미에 불과하였다. 그런데 세종의 아들들과 정분이 나고 수많은 사대부 관리들과 염문을 뿌리고 다닌 기생이 있었으니, 바로 초요갱이다.

42
세종의 아들 평원대군의 연인

초요갱은 원래 평범한 집에서 태어나 어느 양반 댁의 첩으로 들어갔다. 그런데 사람의 운명이란 한 치 앞도 알 수 없다는 말이 바로 초요갱을 두고 하는 것처럼 보인다. 첩으로 들어간 그 집안이 하필 역모와 연관되면서 관기가 되고 말았다. 또 관기로서 특별한 재주나 미모가 없었다면 평범한 관기로 일생을 마쳤을 것인데, 그녀는 출중한 미모에 춤에 뛰어난 재주가 있어서 관기로서 궁궐에까지 나갈 수 있었다.

미모가 뛰어난 여인이 궁에서 멋진 춤을 추니 왕자들의 눈에 금방 띌 수밖에 없었다. 그중 세종의 일곱 번째 아들 평원대군 이임이 초요갱을 첩으로 데려가는 데 성공하였다. 그런데 평원대군은 18살의 나이로 요절하고 말았다. 초요갱은 졸지에 청상과부가 되고 만 것이다. 왕자의 첩이 된 인연으로 다른 남자와 결혼할 수도 없고, 할 수 없이 다시 기생으로 돌아갈 수도 없었다.

평원대군 이임이 좋아한 여인이 한 사람 더 있었는데, 백이라는 의녀였다. 몸이 허약한 평원대군을 곁에서 보살피다가 서로 눈이 맞았지만 첩으로 삼지는 않았다. 이런 둘 사이가 갑자기 문제가 생겼다. 평원대군이 천연두로 죽게 되자, 백이는 양반가의 첩으로 들어가게 되었다. 백이는 의녀로선 인물이 출중해서 대마도 정벌로 유명한 이종무의 아들 이사평의 첩으로 들였다. 이종무는 왕실의 인척이었고 이사평은 왕실과 사돈지간이었다. 그런데 세종은 이사평이 자신의 죽은 아들이 좋아하였던 의녀를 첩으로 들였다는 이유로 그를 관직에서 내쫓아버렸다.

세조 11년(1465) 6월 24일, 실록의 기록에 백이에 관한 이야기가 나온다.

"듣건대, 전무 정옥경은 일찍이 형조 낭관이 되었다가 의녀 백이와 간통하였으며, 도적에게 은병과 옥관지를 받은 것 때문에 면직되었다 한다."

즉시 정옥경을 불러 묻게 하였다. 정옥경이 대답하였다.

"신이 정랑이 되었을 때는 다만 상복사의 추국만을 관장하였으니, 도적은 신의 소임이 아니었고, 신의 첩은 의녀 고지이며 백이가 아닙니다."

또 백이에게 물으니, 대답하였다.

"지나간 해에 형조정랑 이형원과 간통하였는데, 한 도적에게 면필 두 필을 받았고, 한 도적에게는 동으로 된 화로 한 개를 받았으며, 정옥경은 아닙니다."

임금이 정옥경이 무고함을 당하였다 하여 술을 대접하여 보내게 하였고 백이는 가두었는데, 이때 이형원은 고부 군사가 되었으므로 형조에 명하여 이형원을 체포하여 국문하게 하였다.

이후 이형원을 잡아다 국문하였는데, 이형원은 백이와 간통한 것은 사실이나 도적에 관한 일은 자신은 모르는 일이라고 잡아떼는 바람에 결국 풀려났다. 하지만 백이는 감옥에 갇혀 죄수로 살아야 하였다. 모든 법과 제도가 남자들에 의해 운영되다 보니 자연스럽게 여성들은 법에 상관없이 피해자가 될 수밖에 없었다.

초요갱도 이런 법과 제도에서 피해갈 수는 없었다. 그녀가 평원대군 이임의 첩으로 지냈다면 이후 일어날 사건에 휘말리지 않았을지도 모른다. 평원대군이 일찍 사망하여 청상과부가 되면서부터 불행이 닥친 것이다. 잠시 평원대군에게 선택받은 것이 이렇듯 그녀의 인생을 꼬이게 만들 줄 누가 알았겠는가.

43
세종이 제정한 악무의 유일한 전수자

그런데 초요갱은 도대체 얼마나 뛰어난 미모를 지녔기에 세종의 아들들과 바람이 날 수 있었을까? 평원대군 이임은 세종과 소헌왕비 심씨 사이의 일곱째 아들이고, 화의군 이영은 영빈 김씨 소생이다. 계양군 이증은 세종과 신빈 김씨 사이에서 난 아들이다. 이임은 적자이고, 화의군 이영과 계양군 이증은 이복형제이면서 서자이다. 평원대군 이임은 왕세자 홍위(단종)과 형제간이고, 따라서 수양대군(세조)과도 형제간이다. 초요갱은 그에 앞서 수양대군이 정변을 일으킨 직후인 단종 3년(1455) 이영과의 관계가 문제가 돼 궁궐에서 쫓겨난 바 있다.

단종 3년(1455) 2월 27일 화이군 이영 등을 유배하고 환관 엄자치 등을 파출시켜야 한다고 영의정 수양대군을 비롯한 혁명의 주체세력인 우이정 한확·우찬성 이계린·좌참찬 강맹경·병조판서 이계전·형조판서 이변·도승지 신숙주·우부승지 구치관이 빈청(賓廳: 궁중에 있는 대신이나 당상들이 모여서 회의하던 곳)에 모여서, 화의군 이영 등이 수양대군의 네 번째 동생인 금성대군 이유의 집에서 무사들을 모아놓고 활쏘기 경연을 하며 잔치를 벌였다는 이유로 이영 등을 잡아들여야 한다고 어린 단종을 몰아세웠다. 그런데 겉으로 명확하게 드러난 반역의 죄목은 없다면서 화의군 이영이 평원대군 이임의 기첩 초요갱과 간통한 것을 구실 삼아 지방 먼 곳으로 유배를 보내야 하고, 연회를 주최한 금성대군 이유의 품계와 관직도 거둬야 한다고 덧붙였다.

여기서 문제의 기녀 초요갱이라는 기생 이름이 처음으로 등장한다. 화의군 이영이 이복동생인 평원대군 이임의 기생첩인 초요갱과 서로 바람을 피웠다는 것이다. 화의군 이영이 초요갱을 보는 순간 정신을 잃을 정도로 대단한 미모와 재예(才藝)에 반하였던 모양이다.

당시 영의정인 수양대군은 세종의 둘째 아들이다. 세종의 뒤를 이어 왕위에 오른 문종은 재위 2년 3개월 만에 39세라는 한창 나이에 세상을 떠났다. 그는 세상을 떠나기 전에 어린 왕세자인 홍위(단종)를 김종서·황보인 등 원로대신에게 부탁하였는데, 수양대군·안평대군 등 종친세력의 반발을 불러일으키게 된다. 단종이 즉위한 후 정국은 수양대군파와 문종의 고명을 받든 황보인·김종서파로 나뉘게 되었다.

이러한 대결구도는 1453년(단종 1년) 10월 10일 계유정난이라 불리는 기습 공격을 앞세운 수양대군의 승리로 돌아갔다. 수양대군은 무방비 상태의 김종서와 황보인을 철퇴로 격살하였고 문인들의 신망을 받았던 동생 안평대군을 강화로 귀양 보내버렸다. 안평대군은 고려 말부터 유행한 조맹부의 송설체에 특히 뛰어났는데, 중국 황제에게까지 알려질 정도였다. 1450년(문종 즉위년) 8월 중국 사신 윤봉과

정선은 황제가 안평대군의 글씨를 구하니 얻어가고 싶다고 요청하였다. 같은 해 11월에는 「역대제왕 명현집」, 「왕희지 진행초(眞行草)」 등의 서법 판본을 바쳤을 정도로 유명세를 탔다. 그런데 당시 수양대군의 핵심 참모였던 한명회는 혁명에 대비하여 살생부를 작성하였는데, 자신들과 뜻이 맞지 않은 대신들은 여지없이 철퇴를 맞게 되었다.

12세의 어린 나이로 단종이 즉위하자 수양대군은 왕위에 오르기 위한 야망을 차근차근 준비하기 시작하였다. 한명회, 권람 등을 거느리고 혁명에 성공한 수양대군은 스스로 영의정에 올라 단종을 옹호하던 왕실 사람에 대한 대대적인 숙청작업에 나섰다. 그 대상이라는 당사자가 그의 동기간 아니면 이복형제들이었다. 태어나면서 어머니를 잃고 다시 아버지마저 잃은 어린 단종은 왕위에 오른 지 3년 만인 1455년 윤 6월 11일 숙부인 수양대군에게 왕위를 물려주었다. 형식적으로는 양위였지만, 숙부의 위세에 눌려 왕위를 빼앗긴 것이나 마찬가지였다.

단종 3년(1456) 2월 27일 의금부에 임금의 뜻을 담아 다음과 같이 전하였다. 금성대군 이유와 화의군 이영은 품계와 관직을 내리는 임명장을 거두고 지방 어느 한 곳을 지정하여 머물게 하는 유배를 떠나고 기생 초요갱은 장(杖) 80대의 중형을 받도록 하였다.

그런데 장령 이승소가 다시 초요갱의 벌이 너무 가볍다고 단종 3년 3월 1일 아뢰었다. 그 이유는 환관들이 조정을 경멸하고 국정에 간여하였는데도 다만 고향에 유배시킨 것과, 무인 등이 사사로이 모였는데도 다만 먼 변방에 충군시킨 것은 모두 죄에 합당하지 않다는 것이고, 또 이유(금성대군)·이영(화의군)·초요갱·홍약·목효지 등은 그 죄를 분명히 밝히지 않는 것도 모두 옳지 않다는 이유에서였다.

그러자 단종은 전지하기를, "화의군 이영과 초요갱은 서로 가까운 친척 사이로 성적 관계를 맺는 일은 피해야 마땅한데도 서로 간통하였고, 홍약·홍해·목효지의 죄도 또한 무인들과 같다. 그러나 금성대군 이유는 죄가 없다"라고 하였다.

그런데 이승소는 물러서지 않았다. 이영은 이미 어느 한 곳을 지정하여 머물러 있게 하는 형벌에 처하였는데 초요갱은 다만 장 80대에 처할 뿐이니, 그 벌이 너무 가볍다는 것이고, 무인들이 사사로이 스스로 모였으니, 반드시 어떤 연유가 있을 거라고 몰아붙였다. 그러니 유사로 하여금 국문하게 하여 법에 의하여 결정해야 한다고 하였다. 단종도 물러서지 않고 전지하기를, "이미 숙의하여 구분하여 처리하였으니 고칠 수가 없다" 하였다.

또 3월 6일 대사헌 최항 등이 환관과 금성대군 이유 등의 죄를 끝까지 다스리기를 청하였다. 그 골자는 임금이 형벌을 쓰는 것은 악을 징계하려는 까닭이고, 바로 하늘이 천둥을 치는 것은 온갖 만물이 숙연하게 하는 자연의 이유와 같다는 논리였다. 그 한 가지를 벌하여 백 가지를 징계하고자 한다면 그 죄를 분명히 밝혀서 여러 사람들에게 밝게 보이지 않을 수 없는데, 하물며 국가에서 나라의 위난을 평정한 이후로는 인심이 쉽게 흔들려서 조그마한 사고가 있어도 서로 말을 전하여서 놀라고 의혹하지 않을 수 없다는 것이다.

또 금성대군 이유는 별로 죄상이 없기 때문에 죄 주지 않는다고 하는 것도 형평성에 맞지 않다는 것이다. 그리고 화의군 이영과 초요갱은 그 죄가 같은데, 그 일이 서로 가까운 친척 사이로 성적 관계를 맺는 일은 반드시 피해야 하는데도 관계를 맺었으니, 피할 줄을 알면서도 하지 못하였다면 마땅히 그 죄를 밝혀서 뒷사람에게 경계를 보여야 하는데, 그렇지 못하였다는 것이다. 더구나 초요갱은 본래 천한 기생이니, 마땅히 법에 비추어 벌을 주어 죄를 품등하여 음란하고 더러운 자들로 하여금 서울의 궁전에 그대로 거처하지 말도록 하여야 하는데, 지금은 다만 그 죄를 재물을 바치고 죄를 면하게 하니, 또한 옳지 않다고 아뢰었다.

단종 3년 3월 7일, 이번에는 좌사간 대부 신전이 상소하였다.

"신 등이 또 생각하건대, 화의군 이영이 초요갱에 대하여 의리상 가까운 친척관계인 남녀가 간통하였으니, 또한 마땅히 그 죄를 조사하여 밝혀서 먼 군에 안치하여 그로 하여금 종신토록 종친의 반열에 서지 못하게 하는 것이 가합니다. 더구나 초요갱은 일개 요사스러운 천한 계집으로서 일찍이 역당의 첩이었기 때문에 본래 고향의 관비로 정하였는데, 이제 또 대죄를 간섭하여 남의 권리를 침범하였으니, 마땅히 바다 가운데 섬에 두어야 하며, 요사스러운 요물로 하여금 경성에 머물게 하여서 풍속을 더럽히고 허물어뜨리게 할 수가 없습니다."

단종 3년 3월 9일, 사인(舍人: 정4품) 조효문이 당상의 뜻을 가지고 아뢰기를,

"금성대군 이유는 본래 죄명이 없었으나, 화의군 이영과 초요갱은 간통 사건으로 죄를 받았고, 무인 등은 사사로이 모였기 때문에 죄를 받았으니, 그 죄명을 드러내어 사뢰지 아니한 바가 아니므로 모두 〈죄명을〉 고칠 수가 없습니다. 만약 무인들이 조금이라도 사유가 있

었더라면 죄가 어찌 이 정도에 그치겠습니까? 초요갱은 금수와 다름이 없으므로 족히 책할 것도 못되나, 그러나 세종조에 새로 제정한 악무를 홀로 능히 전습하였고 다른 사람은 이를 아는 자가 드무니 고향의 고을에 내칠 수가 없습니다."

하니, 명하여 다만 직첩(職牒: 조정에서 내리는 벼슬아치의 임명장)을 거두게 하고, 기생은 먼 지방으로 유배시키게 하였다.

세종의 아들인 화의군 이영이 평원대군의 첩 초요갱과 간통한 사건이 일파만파로 확대된 사건이다. 화의군 이영은 이때 31살이었고, 평원대군은 살아있으면 화의군보다 두 살 적었으므로 결국 이복동생의 여자와 간통한 셈이었다. 단종은 화의군을 지방으로 부처하고 초요갱에는 곤장 80대를 때리게 하였다. 하지만 그 이유를 밝히는 교지가 내리지 않으니 신하들이 계속 죄목을 밝히라고 상소를 올리게 되었다. 하지만 왕실의 치부를 알리고 싶지 않았던 단종은 이 핑계 저 핑계를 대면서 응대하지 않았다.

초요갱은 곤장 80대를 맞아야 하였지만 대속을 해서 매도 맞지 않고 계속 한양에 머물러 있었다. 신하들이 계속 벌이 가볍다고 상소를 올려 최소한 초요갱을 원래 고향으로 보내 관기로 삼아야 한다고 하였지만 단종은 그것도 무시하다가 결국 먼 지방으로 유배시키기로 하였다.

그런데 사인 조효문이 단종의 뜻을 알아차리고, 세종이 새로 제정한 악무를 오로지 초요갱만 알고 있기 때문에 고향으로 내려 보낼 수 없다는 상소를 올리자 단종은 얼른 그 상소를 받아들여 결국 초요갱은 한양에 머물러 있을 수가 있었다.

세종조에 처음 아악을 제정할 때 박연이 도와서 이룩하였다. 박연은 앉으나 누우나 매양 가슴에 손을 얹고 악기 치는 시늉을 하며, 입으로는 휘파람을 불어 음률의 소리를 내어가며 10여 년의 공을 쌓아 비로소 악곡을 완성하였고, 이를 세종이 매우 중하게 여겼다.

세종 시기에 활동한 훌륭한 음악의 역사적 인물이 있었으니, 정간보 제작 등에 관여하여 조선의 궁중음악을 아악 중심으로 정비하는 토대를 만들었던 공로 덕분에 왕산악과 우륵을 잇는 3대 악성으로도 불린 박연이다. 악학제조(樂學提調)로서 신주조회악기(新鑄朝會樂器) 및 가자(架子)를 올렸고, 「용흥가(龍興歌)」를 지어올리고, 「진작가사(嗔雀歌辭)」를 지어 올리고, 예문관대제학으로서 옛 음악을 정리하고, 박연과 함께 「아악보」를 완성하는 데 공을 세운 류사눌이 맹사성 등과 함께 조선 초기의 악학 정비에 공로가 컸다.

이처럼 당시 관리들 중에는 음악에 능한 사람이 많았기에 이들과의 협업으로 조선의 예악이 수월하게 정비될 수 있었다. 박연은 세종을 도와서 음악을 정비하는 데 많은 공헌을 하였으며, 특히 율관제작을 통한 편경의 제작은 조선조 초기의 음악 완비에 많은 기여를 하였다. 박연은 편경의 음정을 맞출 정확한 율관을 제작하기 위하여 수십 차례에 걸쳐서 시험제작을 하였는가 하면, 흐트러진 악제를 바로잡기 위하여 수십 회에 걸친 상소문을 올리기도 하였다. 이런 박연의 노력으로 세종 때 악곡을 정리하였으며, 악기를 개량하고 발명할 수 있었던 동력이 되었다. 우륵, 왕산악과 함께 우리나라 3대 악성으로 불린 이유이다.

세종이 석경(石磬: 돌로 만든 아악기)을 만든 뒤 박연을 불러 음을 조율하게 하였다.

"어떤 음률은 1푼 높고 어떤 음률은 1푼 낮습니다."

박연이 이렇게 말하기에 악기를 다시 살펴보니, 그가 음률이 높다고 한 곳에 진흙 찌꺼기가 붙어 있었다. 세종은 명을 내려 진흙 1푼을 깎아내게 하고, 또 낮다고 한 곳에 진흙을 1푼 붙이게 하였다. 박연이 아뢰었다.

"이제 음률이 모두 바르게 되었습니다."

주위의 신하들이 모두 박연의 뛰어난 음감에 탄복하였다.

세종 때 박연의 각고의 노력 끝에 빛을 보게 된 악기와 악곡에 맞는 새로 제정한 노래와 춤을 오로지 초요갱 홀로 물려받아 뛰어난 춤과 노래 실력을 가졌다고 전해졌기 때문에 단종은 장 80대도 벌하지 않고, 먼 지방으로 유배도 이런저런 이유를 들어 시행하지 않은 것이다.

44
초요갱에 넋을 잃은 사람들

초요갱의 문제는 일이 어느 정도 마무리되는 듯싶었는데, 3년 후인 세조 3년(1457) 6월에 또 그녀로 인한 대형사고가 터지고 말았다. 초요갱은 세종 때 좌의정을 지낸 신개의 막내아들 예장도감판관 신자형의 첩으로 있었다. 신자형은 초요갱을 너무 사랑한 나머지 정실부인을 소박하고 그녀의 말이라면 뭐든지 따랐다. 문제는 초요갱의 눈 밖에 난 여자 종 둘을 신자형이 때려죽이는 일이 생겨서 사헌부가 6월 26일 상소를 올리는 일이 생겼다.

초요갱 때문에 정처를 박대하였다는 혐의까지 가중되어 신자형은 체포되어 사헌부에 끌려가기까지 하였다. 다행히 품계와 관직을 빼앗기고 장 80대를 맞고 풀려났으나 초요갱은 멀리 외방으로 유배하라는 명을 받았다.

바람 잘 날 없다고 이것으로 일단락되었던 사건이 또다시 터지고 말았다. 세조 3년 10월 7일 사헌부에서 아뢰기를, 신자형의 칠촌 아재비 되는 안계담이 초요갱을 덮치려고 밤에 몰래 신자형의 집에 들어왔다가 그만 신자형 아내 방을 벌컥 열어버리는 일이 벌어졌다.

그 아내는 놀라서 달아나다가 땅바닥에 엎어지고, 안계담은 미친놈처럼 흥분해서 초요갱을 내놓으라고 그 집 하인을 두들겨 패기까지 하였다. 결국 장 80대를 맞고 이 사건도 마무리되었다.

그러나 이번에도 초요갱은 그녀의 재예(才藝) 덕분에 유배는 일어나지 않았다. 세조가 그녀의 재예를 사랑하였기 때문이었다. 세조 9년(1463) 윤 7월 4일 세조가 조정 내 유신(儒臣)들을 위해 경회루에서 큰 잔치를 열었다. 이 자리에는 당시 '네 기녀'로 유명하였던 옥부향과 자동선, 양대와 초요갱이 모두 불려와 춤과 노래를 선보였다.

육전청(六典廳)의 유신들에게 경회루 아래에서 잔치를 베풀어주니, 중추원사 최항 · 동지중추원사 김수온 · 예문제학 이승소 · 병조참판 김국광 · 공조참판 성임 · 행상호군 강희안 · 중추원부사 강희맹 · 행상호군 이파와 여러 낭청 등이 잔치에 나왔다. 도승지 노사신에게 명하여 잔치를 감독하게 하고, 또 내녀 3인과 네 기녀를 내어서 가무와 음악을 연주하게 하였다. 네 기녀는 모두 가무를 잘하여 여러 번 궁내의 잔치에 불려 들어가니, 임금이 '네 기녀'라고 불렀다. 옥부향은 일찍이 효령대군 이보와 사통하였는데, 뒤에 익현군 이관과 사통하였다. 초요갱은 어려서 평원대군 이임의 첩이 되어 사랑을 받다가 평원대군이 졸하자, 화의군 이영과 사통하였는데, 임금이 이영을 벼슬을 깎아 물리치고 초요갱도 쫓아냈다가 얼마 아니 되어 초요갱이 재능과 기예가 있다고 하여서 악적(樂籍: 조선시대 궁중음악인의 인적 사항. 장악원(掌樂院)이 악적을 관리한다고 『경국대전』 5권에 나온다)에 다시 소속시키니, 계양군 이증과 또 사통하였다.

세조가 계양군 이증을 불러 초요갱과의 관계를 묻는 일이 생겼다. 계양군은 세종과 신빈 김씨 사이의 둘째 서자로 용모가 잘나기로 소문났고 말도 청산유수로 잘하였다. 겸손하고 잘난 척하는 법이 없어서 세종도 끔찍하게 사랑하였고 세조 역시 아낀 이복동생이다. 임금인 세조가 이 사실을 알고 비밀히 이증에게 묻기를,

"바깥소문이 네가 초요갱과 사통한다고 하는데 정말 그러한가? 어찌 다른 기생이 없어서 감히 서로 간음하는가?"

계양군은 펄쩍 뛰었다.

"절대 아닙니다! 하늘을 두고 맹세할 수 있습니다! 억울하옵니다!"

"음, 그러냐? 기생이란 원래 사람 부류가 아니다. 가까이하지 마라."

"명심하겠사옵니다!"

세조는 더 이상 추궁하지 않았다. 이증은 그렇게 대답하고는 퇴궐하자마자 초요갱의 집으로 달려갔다. 세조의 질책을 받았으나 초요갱의 모습이 떠올라 더 참을 수 없었던 것이다. 이증은 이날도 초요갱의 집에서 잠자리에 들었다.

초요갱의 미모를 탐하는 사람들은 자신의 목숨까지 희생하면서 부나비처럼 초요갱에 끌려들어 갔다. 건축토목을 담당하는 선공판사 변대해가 초요갱을 흠모한 나머지 어느 날 몰래 초요갱의 집에 숨어들었다가 계양군 이증이 세워둔 파수꾼에게 맞아 죽는 끔찍한 사고가 벌어지기도 하였다.

세조가 매양 종친과 문무백관들에게 기생을 멀리하고 가까이하지 말도록 경계하면서 말하기를, "이 무리는 사람의 유가 아니다" 하고 잔치를 할 때를 당하면 반드시 기생의 무리들로 하여금 분을 사용

하여 그 얼굴을 두껍게 바르게 하니, 그 모양이 마치 가면을 쓴 것과 같았는데 이들을 천시하고 혐오하였기 때문이었다.

세조는 몇 년 후[세조 12년(1467) 9월 11일]에 4대 기녀를 형조에 전교하여 모두 기적에서 풀어주어 천민 신분을 면하게 해주었다. 이때 초요갱은 어느 양반 댁 첩으로 들어간 것 같은데, 불과 2년 후인 예종 때에 대규모 옥사가 벌어지면서 초요갱의 운명도 크게 바뀌고 만다.

예종 1년(1469) 2월 8일, 예종은 즉위하자마자 이시애의 난과 여진족을 토벌한 남이장군을 반역죄로 잡아넣었는데 이때 여러 사람들이 연루되어 죽임을 당하였다. 홍양군 신운이 전일에 하사받은 남이의 첩 탁문아는 어전에서 정재(呈才: 대궐 안 잔치 때 벌이던 춤과 노래)를 하던 여자이기 때문에 자신의 여자 종으로써 부릴 수가 없다고 하였고, 또 이 앞서 기생 월중매와 초요갱 등이 난신의 첩들로서 모두 다 본역(本役: 국가에 대하여 부담하는, 본래의 역)에 그대로 죄인을 종으로 삼게 되었다고 하였다.

이제는 춤과 노래의 대가로 궁궐에서 필요한 것도 아니었고 예전처럼 출중한 미모를 지닌 기녀도 아니기에 어린 시절 떠나온 고향인 평양으로 되돌아가야만 하였다. 그녀를 사랑하였던 화의군은 단종 복위에 가담하였다가 멀리 유배되어 있었고, 계양군은 벌써 오래전에 주색을 탐닉하다가 일찍 죽고 말았다. 그녀를 위해 힘써줄 사람이 없었다.

예종 1년 7월 17일 실록에는 평양에서 도사(관찰사 수행 사무직) 벼슬을 하는 임맹지라는 인물이 있었는데, 관찰사가 다른 기생과 자면서, 초요갱과도 잠자리를 함께하였다. 임맹지는 세조 때 급제하였던 인물로 한양에 있을 때 이미 초요갱에 대한 소문을 익히 알고 있을 것이다. 관리가 관기와 자는 것은 흔히 있는 일이었지만 원칙적으로는 불법이었기에 고발당할 수 있는 일이기도 하였다. 임맹지가 초요갱과 잠자리를 함께한 일도 이렇게 고발되는 바람에 기록에 남게 되었다. 특히 이때는 세조의 국상 때였기 때문에 훨씬 큰 범죄가 되는 셈이었으나 예종은 초요갱이 임맹지의 방에 들어갔다고 해서 잠을 잤다고 볼 수는 없다고 해서 처벌을 내리지 않았다.

아마도 남이장군 제거 후 탁문아가 진해의 관비로 내쫓겨갈 때 초요갱은 평양 관기로 보내진 것으로 보인다. 예종 1년 7월 17일 평양부의 관비인 대비라는 여인이 사헌부에 신고한 내용을 보면, 평안도 도사 임맹지가 초요갱과 간통을 하였다고 하였다. 당시는 아직 세조가 죽은 지 얼마 안 되는 국상 중이었기 때문에 관리의 이 같은 행위는 국법을 어기는 중죄였다.

당시 기생과 놀아났다 하여 처벌을 받은 사람은 임맹지만이 아니었다. 평양시장격인 부윤 이덕량의 보좌관 박종직은 기생 망옥경과 관계를 가졌고 이어 기생 소서시와 사통하려 하다가 뜻대로 되지 않자 소서시의 어미까지 때려죽이는 악행을 저질렀다가 의금부에 잡혀왔다. 평안도 관찰사 어세겸도 함로화와 사통한 죄로 압송되었다.

예종 1년 8월 16일, 동부승지 이승원이 아뢴 내용을 보면 의금부에서 '평양의 관비 대비의 공초(供招: 죄인이 범죄사실을 진술하던 일)에, '저는 기녀 함로화가 관찰사 수행원의 방 밖에 있고, 초요갱이 도사 임맹지의 방 안에 있는 것을 보았습니다'라고 하여, 그 간통한 자취가 이미 뚜렷한데, 함로화 등이 장을 견디고 오히려 실정을 다 말하지 않으니, 형장을 가하고 다시 국문하기를 청하였다. 그러자 임금이 신숙주를 돌아보면서 물으니, 신숙주가 대답하기를, "기녀들이 만약에 다만 뵈러 온 것이라면 그 죄에는 차이가 있습니다. 저 관비인 대비의 원한을 품은 고소도 믿을 수 없습니다"라고 하여 초요갱을 국문하지 않았다.

실록의 특별한 언급이 없는 것으로 보아 임맹지와 달리 초요갱은 별다른 처벌을 받지 않았던 것으로 보인다. 이 사건을 끝으로 초요갱이라는 이름은 실록에서 더 이상 볼 수 없다. 초요갱의 기록은 이 일이 마지막이다. 조선조 왕자들을 빠져들게 하였던 미모와 춤과 노래에 뛰어난 기생 초요갱, 그녀를 품기 위해 목숨까지 기꺼이 던져버린 사대부들, 그 기구한 운명에 그녀는 과연 참된 사랑을 만날 수 있었을까?

이처럼 아름다운 기녀를 둘러싼 사내들의 쟁탈전에는 왕실에서 미관말직까지 귀천이 따로 없었다.

앞서 이복형님이기도 한 세조에게 야단맞은 계양군 이증과 관련해 세조 10년(1464) 8월 16일 실록에는 다음과 같이 기록하고 있다. 이증의 자는 현지(顯之)이니, 세종의 후궁 신빈 김씨의 소생이었다. 세종이 끔찍이 사랑하였고, 이증이 학문을 좋아하여 공부하기에 게을리하지 않았다. 임금이 즉위할 때 좌익의 공이 있었고, 임금이 중하게 여겨 서무를 출납하도록 하여 은혜를 베풀어 보살핌이 더욱 융숭하였다. 이증이 병들자, 임금이 내의를 보내어 치료하고, 하지 않은 바가 없었으나 끝내 효험을 볼 수가 없었다. 이증은 성질이 단아하고,

용의(容儀)가 아름답고, 담화를 잘하였으며, 사람을 대하거나 물건을 접할 때 겸손 공경하였고, 일찍이 귀하고 세력 있는 것을 스스로 자랑한 적이 없었다. 이때에 주색으로 인하여 졸하였다. 그의 나이 40도 안 되어서 운명을 달리한 것이다.

초요갱은 남자들에게 횡액을 가져다주는 요부와도 같은 존재였다고 할 수 있다. 물론 초요갱의 입장에서 보자면 억울하기 짝이 없는 일이다. 자신이 누구를 죽인 일도 없다. 죽음도 불사한 사내들이 달려들다가 날개를 태워버리기도 하고 목숨을 잃기도 하였을 뿐이다.

이런 말이 있다. '아무리 막강한 권력도 10년을 못 간다(權不十年)', '열흘 붉은 꽃은 없다(花無十日紅)'고 한다. 권력은 꼭 10년이 아니라 영원할 것 같지만 오래가지 못해 결국은 무너진다는 의미이고, 지금 보고 있는 사람의 외모가 아무리 예쁘고 멋져도 아름다운 꽃이 열흘 가지 못하는 것처럼 언젠가 반드시 늙어서 빛나는 외모가 사라질 수밖에 없다는 것이 자연의 순리이다.

연산군 7년(1501)에 율려 습독관 어무적이 올린 상소문에 보면 조선시대 기녀의 사치풍조가 서민에게까지 만연되고 있음을 비판하는 대목이 나온다.

"기녀는 누에가 어떤 것인 줄도 모르면서 아름다운 비단옷을 입으며 금옥과 구슬·비취로써 치장하니, 지금 기녀 한 사람의 옷의 장식이 평민 열 사람의 의복보다 지나칩니다. 지금 우리나라는 토지의 넓이와 둘레가 수천 리인데, 주와 군의 창기가 무려 수천 명입니다. 그들이 옷감을 장만함엔 밭을 가는 것도 아니요, 베를 짜는 것도 아니며, 또한 하늘이 주었거나 귀신이 보낸 것도 아니며, 오직 사대부로 인연하거나 관의 위세를 빌려서 백성들의 고혈을 몰래 빨아먹는 것에 불과할 뿐입니다. 대체로 창기는 미인계로써 사람을 홀리기를 여우처럼 하기 때문에 비록 행실이 뛰어난 사람일지라도 빠지지 않는 사람이 적습니다. 관직을 구하고 송사를 다투는 사람에 이르기까지 뇌물을 주고 부탁하여 흑백을 바꾸어 어지럽히며, 무지하고 어리석은 세속 사람은 다투어 그 요염한 자태를 부러워합니다. 대신의 첩들도 기녀를 본뜨고 서민의 아내들도 기녀를 본을 따서 아름다움을 다투고 사랑을 시기하여 기녀로써 스승을 삼고 있습니다."

이 말은 연산군 때뿐만 아니라 조선시대 전체에 걸쳐 해당된다고 볼 수 있다. 특히 초요갱은 미모뿐만 아니라 가무에도 능하였다. 옥부향, 자동선, 양대와 함께 '네 기녀'의 하나로 꼽혔다. 세조 시절 궐내에 행사가 있을 때면 이들 네 기녀는 함께 불려 들어가 공연을 가졌다.

기구하다는 팔자는 바로 이 초요갱을 두고 하는 말이었는지 모른다. 본래 동양사상에서는 음양의 원리를 바탕으로 하여 남녀 어느 쪽도 완전한 독자적 존재가 아니라고 본다. 남녀 상호 결합에 의해 가장 이상적인 완전한 존재가 되는 것으로 파악하기 때문에 서로 다른 역할을 지니고 있는 이성의 존재를 존중해야 된다고 보았다.

동양의 율령법에서는 남편이 일방적으로 자신의 아내와 이혼하는 일을 기처(棄妻)라 하고, 기처의 이유가 되는 일곱 가지를 칠거(七去), 칠출(七出)이라 하였다. 그런데 그와 같은 이유가 있어도 이혼할 수 없는 세 가지 경우가 있으니, "결혼 전에 가난하였다가 결혼 후 부자가 되었으면 내보내지 못하고, 내보내도 돌아가 의지할 곳이 없으면 내보내지 못하며, 부부가 함께 3년상을 치렀으면 내보내지 못한다"라는 내용이 있다.

음양의 원리를 바탕으로 한 남녀의 문제가 시대 상황과 변화에 따라 제 기능을 발휘하지 못하게 되자 한쪽으로 기우는 성향이 일어나기 시작한다. 조선시대 특유의 신분구조와 이에 따른 여성 차별의 문제가 결국 많은 여성들을 시대의 희생자로 몰아낸 것은 아닌지 다시 한 번 생각해볼 여지가 있다.

45
성종의 수청을 거부한 기생

옛날부터 전해지는 한시(漢詩)에 '소춘풍(笑春風)'이라는 결구가 한마디 나오는데, 어쩌면 여기에서 '소춘풍'이라는 이름을 따온 것인지도 모르겠다.

지난해의 오늘에도 이곳에 있더니	去年今日此門中
그대 얼굴 온통 붉게 복사꽃에 물들었지	人面桃花相映紅
반갑게 웃어주던 그 얼굴은 어디 가고	人面不知何處去
복사꽃만 옛날과 같이 봄바람에 웃는구나!	桃花依舊笑春風

한낱 미천한 기생의 몸으로 군왕을 모시고서도 속박의 몸이 되기를 한사코 거부하였던 당돌한 여인, 세상에 파다하게 소문을 내며 인생을 자유분방하게 살다가 어느 날 감쪽같이 소리 없이 잠적해버린 천하명기, 그녀가 바로 소춘풍이다. 소춘풍(笑春風, 1467~? 추정)은 조선 제9대 성종(재위 1469~1494) 때 함경도 영흥의 명기였다. 용모가 지극히 아름다웠기 때문에 그 미모로 조선 천지를 쥐락펴락하였다.

이능하가 지은 『조선해어화사』에 소춘풍을 두고 "미모로써 한세상을 뒤덮었다"라고 기록되어 있을 정도다. 거기에다 성품도 담대하여 벼슬아치들을 들었다 놓았다 하였다.

소춘풍은 기생 이름이고 본래의 이름과 성은 알려진 것이 없고 가무와 시, 노래에 뛰어나고 수줍음을 잘 타면서도 해학과 재치, 기지가 넘쳤다고 전해진다. 조선시대에는 전국 각지에서 가무와 온갖 잡희(雜戱)에 재능이 출중한 기생을 뽑아서 한양으로 올려 보냈던 '선상기(選上妓)제도'가 있었다. 각종 국가 행사공연에 충당할 예능인을 찾아내기 위한 제도였다.

당시 국가행사 때마다 궁궐연회는 조선제일의 경국지색 및 절세가인들의 경연장이었다. 경연에서 '선상기'로 그 실력을 인정받으면 소속된 지방의 관아로 돌아가지 않고 한양에 영영 머물러 살아갈 수가 있었다. 기생으로 말하면 출세한 셈이 된다. 당시 함경도 영흥 기생 소춘풍의 명성은 이미 조선 팔도에 파다하게 퍼져있었으므로 성종이 그 명성만 전해 듣고서도 특별히 그녀의 이름을 지명하여 선상기로 선출되었던 것이다. 한양에 올라온 후 소춘풍은 성종의 총애를 한 몸에 받았다. '소춘풍(笑春風)'은 봄바람에 웃는다는 뜻으로 그것은 "잠깐 봄바람처럼 지나가는 인생을 우습게 본다"는 뜻으로도 풀이되고, 또 달리 보면 "세상사가 봄바람처럼 덧없다!"는 인생을 달관한 처세술을 보여주는 일면도 있었다.

정비석 『기생열전』에 소춘풍의 어머니는 얼굴이 박색이고, 더구나 젊은 과부였다. 그런데도 마음은 언제나 너그러운 편이어서 누구든지 그녀를 원하면 마다하지 않았다. 그러던 어느 날 석양 무렵 탁발승이 날이 저물어 과부댁을 찾았다. 과부댁 가까운 곳에 쌍룡사라는 사찰이 있었는데 구태여 과부댁을 찾은 것이다. 그날 밤 노승은 다짜고짜 과부와의 동침을 요구하며 어젯밤의 꿈 얘기를 하였다. 꿈에 한없이 넓고 푸른 바다가 눈앞에 전개되고 잠시 후에 그 망망대해 한복판에 연꽃 한 송이가 피어오르더니, 그 꽃을 보고 있는 동안에 꽃이 자꾸만 커져서 바다 전체가 꽃 한 송이로 가득 차버렸다는 것이었다. 기이한 것은 그 과부도 그 전날 저녁에, 산속에서 웬 백발노인이 과부에게 연꽃 한 송이를 주며 집에 가지고 가 정성스럽게 키우라면서 홀연히 사라지는 꿈을 꾸었던 것이다.

과부는 수많은 남성들과 접촉해온 과거가 있어서 노승과의 잠자리쯤 별로 어려운 일도 아니었지만 스님이 남녀 관계를 가지면 파계하는 것이 아닌가 하는 의구심이 들었다. 그러자 노승은 "속인들은 여색이라면 물불 가리지 못할 정도로 밤마다 덤벼들지만, 우리네 중들은 평소에 금욕을 해오다가 꼭 필요한 때에만 여색을 범하는 법이야. 원효대사 같은 고승이 요석공주를 범한 것은 여색이 탐나서가 아니라, 장차 국가에 도움을 줄 수 있는 큰 인물을 만들어 내기 위한 거룩한 행위였다는 것을 알아요"라고 자기 합리화를 하였다.

그날 밤 과부는 노승을 받아들였다. 노승은 나이가 먹었지만 젊은이 못지않게 힘이 대단하였다. 그러기에 과부는 오래간만에 흡족한 느낌이었다. 이윽고 행사가 끝나자, 노승은 이렇게 말하였다.

"지금부터 열 달 후면 그대는 선녀 같은 여자아이를 낳게 될 것이야. 그러니까 그 아이를 정성을 다해 길러내라구!"

다음 날 아침 노승은 떠나면서 애가 태어난 후에는 상관없으나,

애가 태어나기까지는 일체의 외간 남자를 삼가라는 다짐을 하였다. 과부는 떠나는 탁발승에게 이름이라도 알려달라고 하였으나, 떠도는 객승이라고 이야기하고 홀연히 사라져버렸다. 이후 태기가 있어 열 달 후에 태어난 아기가 소춘풍이다.

성도 이름도 모르는 늙은 탁발승에게서 태어난 소춘풍은 태어나면서부터 미모가 뛰어났고 총명하기까지 하였다. 다섯 살 때부터 쌍룡사의 선원에서 글과 불경을 배웠는데, 열 살이 지났을 때에는 불경에 두루 통하여 모르는 것이 없을 정도였다. 그녀가 12살 때 어머니가 급작스럽게 세상을 떠나자 쌍룡사의 중들이 삭발하고 출가하기를 권유하는 것을 뿌리치고 있다가, 어느 날 영흥에서 쌍룡사에 불공을 드리러 왔던 기생이 이 소리를 듣고 소춘풍을 수양딸로 삼아 영흥으로 오게 되었다. 이름에서 풍기듯 인생을 봄바람에 웃듯 유유자적하게 살다 가기 위하여 스스로 기생의 길을 선택하였는지 모른다.

기적에 이름을 올리고 교방에서 기생 수업을 받았다. 소춘풍은 노래나 춤이나 그림이나 어느 하나 능하지 않은 것이 없었다. 어린 기생이 15, 16세가 되면 처음으로 남자를 받아들여 성인이 되는 의식을 올려야 하였는데, 그것을 '머리를 얹는다'고 한다. 머리를 얹어주는 사람은 반드시 돈이 많은 사람이어야 하였다. 머리를 얹어주려면 그 기생에게 집도 사주고 살림살이도 장만해 줘야 하므로, 돈이 엄청나게 들기 때문이었다. 빼어난 미모와 뛰어난 재주를 높이 산 그녀에게 많은 부자들이 서로 많은 돈을 내고 머리를 얹어주겠다고 나섰다.

어떤 부자가 소춘풍에게 머리를 얹어주겠다고 하였으나, 소춘풍은 돈도 지위도 없는 가난한 선비에게 머리를 얹어달라고 수양모에게 간청하였다. 수양모가 크게 실망하였으나 소춘풍은 아랑곳하지 않고 소신 있게 자신의 의지를 밀고 나갔다. 그녀는 수양모의 권유는 물론 많은 부자들의 유혹을 뿌리치고 스스로 가난한 선비를 택하였다. 그 뒤에도 장안의 돈 많은 한량들이 문전성시를 이루었으나, 애당초 돈에 관심이 없던 그녀는 돈을 아무리 많이 가져와도 풍류를 모르면 몸을 허락하지 않았다. 하지만 돈이 없는 선비라도 풍류를 아는 한량들과는 거침없이 함께 즐겼다.

돈은 나중에 얼마든지 벌 수 있다고 생각한 소춘풍은 고이 간직해온 첫 순정만은 돈으로 사려고 드는 아무 남자에게 막 주고 싶지 않았던 것이다. 그리고 평생에 처음이자 단 한 번뿐인 순정을 바치는 것이라면, 비록 천한 기생의 신분이지만 절대로 돈과 권력과 상관없는 숭고한 정신의 소유자인 선비와 함께하고 싶었다.

소춘풍은 노래와 춤, 시에 뛰어나고 해학과 기지가 넘쳤다고 소문이 나서 그녀는 언제나 인기가 좋았다. 인생을 달관하고 자유분방하게 살았던 소춘풍은 천하 한량들의 벗이 되어 이름을 떨쳤고, 그리하여 소춘풍의 소문이 한양에도 널리 알려져서 마침내 임금의 귀에까지 들어가게 되었다. 그때 임금은 조선 9대 성종이었다. 그녀는 선상기로 올라와 성종의 총애를 받았다. 그녀는 궁중공연에 참석하여 성종과 고관대작들을 상대하여 더욱 이름을 떨쳤는데, 연회 중 좌중을 사로잡는 소춘풍의 해학과 기지는 성종의 아낌없는 사랑을 받기에 이르렀고, 모든 대신들도 그녀의 미모와 재담에 찬탄을 아끼지 않았다.

46
성종과의 만남

성종은 세조의 장남인 의경세자의 둘째다. 형인 월산대군이 대통을 이어받아야 옳은 일이었으나, 둘째인 자산군이 어려서부터 총명하였던 까닭에 세조의 왕비 정희왕후 윤씨가 특명을 내려서 자산군을 보위에 오르게 하였다. 성종은 보위에 오른 뒤에도 형인 월산대군에게 항상 죄책감을 금할 길이 없었다. 그래서 월산대군을 위해 저녁이면 궁중에서 연회를 베풀곤 하였었는데 나중에는 자신도 주색에 탐닉하게 되었던 것이다.

그래도 그는 재위 기간 동안 정치적 판단과 결단력이 뛰어난 왕이었다. 그래서 정치적으로 비교적 많은 업적을 남기며 태평성대를 구가한 왕으로 평가받는다. 하지만 그가 왕위에 머물던 기간 월산대군과 연회의 즐거움을 즐겼던 만큼 애정 문제에 대한 일화도 많이 남겼다.

성종은 13살에 왕위에 올라 재위 25년인 38살에 죽었다. 그는 어린 시절에 왕위에 오른 만큼 많은 여인과 염문을 뿌렸다. 왕비가 셋이나 되고, 후궁은 무려 14명이나 될 정도로 기력이 왕성하였다. 물론 기록되지 않은 여인들까지 합친다면 훨씬 더 많았을 것이다. 이 때문에 그가 남긴 애정사도 다양하다. 성종은 술을 몹시 즐겼을 뿐만 아니라 여색도 밝혔다. 이 때문에 왕비가 질투심에 눈이 멀어 그의 얼굴에 손톱자국을 내는 사태까지 벌이지만, 그의 호색한 기질은 사그라지지 않았다.

급기야 왕비 폐출이라는 풍난을 일으키고도 성종의 행동은 변함없었다. 심지어 궁중 기생까지 끌어들이게 되는데, 훗날 연산군이 궁궐을 기생들의 앞마당으로 만든 것도 이런 아버지의 모습을 보고 자란 영향이 전혀 없다고는 할 수 없다.

조선 중기의 문신 차천로의 야담집인 『오산설림』엔 성종이 함경도 영흥의 이름난 기생인 소춘풍이라는 기생과 얽힌 이야기가 소개되어 있다.

'봄바람에 웃는다'라는 이름의 소춘풍이 절색이라는 말을 듣고 성종은 그녀를 불러들여 후궁으로 삼으려 하였다. 그래서 궁중의 별전에서 소춘풍을 앞에 놓고 술잔을 기울이며 그녀에게 물었다.

"오늘 밤은 너와 함께하고 싶은데 너의 뜻은 어떠하냐?"

하지만 소춘풍은 후궁이 되어달라는 왕의 제의를 거절하였다. 그녀는 후궁이 되면 평생 다른 남자와 정분을 나눌 수 없기 때문에 궁궐 생활은 싫다고 한 것이다. 성종은 이 말을 듣고 그저 웃으면서 밤새 술을 마시며 그녀와 시를 주고받았다고 한다.

그런데 성종은 소춘풍이란 기생을 어떻게 알게 되었을까? 실록에 그 정황이 될 만한 사건이 하나 기록되어 있다. 때는 성종 16년인 1485년 11월 16일이다. 이날, 사헌부에서 성종에게 이런 보고를 하였다.

“선전관 김윤손이 영천군 이정이 데리고 사는 기생 소춘풍을 불러다가 대낮에 간통한 죄는 결장 1백 대에 고신(告身: 품계와 관직을 내리는 임명장)을 모두 빼앗아야 하며 외방에 부처해야 합니다.”

이 문제로 조정 대신들 간에 논란이 많았는데, 윤필상은 다음과 같이 말하였다.

“김윤손의 죄는 다만 조간(刁姦: 여자를 꾀어 간통함)한 것에 합치되므로 지방에 부처하는 것은 정해진 법률이나 율문이 아닙니다.”

이파는 다음과 같이 말하였다.

“정말 김윤손의 공사(供辭: 죄인이 범죄사실을 진술하던 말)와 같다면 (정을 통한 것이) 김윤손이 먼저가 되고 영천군은 뒤가 됩니다. 그러나 추문(推問: 어떤 사실을 자세히 캐며 꾸짖어 물음)하는 관리가 김윤손의 말을 사실로 여겨서 조사해 밝히지 않았으니, 애매한 듯합니다. 또 기생은 본래 일정한 지아비가 없는데 어찌 선후를 논하겠습니까? 소춘풍이 이미 종친의 집안에 들어가 소속되었는데, 김윤손이 조정의 관리로서 감히 끌어들여 간통하였으니, 법으로 조치하는 것은 적당하나 속여서 남을 간음한 율(律)은 무거운 것 같습니다.”

그런 와중에 정괄은 이런 말을 하였다.

“김윤손은 진실로 죄가 있습니다. 그러나 이정은 외방에서 새로운 기생이 올라온 것을 들으면 반드시 집 안에 불러들이는데 오래도록 머물러두지 아니하고 곧 보냈으니, 지금 소춘풍을 이정의 집에서 데리고 살았다는 것으로 논하는 것은 적당하지 못합니다.”

세종의 아홉째 아들 영해군 이당의 아들 영춘군 이정은 지방에서 반반한 기생이 올라왔다 하면 집 안에 들여 잠시 데리고 있다가 내보내기 때문에 소춘풍 또한 그런 기생 중 하나이고, 그래서 소춘풍이 이정의 첩이라고 하는 것은 맞지 않는다는 것이다. 결국, 성종은 이런 저런 의견을 종합하여 이런 결론을 내렸다.

"영천군이 여러 번 기생을 바꾸었으나 오랫동안 집 안에 머물게는 하지 아니하였다. 그런데 김윤손이 어떻게 이 기생이 오래 머물지 않았음을 알 수 있었겠는가? 종친의 첩을 백주에 간통한 죄는 용서할 수 없으며 매를 쳐도 무방하다. 다만 지금은 추위가 대단하니, 장형 대신 벌금을 바치게 하고, 고신을 빼앗아 외방에 유배 보내는 것이 어떻겠는가?"

이후 김윤손은 벌금을 내고, 유배지로 떠났다. 그런데 문제는 그 이후에 성종이 남모르게 소춘풍을 불러 함께 술을 마시고 시를 읊으며 즐겼다는 점이다. 그리고 임금의 신분으로 은근히 그녀를 취하려 하였지만, 그녀가 거절하는 바람에 원하는 바를 이루지 못하다가 끝내 자신의 원하던 바를 이루게 되었다.

47
궁궐의 담을 넘게 한 사랑

어느 날 소춘풍이 성종의 부름을 받았다. 연회도 없이 조용하기만 한 궁중의 어느 별전(別殿)에서 성종이 홀로 술잔을 기울이고 있었다. 성종이 자기를 조용히 불러들인 이유를 짐작하고도 남음이 있었다. 성종이 소춘풍에게 술잔을 건네며 물었다.

"오늘 밤은 너와 함께하고 싶은데 너의 뜻은 어떠하냐."

소춘풍은 뭐라고 대답해야 좋을지 몰라 어안이 벙벙하였다. 상대방은 절대 권력을 가진 한 나라의 군왕이었다. 따라서 그의 명령이면 세상에 안 될 일이 없었다. 지금이라도 소춘풍에게 옷을 벗으라고 명령하면 소춘풍은 싫든 좋든 옷을 벗어야 할 입장이었다. 죽음을 각오하기 전에는 거역이 용납되지 않는 것이 왕명이다. 그런데 성종은 명령 대신 의견을 구하였다. 소춘풍도 그런 성종을 군왕으로서가 아니라 한 남자로 자신을 한갓 기생이 아닌 한 사람의 여인으로 대해주는 그 인품이 좋았다. 하지만 성종이 국왕인 까닭에 그녀는 후궁이 되면 평생 다른 남자와 정분을 나눌 수 없기 때문에 자유분방한 자기로서는 궁궐 생활은 싫다고 말하였다.

"지금까지 자유분방하게 살아오던 네가 과인과 동침을 하고 나면 한평생 구속을 당하게 되기 때문에 그래서 동침을 하지 않겠단 말인가 보구나."

"전하께서는 일국의 지존이십니다. 만약 마마를 한 번이라도 가깝게 모시는 날이면, 소첩은 그날부터 기적에서 물러나 후궁으로 한평생 절개를 지켜가야 할 것입니다. 솔직히 말씀드리면 소첩은 그 점이 괴로워 전하를 가깝게 모시기가 두렵사옵니다."

성종은 소춘풍의 말을 듣고 노여워하기는커녕 오히려 고개를 크게 끄덕였다.

"음…. 과연 너는 생각하는 것부터가 멋이 있구나. 상대방이 비록 국왕이라 할지라도 구속을 받아가면서까지 잠자리를 같이할 생각이 없다는 말이지? 네 생각이 그러하다면 과인인들 어찌 잠자리를 강요하겠느냐. 그러면 오늘 밤은 아무 일도 없었던 것으로 치고 술이나 즐겁게 마시자구나."

자기는 일국의 국왕이면서도 자기 인생을 자기 뜻대로 살지 못하건만, 소춘풍은 일개 기생이면서도 자기 인생만은 자기 뜻대로 살려는 의지와 자유가 부러웠던 것이다.

성종의 요구를 거부하고 곱게 돌아온 소춘풍도 '그분이 임금만 아니었더라면' 하는 아쉬움이 남았다. 그러던 어느 날 밤이었다. 때마침 가을달이 휘황하게 밝아서 창가에 기대앉아 중천의 달을 바라보며 거문고를 타고 있을 때, 문득 누군가가 대문을 두드리는 소리가 들려왔다. 거문고 소리에 이끌려 왔다는 사람을 문밖에서 쫓아 보내는 것이 너무도 몰인정한 것 같아서 소춘풍은 마침내 대문을 열어주었다.

불청객을 방 안으로 모시고 들어와 불빛에 손님의 얼굴을 바라보다가 소춘풍은 소스라치게 놀랐다. 그 불청객은 다름 아닌 성종 대왕 그분이었기 때문이었다. 소춘풍이 놀라 부복(俯伏)하며 "성상께서 이 어인 일이시옵니까?" 하니 성종은 시종 시치미를 떼면서 "허허! 이 사람. 나 이 서방이라고 하네"라고 하였다. 이리하여 성종과 소춘풍은 궁궐 밖에서 젊은 남녀로서 밤이 깊어가는 줄도 모르고 술과 음률과 풍류를 같이 즐기다가 급기야 임금과 기생이 아닌 한 여자와 남자로서 신분을 초월한 사랑을 나누게 되었다. 지위와 귀천을 초월하여 벌거벗은 몸과 마음이 혼연일체가 되어 인간적인 즐거움을 누리게 되었던 것이다. 그러나 즐겁고 행복한 밤일수록 시간은 짧게 마련인 것, 가을밤도 덧없이 지새고, 어느덧 새벽을 알리는 닭소리가 들려왔다.

이 서방이 아닌 성종은 소춘풍의 곁을 떠나기가 못내 아쉬웠다. 사랑에 현혹되어 환궁하기를 꺼려하는 성종을 소춘풍은 보내야만 하였다. 사사로운 정에 이끌려 왕의 도리를 그르치면 그로 인해 국정이 어지러워져서 백성이 도탄 속에 허덕이게 될 것이 아닌가. 사랑이 아무리 소중하기로 국가를 망치는 지각 없는 계집은 되고 싶지 않았다.

"바라옵건대 전하께서는 날이 새기 전에 한시바삐 일어나셔서 환궁하옵소서. 만약 전하께서 밤을 타서 담을 넘어 미복으로 기방 출입을 일삼고 계시다는 소문이 신하와 백성들의 입에 오르게 되면 전하께서는 그 뒷수습을 어찌하시려고 환궁하시기를 이처럼 주저하고 계시나이까?"

성종은 미련을 남긴 채 소춘풍의 말대로 아무도 알지 못하게 환궁하였다. 성종을 배웅하고 돌아온 그녀는 한동안 허탈한 상태에서

하염없이 눈물을 흘렸다. 간밤에 군왕인 성종을 모셨던 일이 꿈만 같았다. 성종이 국왕이었기 때문에 영광스러웠다는 생각은 추호도 없었다. 이부자리 속에서는 군왕인들 촌부와 다를 것이 무엇이 있으랴. 그녀가 성종을 좋아하는 것은, 그가 국왕이었기 때문이 아니라 한낱 풍류객으로서 뛰어난 남성이었다는 점이었다. 만약 그가 군왕이 아니었다면 그녀는 그와 더불어 백년해로를 하였을지도 모를 일이었다. 그러나 그는 일국의 국왕이었기 때문에 진심으로 사랑하면서도 깨끗이 단념하지 않을 수 없는데 그녀의 비애가 있었었다.

야사에서는 왕이 그녀를 그리워해 밤중에 궁궐 담을 넘어 달려가 그녀 집의 뒤뜰로 통하는 기와장담을 뛰어 내렸다고 한다. 왕하고는 안 놀겠다는 그녀에게 성종은 "난 그냥 이 서방이요!"라고 하였다는 그 기막힌 일화이다.

이와 같은 일화는 그로부터 1백여 년이 지난 후의 송도 선비 오산 차천로(五山 車天輅, 1556~1615)의 시화야담집(詩話野談集)인 『오산설림(五山說林)』에 수록되어 후세에 전해지고 있다.

소춘풍이 한양에 올라온 지도 어언 4년이 되었다. 매번 성종이 그녀의 집에 잠행하여 기나긴 밤이 짧도록 정염을 불태우다 날이 밝아 돌아갈 때쯤이면 그녀는 그지없이 아쉽고 안타까워하였다.

남의 눈을 피하여 이렇게 찾아온 임이 여인의 집에서 한밤의 정한을 다 태우지도 못하였는데 새벽은 어찌하여 이리도 빨리 하늘을 밝히며 달려오는가? 그 새벽이 그야말로 야속하지 않을 수 없었다. 할 수만 있다면 서로 꼭 부둥켜안은 채로 몇 날 몇 밤이라도 떨어지고 싶지 않은 뜨거운 열정을 불살랐던 소춘풍의 바질바질 타들어가는 가슴은 밝아오는 새벽이 그토록 원망스러울 수밖에 없었다.

그 후에도 성종은 궁중에 연회가 있을 때마다 빠짐없이 소춘풍을 불렀다. 그녀도 전과 다름없이 활발하게 행동하였다. 궁궐에 들어가면 임금과 기생이요, 밖에서 은밀히 만나면 평범한 이 서방과 그의 정인(情人)으로 지냈다. 그리하여 임금의 성은을 입었으면서도 기생의 신분으로 자유롭게 살아간 소춘풍이란 기생의 연애사가 생긴 것이다.

48
해학과 풍류의 달인

학문과 풍류를 좋아하였던 성종은 궁중에서 문무백관과 더불어 자주 연회를 베풀었고 그럴 때마다 소춘풍을 불러서 풍자와 해학과 재치가 철철 넘치는 그녀의 노래와 춤과 시 읊기로 그 주흥을 한껏 돋게 하였다. 이날도 성종은 군신들과 술자리를 함께하면서 소춘풍에게 행주(行酒)하게 하였다. 행주란 임금을 대신하여 군신들에게 술잔을 돌리고 술을 따르는 것이다. 소춘풍은 먼저 성종에게 정중히 술을 한 잔 따라 올리고 청아하게 '헌주가(獻酒歌)'를 불렀다.

> 태평성대로다. 어즈버 태평연월(太平烟月)이로다.
> 격양가(擊壤歌) 드높이 올려오니 이 아니 성세(聖世)인가!
> 순군(舜君)도 계시건마는 요(堯)야 내 님인가 하노라!

온 나라 백성이 풍년을 맞아 격양가를 부르니, 요순시대에나 있을법한 태평성대요, 또 상감마마께서는 순 임금보다도 요 임금에게 견줄 만한 일대의 성군이시라고 하늘 높이 칭송을 하였으니, 성종의 용안에 환한 미소가 해님처럼 두둥실 떠올랐을 건 당연한 일이다.

그다음 소춘풍은 잔을 들고 영의정을 비롯한 문신들 앞에 나아가 깍듯이 술을 부어 올리고 나서 그다음 자리를 옮겨와보니, 거기에는 서열을 무시하고 병조판서가 앉아있는 것이 아닌가. 호반 출신인 병조판서는 술잔이 자기에게 돌아올 줄 알고 기쁨에 넘친 얼굴로 소춘풍을 바라보고 있었다.

그러나 소춘풍은 술잔에 술을 따라 들자 짐짓 병조판서를 무시하고, 그다음에 앉아 있는 예조판서에게 술잔을 올리며 시조 한 수를 지어 노래하였다.

> 당우(唐虞)를 어제 본 듯 한당송(漢唐宋)을 오늘 본 듯
> 통고금(通古今) 달사리(達事理)하는 명철사(明哲士)를 어떻다고
> 저 설대 역력히 모르는 무부(武夫)를 어이 좇으리?

서열을 무시하고 윗자리에 앉아 있는 병조판서를 기생의 몸으로 당돌하게 노래로써 비웃어주었던 것이다. 즉 "덕으로 세상을 다스려 태평시대를 이룩한 요순시대를 어제 본 듯하고 중국문화의 바탕을 이룬 한나라와 당나라, 송나라의 문화를 오늘 본 듯 훤히 다 아는 선비들을 그냥 두고 아무것도 모르는 무신(武臣)들을 따르겠는가!"라는 의미로 그 자리에 있는 문신들을 찬양하고 무신들을 무시하는 노래였다.

그러자 문신들은 좋아라 하고 박장대소하고 무신들은 저마다 속으로 울화를 삼켰다. 소춘풍은 아무 일도 없었던 듯 이번에는 분노

에 싸여 있는 병조판서와 무신들의 앞으로 다가가 일일이 잔에 술을 부어 술잔을 공손히 받들어 올리며 옥구슬 같은 목소리로 노래를 불렀다.

> 전언(前言)은 희지이(戱之耳)라 내 말씀 허물 마소
> 문무일체(文武一體)인 줄을 나도 잠깐 아옵거늘
> 두어라 규규무부(赳赳武夫)를 아니 좇고 어이하리!

그 뜻인즉 "앞에서 문신들에게 한 말은 우스개이니 노엽게 생각 마시오! 문과 무가 다 같이 중요한 하나인 줄을 나도 알고 있으니, 훤칠하고 씩씩한 무관들을 아니 따르고 어쩌겠습니까?"라는 말이다.

그러자 화가 머리꼭지까지 치밀었던 병조판서와 무신들의 분노가 순식간 봄눈 녹듯 사르르 녹으면서 모두들 좋아하였다. 제아무리 분노에 넘쳐 있던 병조판서도 흔쾌한 마음으로 술잔을 받지 않을 수 없었다.

하지만 이제는 다시 문신들이 시무룩해지면서 불만족해하였다. 그래서 소춘풍은 나중에는 문신들과 무신들 그 중간에 앉아서 양쪽을 번갈아 돌아보며 낭낭한 목소리로 이렇게 노래하였다.

> 제(齊)도 대국(大國)이요 초(楚)도 역대국(亦大國)이라
> 조그마한 등국(滕國)이 간어제초(間於齊楚)하였으니
> 두어라 이 다 좋으니 사제사초(事齊事楚)하리라!

시조의 의미는 “제나라(문신)도 큰 나라요 초나라(무신) 역시 큰 나라이온데, 그 사이에 조그마한 등나라(소춘풍)가 끼였으니, 등나라는 제나라도 섬기고 초나라도 섬기겠나이다!”라는 내용이였다.

『맹자』「양혜왕하」에 보면, 등나라 문공이 맹자에게 “등나라는 작은 나라로, 큰 나라인 제나라와 초나라 사이에 끼였으니, 그렇다면 제나라를 섬겨야 합니까? 아니면 초나라를 섬겨야 합니까?”라고 물었던 내용을 빌려 우회적으로 여러 문무 대신들을 모두 공경한다는 자기의 뜻을 내비친 것이다.

잠시 긴장하고 어색한 느낌이 떠돌던 연회석에 삽시간 또 폭소가 터져 오르고 해학의 흥취가 한껏 고조되어 더욱 즐거움이 고조되었다. 소춘풍은 절묘한 재치와 해학이 차 넘치는 아주 짧은 세수의 즉흥 시조로써 조정의 내로라하는 문무 고관들을 쥐락펴락하면서 한바탕 울렸다가 실컷 웃겨버린 것이다.

분위기는 곧 다시 화기애애하게 바뀌었다. 소춘풍은 그저 노래만 불렀던 것이 아니다. 한낱 기생의 입담에 놀아나는 고관대작들의 웃기는 모습들을 재미나게 굽어보고 있었던 것이다. 어쩌면 혼자 속으로 즐기고 있었는지도 모른다. 『손자병법』에 ‘싸움이란 이기기 위해 하는 것이 아니고 이미 이긴 것을 확인하기 위해 하는 것’이라 하였다. 소춘풍은 시조 노래 세 마디로 이를 확인한 것뿐이다.

성종은 이 장면을 보고 너무나 흡족한 듯 ‘하하하하’ 호탕하게 웃으면서 당장 비단과 명주, 그리고 호랑이 가죽을 소춘풍에게 상으로 가득 하사하였다.

49
다시 제자리를 찾아서

그러던 어느 날, 성종이 갑자기 병을 얻어 일어나지 못하고 시름시름 앓더니 즉위 26년 섣달 24일에 38세의 아까운 나이로 너무 일찍 승하하였다. 성종이 승하한 후 연산의 등극에 따라 소춘풍은 사람들에게서 잊혔고, 승하한 임금의 총애받던 기생은 그리 오래 기억되지 않았다. 성종이 38세의 나이로 승하할 때 그녀의 나이 28세. 성종이 죽고 난 후 소춘풍은 너무도 슬퍼서 오랫동안 식음을 전폐하고 몸져누워 일어나지도 못하였다.

성종이 승하한 후 새로운 왕인 연산군(燕山君, 재위 1494~1506)의 등극에 따라 스스로 아예 없는 존재인 듯 두문불출하는 소춘풍은 점차 사람들에게서 잊혀갔다. 그녀도 왕을 모셨던 기녀의 본분을 스스로 지켜 그 후부터는 다시는 그 어떤 손님도 만나지도 접대하지도 않았다.

『중종실록』 6년 3월 6일에는 대간이 전의 일을 논하고, 이어 아뢰기를,

"황형이 전에 절도사가 되어 우후의 첩을 빼앗아 간음하였고, 또

유계종은 모르고 황형이 간음한 기생을 간음하였는데, 황형이 방어사가 되자, 유계종의 기생들을 다 데려다가 또 간음하였습니다. 또 북도의 병사(兵使)가 되어서는, 천과홍청(天科興淸)* 서강월이 그 도에 분배되자, 공공연히 병영 안에서 거느리고 지냈습니다. 또 성종조 때에는 어버이의 병으로 정사(呈辭: 관원이 사정으로 말미암아 임금에게 사직·휴직·휴가 등을 청하는 문서)를 하고서는, 돌아가 기생 소춘풍의 집에 4~5일간이나 누어있었으며, 그 후 상사를 당하고도 그 기생을 간음하여 그때 '불충불효'로 논란되었습니다. 그의 마음가짐이 이러하니, 그 관직을 갈지 않을 수 없습니다."

하였으나, 모두 윤허하지 않았다.

성종과 평생 잊을 수 없는 그 뜨거운 정염의 밤을 생각하면, 그럴수록 더더욱 생각나고 너무너무 고통스러웠다. 이제는 그 뼈아픈 못 잊을 추억을 떨쳐버리려고 소춘풍은 마지막으로 아직 잔디도 제대로 자리 잡지 못하여 휑한 선릉(성종의 무덤)에 다시 한 번 인사를 드린 다음 쓸쓸히 한양을 떠났다.

소춘풍은 문득 오랫동안 가보지 못하고 한동안 거의 잊고 살았던 고향으로 가보고 싶었다. 자기를 낳아주고 길러주다 일찍 돌아가신 그 가련한 친어머니와 딸처럼 서로 함께 의지한 그 가련한 수양모를 생각하였다. 일시에 욱 온갖 감회가 갈마들며 줄 끊어진 구슬처럼

---

* 천과홍청(天科興淸): 연산군의 총애를 받은 기생들의 칭호이다. 연산군이 여색을 탐내어 부도한 짓을 마음대로 행할 때, 국내의 자색 있는 기생을 수없이 궁궐 안으로 모아들여, 홍청·계평·속홍 등의 이름으로 불렀는데, 그중 가까이 들어간 자를 '지과홍청', 총애를 받은 자를 '천과홍청'이라 하였다.

뜨거운 눈물이 두 볼을 타고 주르르 흘러내렸다.

그래서 고향을 향해 먼 길을 홀로 떠나기로 하였다. 꼬박 일주일 남짓을 걸어서 함경도 영흥 고향땅에 도착하였다. 그러나 수양모마저 이미 죽고 없는 집은 허전해서 아무리해도 그녀를 도무지 그곳에 정붙게 하지 않았다. 소춘풍은 어머니의 무덤을 찾아 마지막으로 인사를 드린 후, 곰곰이 생각해보니 이제 남은 할 일은 혹시 아직 살아있을지도 모르는 이 세상에 남은 유일한 혈육인 아버지를 찾아보고 만나는 것뿐이었다. 어머니가 생전에 수차 말씀해주시던 그 노승을 한번 꼭 찾아가보기로 결심하였다.

생각이 거기에 미치자 그녀는 수양모의 장례로 영흥에 들렀다가는 길에 잠시 석왕사 범월암에서 만났던 운야 스님이 자신의 아버지일 것이라는 생각이 들자 석왕사를 찾았다. 그런데 이미 운야대사는 그곳을 떠나고 없었다. 얼마 후 금강산 유점사에서 운야대사가 입적하였다는 전갈을 받고 법사에 참석하려는 석왕사 주지스님에게 간절히 애원하여 머리를 깎고 운심(雲心)이라는 법명을 받았다. 그리고 주지스님과 함께 유점사로 발걸음을 재촉하였다.

불교에서는 일체의 인간적 행위는 정함이 없는 무상한 것이라고 한다. 일체는 곧 고통이다. 고통의 원인은 생로병사와 원망과 증오함을 만나고, 사랑하는 것과 헤어지고, 구하는 바를 얻지 못하기 때문에 번뇌가 생기기 때문이다. 이것이 불교에서 말하는 여덟 가지 고통이다. 붓다는 29세에 왕자의 위치에서 처자까지 버리고 출가하였는데 그가 출가하게 된 직접적인 동기의 모든 것은 '고(苦)' 때문이었다. 즉 '인생은 고통이다'라고 하는 문제를 해결하기 위한 것이었다. 생명 가운데 괴로움이 있는 이유는 생명을 유지하기 위해서는 끊임없는 욕구가 지속되기 때문이다. 우리가 뭔가를 사랑하는 것은 그 대상을 욕구하는 것이고, 욕구한다는 것은 지금 그 대상이 부족하다는 뜻이다. 인생 중의 괴로움은 바로 욕구에서 나온 것이며, 욕구는 다 채울 수도 없고 충족시킬 수도 없기 때문에 괴로움은 인생의 풀지 못할 숙제이다.

소춘풍은 본래 불교계에 입적한 대사의 몸에서 기를 받아 태어난 몸이니 그 뿌리가 불가에 있었다고 할 수 있었고, 또 글을 알기 시작하던 다섯 살 때부터 쌍룡사에 들어가 글과 불경을 배우고 통달하였으니 그녀는 가히 불가와 끊을 수 없는 인연의 끈을 가지고 있다고 해야 할 것이다.

50
한 시대를 풍미한 기생 황진이: 명월을 두고 내기하다

기생 명월 황진이(1506~?)이가 20살이 되었다. 기생된 지 5년이 되는 해다. 명월은 어느새 송도를 넘어 한양의 사대부와 한량들에게까지 그 이름이 회자되었다. 명월은 빼어난 미모와 경국지색의 고고한 분위기에 시·서·화·노래·춤·시조 등에 뛰어났으며 고려의 맥을 잇는 거문고의 명인으로 독보적 존재로 인정받고 있다. 그러니 나라의 이름난 한량 등과 풍류를 즐기는 고관대작들이 송도로 발길이 뻔질났다.

그러나 명월과 만리장성을 쌓으며 인정을 얻기란 그야말로 하늘의 별 따기보다 더 어려웠다. 그러다 보니 개성 유수(留守: 수도 이외의 옛 도읍지나 국왕의 행궁이 있던 곳 및 군사적인 요지에 두었던 유수부의 관직)를 통해 기회를 잡으려는 눈치 빠른 인사들도 있었다.

당시 개성 유수는 이귀령(李龜齡, 1482~1542, 자 미지眉之)이다. 조선시대 개성·강화·광주·수원·춘천 등 요지에 두어 그곳을 다스리게 하던 정2품 또는 종2품의 경관직(京官職)으로 정원은 2인이다. 미지는 문정왕후의 외삼촌으로 여러 도에 관찰사를 거쳐 40대 초반에 개성 유수로 부임하였다. 풍류를 즐기지만 그에겐 어린 동기(童妓)가 있어 명월에게 무리한 접근은 하지 않았다.

어느 날 유수가 명월을 불렀다. 서로 안부 인사말이 끝나고 이야기 끝에 소세양(蘇世讓, 1486~1562) 얘기가 나왔다. 조선전기 형조판서, 호조판서, 병조판서 등을 역임한 문신이다. 문명이 높고 율시(律詩)에 뛰어났으며, 글씨는 송설체(松雪體)*를 잘 썼다.

"내 오늘 너를 보고자 한 것은 간곡한 부탁이 있어서다."

명월은 유수의 부탁이란 말에 짐짓 놀라운 표정을 억지로 숨기며 고개를 숙여 말하였다.

"예, 유수 대감! 무슨 말씀인지! 하명하시지요…."

"율시로 명나라와 일본 사신을 영접하여 문명을 떨치시고 특히 대명 외교에 성과를 올려 임금의 총애를 받으신 분이셔…. 송설체에 뛰어났으며 효자에 풍류에도 남달라 화담(花潭: 서경덕의 호) 스승을 뵈러 온다고 하였으나 실은 명월의 소문을 직접 확인하고 싶어 내려오셨어…."

유수는 침이 마르도록 양곡(陽谷, 소양호의 호)을 치켜세웠다.

"사실은 양곡 대감께서 명월 너에게 한양 선비들과 내기를 하셨는데…. 너와 30일 지내는데 '단 하루라도 더 있으면 사람이 아니다'라고 약속을 하였다는 거야! 어떻게 하려느냐?"

---

* 송설체(松雪體): 중국 원나라 조맹부의 서풍(書風)으로, 그의 서실 이름이 송설재(松雪齋)였다 하여 송설체라는 명칭이 생겼다. 그의 서풍은 왕희지를 주종으로 하였고 필법이 굳세고 아름다우며 결구가 정밀하였다. 그의 서풍이 한국에 들어와 고려 말과 조선 전기의 선비 사회를 풍미하였다.

"양곡 대감께서 언제 오신다는 것인가요?"

바닷속 같은 침묵이 찰나였지만 견디기 어려워 명월이 먼저 말을 꺼냈다.

"벌써 이곳에 와 계시지…. 지금 당장 뵐 수도 있는데…."

"그렇게 하시죠! 그런데 이곳이 아닌 명월관에서 모시고 싶습니다."

"그렇게 하도록 하시게…."

개성 유수가 일개 기생을 대하는 태도가 아닌 저명 여류 문인을 대하듯 깍듯한 예우다.

명월이 유수가 내준 가마를 타고 명월관에 와서 준비에 들어갔다. 역시 명월은 평소 차림새다. 명월이 명월관에 도착하자 양곡도 들이닥쳤다. 한양까지 이름이 자자한 시기(詩妓) 명월을 촌음이라도 빨리 보고 싶은 것이다.

"과연 명월이구나…. 하늘에 높이 떠 누구라도 잡을 수 없는 명월…. 그 명월을 내 눈앞에서 직접 보니 눈이 부시구나!"

양곡은 명월을 두 동공에 잡아두려는 듯이 시선을 떼지 않았다. 이렇게 해서 명월과 양곡은 오랫동안 헤어져 있다 만난 연인처럼 마침내 만나게 되었다.

양곡은 두 팔을 벌려 명월을 뜨겁게 안았다. 쌍나비 등잔의 불을 끄고 얇은 비단 속적삼도 벗고 비녀를 뽑아 머리를 풀어 화장기 없는 얼굴을 드러냈다. 견우와 직녀가 은하수를 사이에 두고 서로 만나지 못하다가 칠석에 만난 것처럼 못다 한 사랑이 끝이 없었다.

명월의 표정을 유심히 살피던 양곡이 출사표를 던진 장수 모양으로 비정한 표정의 긴장된 어투로 "내 실은 한양에 있는 친구들과 내기를 하였느니라…. 너와의 사랑을 30일 넘기면 사람이 아니란 장담을 하였느니라…. 내 그 약속을 꼭 지키리라…"라고 말하는 표정이 자못 진지하고 비장하기까지 하였다.

명월은 원앙 한 쌍이 지나가며 파문을 일으킨 연못 위의 물결 같은 미소를 지어 보일 뿐 입을 떼지 않았다. 이미 네가 내 품에 들어왔는데 어떻게 내 뜻과는 상관도 없이 네 마음대로 30일 만에 내 품을 벗어날 수 있겠느냐는 반문 같은 표정으로 양곡을 쳐다봤다.

명월은 15세에 기생이 되고 3년 만에 기적(妓籍)에서 빠져나왔다. 그 후론 관청에 얽매이지 않고 어느 누구의 간섭도 받지 않는 자유인이 되었다. 그래서 기생이면서도 기명인 명월을 쓰지 않고 진이(眞伊)란 본명으로 끝까지 파란만장한 사십 평생을 살았다.

양곡은 내일 한양으로 갈 몸이다. 명월은 양곡이 하는 대로 몸을 맡겼다. 다시 못 볼 것처럼 뜨거운 입김엔 어젯밤 열정의 단내가 얼굴을 감쌌다.

"명월아 나하고 한양에 가지 않으련? 개성보다 한양이 명월이 너한텐 어울릴 것 같은데…. 장악원(掌樂院)에 들어가 예악연구를 더 하여 이론을 만들어놓으면 후세가 그것을 배우지 않겠느냐?"

"소녀를 소실이 되라는 말씀인가요?"

초롱초롱하면서도 가을 호수같이 평온하였다. 표정이 먹이를 노리는 맹금류 눈초리로 변하였다.

"그런 뜻이 아니고 개성도 좋은 고장이고 천하의 명산인 금강산이 있어 유명한 도시이긴 하지만 조선의 중심은 역시 대궐이 있는 한양이지…. 내 다른 뜻이 있어 한 말은 아니네!"

"뜻은 고마우나 소녀는 개성의 몸으로 태어나 고려 여인의 이름을 더럽히지 않으렵니다."

명월의 진지함이 흡사 출사표를 던진 전쟁에 나가는 장수의 표정이다.

"내 알았느니라…. 너의 미색과 학식이면 한양에 가면 이곳보다 더 뜨겁고 큰 사랑을 받을 수 있을 것 같아 네 의향을 물어본 것뿐이니라…."

양곡의 검은 마음을 첫마디에서 알아차렸다. 사내들이 마음에 드는 기생을 노류장화(路柳墻花: 아무나 쉽게 꺾을 수 있는 길가의 버들과 담 밑의 꽃)처럼 보고 소실로 집에다 앉혀 놓으려는 심보를 아는 명월은 숱한 사내들의 유혹을 단호히 뿌리쳤던 것이다. 명월의 싸늘한 표정을 등 뒤로 느끼면서 양곡이 지필묵을 주섬주섬 챙겼다. 그리고 떠날 채비를 하였다. 그래도 그동안의 살뜰한 정이 쌓여 이별은 애처로웠다.

어느새 해는 지고 별들이 하늘에 금가루 뿌린 듯 제 모습을 뽐내고 반쯤 먹은 사과 모양의 달이 기우뚱하게 떴다. 말 두 필이 준비되었다. 양곡은 대명천지에 명월관을 나서고 싶지 않아 계획적으로 밤에 길을 나서는 것이다.

예성강에 그들이 도착하자 나룻배 한 척이 대기하고 있다. "내 한양에 가 정무를 처리하고 곧 다시 올 것이니라." 진이는 왼손 약지의 은가락지를 뽑아 양곡에게 건넸다. 나룻배의 횃불이 강 건너에서 보이지 않을 때까지 배웅을 한 진이는 밤이 이슥해서야 명월관에 도착하였다.

양곡은 젊은 시절 여색에 빠진 남자는 아니었다. 명월이 시재와 미모에 뛰어나다는 말을 듣고 친구들과 호기 있게 내기 약속을 하였다. 그러나 그는 그 약속을 지키지 못하였다. 체면과 명예를 중시한 사대부가 자신의 가문을 걸고 약속한 일이기에 그에게 돌아올 치명적인 굴욕을 참아낼 수밖에 없게 되었다. 단지 친구 몇 명이 술에 취해 술김에 한 약속이 아니다. 당시 송도 명월의 소문이 한양에까지 퍼져 한량들의 마음이 온통 들떠 있을 때였다.

진이는 옥섬(진현금의 의동생)으로부터 잠자리 기술도 배웠다. "네가 싸늘하면 사내 역시 싸늘할 것이요, 네가 뜨거우면 사내도 뜨거워질 것이고, 네가 깊어지면 사내도 깊어질 것이다. 헛되이 움직이거나 소리를 질러서 힘을 빼지 말고 깊이 숨을 마시며 음기를 몸 전체에 고루 모아 낮은 소리로 한없이 속으로 빨아들이거라…. 사내란 겉으로 천하를 움직일 듯이 하지만 알고 보면 연약하느니라…"라고 꽃잠 기술을 가르쳤다.

이토록 진이는 여자로서도 완벽하였으며 지성까지 겸비하여 조선의 사대부 수준에 손색이 없었다. 화담 서경덕의 수제자 허엽과 동문수학하였으나 오히려 그의 학문 수준을 훌쩍 뛰어넘지 않았나 싶다.

명월은 자신의 이름을 본래 이름인 진이로 하고 과감히 자유분방한 삶을 선택하였다. 양갓집 딸에서 어느 날 갑자기 첩의 딸로 전락하여 미래가 불확실할 수밖에 없었으나 그녀는 과감히 신분에 얽매이기보다는 자유인 기생의 길로 들어섰다. 기녀 생활 3년 만에 기적(妓籍)에서 빠져나와 자유인이 되어 소세양·이사종·이생·벽계수·지족선사 등을 품어 진이의 세상을 만들었다.

51
현학금과 황진이

송도 동쪽 동인문 밖 물가에서 거문고를 타면 아득히 먼 중국의 장강 이남의 검은 학들이 떼 지어 날아와 거문고 소리에 맞춰 춤을 추었다. 현학금이 거문고를 타면 학들이 날아와 춤을 춘다 하여 붙여진 이름이다.

진이의 모친 현학금은 11살에 기적에 올라 비파와 가야금을 거쳐 거문고에 빼어난 기량을 보여 열다섯에 악사 기생으로 자리 잡았다. 현학금이 19살 단풍이 풍악산에 곱게 물든 가을 어느 날이었다. 1504년 연산군(燕山君, 1476~1506)의 집권 10년째 되는 해다. 처음엔 성군의 자질을 보였으나 친어머니(폐비 윤씨)의 참극을 안 후 그는 폭군이 되었다. 원수 갚기와 계집질로 세월을 보냈다.

조선 불교의 산실인 원각사는 장악원으로 바꾸어 기생들의 교육장으로 바꾸었다. 한양에서 마음에 드는 미녀가 모자라자 전국적으로 아름다운 처녀와 건강한 말을 뽑고 각 고을에서 관리하게 하였다. 이들을 운평, 계평, 채홍, 속평 등 여러 단계의 호칭으로 분류, 관리하였으며 이들 가운데 제일 우수한 자들을 '흥청'이라고 하였는데, 임금이

이 중 우수하다 인정한 이는 '천과홍청'이라고 하였다.

그때 송도 관아엔 현학금도 있었다. 빼어난 미모의 현학금도 여러 미녀들과 새로 설치된 운평에 모여 자색을 평가받았다. 현학금은 뛰어난 절색에 거문고의 기예까지 갖추어 최고 점수인 천과홍청이 되었다. 천과홍청과 지과홍청의 미녀는 대궐 안에 들어가 임금의 성은을 입는다. 임금의 특명이었으므로 고을의 유수조차 미처 손쓸 겨를이 없었다.

현학금은 경악하였다. 악사 기녀로서 은밀하게 자존심을 지켜왔는데 그 자존심이 일순간에 무너짐을 느꼈다. 곰곰이 생각 끝에 의동생 기생 옥섬에게 비상약을 짓게 하였다. 단호한 현학금의 부탁에 옥섬도 거부할 엄두를 내지 못하였다. 약을 먹은 현학금은 하룻밤 사이에 앞을 보지 못하는 장님 신세가 되었다.

채홍준사로서는 도저히 이해되지 않는 상황이 벌어졌다. 연산군의 마음에 쏙 드는 미녀를 뽑아오면 특별진급이나 두둑한 상금이 걸려있어 현학금이 딱 마음에 들었는데 그만 낭패가 되었다. 채홍준사는 현학금을 체념하고 기적에서 빼내주었고, 그녀는 운평에서 나오게 되었다.

현학금의 거문고 연주는 장님 악사로 소문이 퍼져 관아의 연주회 때마다 단골로 초대되었다. 현학금의 거문고 연주에 사람들이 구름처럼 모여들었고, 그 소문은 소문을 낳아 송도의 일상사가 되었다.

그러던 어느 봄날이다. 현학금은 이웃아이들의 성화에 못 이겨 송도 병부교 빨래터에 나갔다. 그날도 현학금은 천상의 음률로 거문고를 탔다. 고단한 아낙들의 세상 시름을 덜어주기 위함이다.

이때 마침 이곳을 지나는 황진사라는 한량이 있었다. 그의 눈에 현학금이 확 들어왔다. 황진사는 이미 현학금에 대한 소문을 알고 있었다. 송도가 넓다고 하지만 저잣거리에서 나도는 소문은 입에서 입으로 어느새 전 송도에 퍼져나갔다. 아낙들의 성화에 현학금은 천상의 음률을 관아의 연회가 아니면 타지 않는 연주를 하기도 하였다. 현학금의 천상의 거문고 음률에 아낙들이 빠져들었다. 황진사도 그랬다. 이런 인연으로 황진사와 현학금은 만리장성을 쌓게 되었다. 현학금은 황진사와의 계속되는 남녀의 일로 임신하여 조선 제일의 여류시인이며 송도삼절인 서경덕·박연폭포의 한 사람인 황진이를 낳는 어머니가 되었다.

임신 소식이 황진사에게 전해지자 그는 얼굴이 백지장같이 변하였다. 그도 그럴 것이 장님 기생과 정분이 나 임신시켰다는 소문이 퍼지면 아직 출사도 제대로 못하였는데 출세 길이 영영 막힐지도 모르기 때문이다.

그래서 황진사는 현학금한테 낙태를 권하였다. 하지만 현학금은 들은 척도 하지 않았다. 현학금은 임신을 하고는 엄마가 될 준비에 들어갔다. 황진사와 다정하고 행복한 순간에 빠져 있을 시간이 없었다. 배는 하루가 다르게 불러왔다. 가려야 할 음식과 경계함은 말할 것도 없거니와 매사 신중에 신중을 기하였다.

배가 하루가 다르게 불러오는데 출산할 장소가 문제였다. 하지만 거문고를 타고 노래 부르는 것은 복대를 두르고도 출산 며칠 전까지 손을 놓지 않았다. 현학금의 앞에는 친정동생과 의동생 옥섬이 그림자처럼 있었다. 현학금은 아무도 모르는 출산을 위해 박연폭포를 거슬러 올라 실상암 관음굴로 숨어들었다. 쥐도 새도 모르게 출산을 하려는 의도다. 하지만 아이는 쉽게 나오지 않았다. 사흘 밤낮의 산통을 하면서도 아이는 꿈쩍도 하지 않았다. 현학금은 파죽음이 되어 갔으며 친정동생과 의동생 옥섬은 앉지도 못한 채 안절부절못하였다.

지독한 산통으로 정신을 잃을 아찔한 찰나에 이르기까지 극락과 연옥을 오가며 뱃속의 아기와 씨름을 하는데 새벽 종소리에 놀란 듯 놀랍게도 박연폭포처럼 큰 소리로 울음을 터트리며 세상에 신고를 하며 황진이가 출생을 우렁차게 알렸다.

황진사는 출산 며칠 후 현학금 앞에 나타났다. 진이를 데려다 조강지처가 낳은 딸로 키우려는 속내였다. 진이는 보쌈을 하듯 칠흑 같은 어둠에 황진사 집으로 옮겨졌다. 조강지처 신씨 품에 안겨 친딸처럼 쑥쑥 컸다. 진이는 현학금 생각대로 총명하고 아름답게 성장해주었다. 배다른 동생 난이도 "언니 언니" 하며 잘 따랐고 두 살 위 오빠 경이 역시 배다른 동생 티 안내고 슬기롭게 처신하였다. 누가 봐도 의좋은 오누이였다. 황진사와 조강지처 신씨도 그 같은 의좋은 삼남매 생활에 만족감을 드러냈다.

하지만 진이의 행복은 거기까지였다. 키워준 어머니 신씨의 갑작스러운 사망으로 진이의 신분이 사대부집 딸에서 서녀(庶女)로 둔갑되었던 것이다. 맹인 몸에서 출생하였으나 범상치 않은 미색에 영리하기까지 한 진이에게 천성이 착한 신씨는 배 아파 낳은 자식과 차별 없이 키웠다. 경이와 난이와는 다르게 자고 깨면 아버지 서재에 들어가 책을 읽는 모습에 겉으로 드러내지 않으나 속으론 키운 보람이 있구나 생각하였다.

진이도 철석같이 신씨가 친엄마로 알고 15년을 살아왔다. 그러던 어느 날 청천 하늘에 날벼락이 떨어졌다. 소실로 들어가라는 아버지 황진사의 권고를 뿌리치고 집을 나섰다. "아버지, 소녀 집을 나가겠습니다"라고 말하고 큰절을 넙죽하고 입던 차림 그대로 집을 나와 기생의 길로 들어설 결심을 굳혔다. 홀로 서려는 첫걸음이다.

52
서녀에서 기생의 길로

추풍낙엽처럼 진이의 신분이 하루아침에 나락으로 떨어졌다. 사대부집 딸에서 서녀가 되었다. "너는 다리 밑에서 주워온 계집애야!"로 놀려대던 것이 사실로 드러났다. 기생의 어미에서 태어나 그동안 사대부집에 들어와 호의호식하며 컸으나 이제 제자리인 서녀로 돌아가라는 것이다.

발단은 이러하다. 지체 높은 사대부집에서 청혼이 들어왔는데 그 자리를 동생인 난이한테 양보하라며 출생의 비밀을 황진사는 털어놓았다. 서녀가 어떻게 사대부집 옥골선풍의 총각의 신부가 될 수 있느냔 것이다. 그때서야 진이도 자신의 출생 비밀을 알게 되었다.

집을 나온 진이는 하늘 아래 천애 고아 신세였다. 게다가 진이는 갑작스러운 충격으로 앞이 희미하게 보이기 시작하였다. 뿌옇게 안개가 끼여 상하좌우가 분간이 되지 않았다. 진이는 직감적으로 경이 오빠와 동생 난이와 자주 찾았던 실상암 쪽을 향하여 걷기 시작하였다.

실상암에 들어온 지 보름이 지난 깊은 밤이었다. 그날도 주지스님은 대웅전에서 진이를 위해 기도를 하고 있었다. 산사는 바람 한 점

없는 물속처럼 조용하였다. 이때다. 조용하였던 산사에 눈보라가 몰아쳤다. 갑작스러운 바람에 나무 위에서 눈꽃을 피웠던 눈들이 바람에 떨어지면서 눈바람이 산사를 삼켜버릴 듯 요란하다. 여명이 보이려면 한참은 더 있어야 할 즈음이다. 대웅전에 있던 주지스님이 마당으로 나와 기도하고 있었다.

이같이 소란스러운 광경을 몸소 느끼려고 진이가 방에서 나오는 순간 하늘에선 천둥번개가 작렬하였다. 이 광경을 보려고 희미한 눈을 부비다 진이는 다시 세상을 밝게 보게 되었던 것이다. 스님은 이미 알고 있었다는 듯이 진이를 깊고 따뜻하게 품었다. "이제 날이 밝으면 암자를 떠나시오!"라고 말을 남기고 주지스님은 다시 대웅전으로 들어갔다.

진이는 먼동이 트자 암자에서 내려왔다. 현학금의 의동생 퇴기 옥섬의 집으로 갔다. 옥섬의 집은 청루가 즐비한 청교방 거리에 있었다. 현학금이 진이를 황진사에게 주고 어디론가 종적을 감춘 후 그림자처럼 붙어 다니던 옥섬은 청교방 거리에 자그마한 집을 얻어 거처하고 있었다. 방이 셋인데 하나는 늘 정갈하게 정돈하여 비워두었다. 진이가 언제든지 오면 마음 놓고 편히 쉴 수 있게 해둔 방이다.

"옥섬 이모, 진이가 왔어요!"

올 줄 알았다는 옥섬은 덤덤하였다. 며칠 후 진이는 새로운 삶의 길로 접어들었다. 바로 기생 입문으로 속전속결로 이루어졌다. 동기(童妓)로 시작하여 2년 사이에 춤과 노래, 악기 연주뿐만 아니라 한 미모로 송도와 한양의 한량들이 품고 싶은 여인 1순위에 올랐다. 진이가 18살을 맞은 어느 봄날, 고을 유수(留守)에게 수청을 들게 되었다.

본인 진이보다 현학금의 의동생인 옥섬이 더 긴장하였다.

고을 유수의 수청을 잘 들어 좋은 점수를 얻어야 관기의 운명도 좋기 때문이다. 진이도 예외가 아니었다. 사대부집 딸에서 어느 날 갑자기 서녀가 되어 마침내 기녀가 되었으니 한량들 세상에서 관심의 여인이 되었다. 고을 수령이 동기들의 초야권을 갖는 것은 이상할 것도 없었다. 진이의 초야권은 그렇게 송도 유수가 태상주 한잔 마시듯 어느 날 차지하였다.

진이는 기녀 생활 3년 만에 기적에서 나와 자유인으로 한량들의 세계를 주름잡기 시작하였다. 진이 앞에 한량들이 부나비처럼 몰려들었다. 비록 몸을 파는 기생이나 마음에 드는 사내도 있었다. 소위 순정이라는 것이 있었으니, 돈을 주고 몸을 샀으나 영혼까지 살 수는 없었다. 숱한 사내들이 진이의 몸뚱이를 사서 육체의 향락을 즐겼으나 시·서·화의 삼절(三絕)을 넘어 노래와 춤, 기예까지 능통한 자유로운 영혼까지 사지는 못하였다.

그런데 한 사내가 진이의 영혼을 사로잡았다. 이사종(李士宗)이다. 그는 부도 명예도 없는 소리꾼으로 소위 떠돌이였다. 그 멋진 청년에게 진이는 넋을 빼앗겼다. 이사종은 어느 고관대작의 서자다. 그는 옥골선풍에 소리 잘하는 떠돌이 인생이다. 그런데 그가 같은 서자 출신인 삼당시인 이달(李達)과 흉허물 없는 사이다. 이달은 허엽의 아들 허봉과 가까운 사이이며 허엽은 후에 진이와 같이 서경덕의 동문수학한 관계다.

이사종은 진이와 영혼의 교감을 통해 명월의 집에서 무상으로 먹고 자는 유일한 사내가 되었다. 손님이 없을 땐 그들은 밤을 새는 신혼부부로 자연스럽게 뜨거운 밤을 보냈다. 옥섬은 걱정이 태산이다. 기생 나이 열여덟이면 절정의 꽃 같은 시절인데 자칫 무일푼의 떠돌이에게 정신이 팔려 좋은 시절 다 보내고 자신과 같은 신세가 될까 눈앞이 캄캄할 때가 한두 번이 아니었다. 그러나 진이는 아랑곳하지 하지 않았다.

지금은 생사조차 알 길 없는 어머니 현학금이 열여덟에 거문고의 명인이 되었는데 진이 역시 같은 나이에 그 반열에 올랐다. 진이는 남녀 관계를 뛰어넘어 기예와 학문의 세계까지 섭렵하여 누구에게도 밀리지 않는 역량을 갖추게 되었다.

53
선택받은 남자와 사랑 살림

이사종과는 관아의 기생 시절 풋사랑으로 만난 적이 있었다. 그때 진이는 이미 이사종에게 마음을 빼앗겼다. 진이가 이사종에게 넋을 잃은 것은 헌헌장부이기도 하지만 소리에 반하였기 때문이다.

이사종은 팔도에서 명실공히 소리를 제일 잘하는 사내다. 몇십 명이 그에게 대결을 청하여도 당당히 응해주었으며 하루 종일 쉬지 않고 소리를 할 수 있는 풍부한 노래 수를 가지고 있었다.

그 소리의 매력에 진이는 영혼이 빨려들었다. 그래서 관기 시절 잠시 풋사랑을 나눴었으나 못다 한 사랑을 불태우려 하는 것이다. 그들은 풋사랑을 나누고 헤어질 때 사내는 사내대장부에 걸맞는 책임 있는 몸으로, 진이는 자유인이 되어 만나자고 약속하였다.

이사종은 진이와 풋사랑을 나눈 후 헤어져 한양으로 가 무과에 응시하여 선전관(宣傳官)이 되었다. 3년간 전하의 침소 경호 공로를 인정받아 외직인 풍덕군 군수로 부임하였다. 지금 진이는 그 약속을 지키려 하는 것이다. 이사종은 선전관이 되었고 진이는 자유인이 되었다. 계약결혼은 진이가 먼저 제의하였다. 이사종은 이게 웬 떡이냐

하고 즉시 승낙을 하였다.

사실 이사종은 계획적으로 진이에게 접근하였다. 시·서·화 삼절에 가무까지 능통한 진이에게 접근하여 사랑은 물론 기예 실력을 겨루고 싶었다. 그런데 이사종이 천수원에서 유혹의 노래를 부르고 있을 때 마침 이곳을 지나던 그녀와 인연이 되어 풋사랑을 나눈 후 극적으로 5년 만에 해후하여 일부종사의 사랑을 하는 계약결혼에 들어갔다.

선전관 이사종은 가곡을 아주 잘 불렀다. 일찍이 사명을 받들고 송도에 갔는데, 천수원 시냇가에서 안장을 풀고 관을 벗어 배 위에 얹고서 누운 채로 가곡 두서너 곡을 큰 소리로 불렀다. 진이 또한 길을 가다가 천수원에서 말을 쉬고 있다가 그 노랫소리를 귀 기울여 듣고는 말하였다.

"이 노랫가락이 매우 특이하니 평범한 촌사람의 천한 곡조가 아니다. 내 듣기에 서울에 풍류객 이사종이 있어 당대의 절창이라고 하던데, 필시 이 사람일 것이다."

사람을 시켜서 찾아보도록 하였더니 과연 이사종이었다. 이에 자리를 옮겨 곁에 앉아서 정성을 다해 대접하였다. 그리고 이사종을 이끌고 자기 집으로 와서 며칠을 머물게 하고는 말하였다.

"마땅히 그대와 함께 6년을 살아야 하겠습니다."

이튿날 3년 동안 살림살이할 재물을 이사종의 집으로 모두 옮기고는 위로 부모를 섬기고 아래로 처자식을 돌보는 비용을 모두 자기가 마련하였다. 진이는 직접 비구(臂韝: 활동하기에 편리하도록 소매를 걷어 매는 가죽 띠)를 착용하고는 첩의 예를 다하며 이사종의 집에서는 조금도 자신의 티를 내지 않고 지낸 세월이 3년이었다. 이사종이 진이 일가를 먹여 살리기를, 진이가 이사종을 먹인 것과 똑같이 하여 갚아 또 3년이 되었다.

진이가 영업은 하지 않고 이사종에게 빠져있자 옥섬 이모가 몸이 달았다. 한 푼이라도 더 벌어놔야 자신과 같은 꼴이 되지 않는데 사내에 빠져 정신을 못 차리고 있어 걱정이 태산이다. 옥섬은 퇴기로 청교방거리 뒷방에서 장죽에 담배를 피우며 죽을 날만 기다리다 현학금과 의동생 신분으로 진이를 만나 생기를 되찾아 살 만한데 이 시간이 짧아질까 노심초사하는 것이다. 하지만 진이의 생각은 다르다.

태상주를 마시며 천하의 절창 이사종의 노래를 들으며 송도 절경을 구경하면 진이는 하늘을 훨훨 날아다니는 적선(謫仙: 인간 세상에 귀양 온 신선)이 되려는 욕망이다. 그렇게 생각하면서 딸을 돌보듯 자신을 보살피는 옥섬 이모의 걱정을 떨쳐버리지 못하고 있다.

옥섬의 두 눈에서 뜨거운 눈물이 두 볼을 타고 내려와 진이 손등에 떨어졌다.

"이모, 걱정 말아요! 이 진이만 믿고 지금처럼 사세요."

옥섬을 끌어안은 진이의 두 눈에서도 비 오듯 눈물이 쏟아졌다. 옥섬을 볼 때마다 진이는 십수 년째 생사를 모르는 어머니가 떠올랐다.

한양은 송도와 달랐다. 송도는 색향(色香)으로만 떠들썩하게 알려졌지 실속은 없어보였다. 한양은 생기가 있다. 고려를 역사의 뒷길로 밀어붙이고 새 역사를 써가는 조선의 중추다. 경복궁 앞 육조(六曹)거리는 붐볐다. 한양에 와 경복궁과 육조의 거리를 걸어보고 마음이 바뀌었다. 고려의 여인으로 자부함은 어느 남성에게도 예속되지 않으려는 태도다. 그런데 지금 자신은 이사종의 소실로 한양에 와 있지 않은가!

진이의 계약결혼 3년이 시작된 지 벌써 한 달이 지났다. 그 한 달 동안 진이는 새로운 세상을 많이 배웠다. 말로만 들었던 소실 생활을 자청하여 들어왔다. 짐작은 하였었으나 조강지처가 얼마나 당당한 자리이고 소실의 위치가 얼마나 굴욕적 자리인가를 몸소 생활해보고 있는 것이다. 소실로 들어오란 소리를 수도 없이 들었는데 지금 진이가 이사종의 소실이 되었다는 소문이 한양에 퍼지면 세상 사람들이 여자의 마음은 알다가도 모르겠다며 수군댈 것이 뻔하다.

세상 이치로만 보면 그것이 맞다. 소세양을 비롯한 송도의 거부와 신분은 낮으나 고대광실을 가진 의원이 소실 자리를 제의하였을 때에는 콧방귀 뀌었는데 무관직 정3품에 지나지 않는 선전관의 소실 자리에 들어간 천하의 진이를 비웃으며 빈정댈 것이 뻔하다.

진이는 이사종의 사회적 지위나 재물에 팔려온 것이 아니라 옥골선풍에 달콤한 잠자리도 빼 놓을 수도 없다. 화대를 받고 몸을 내줄 때에는 돈 값을 해주기 위해 인형처럼 움직여주며 코맹맹이 소리도 적당히 내주어 사내의 기쁨을 안기는 기생이었으나 이사종과는 몸과 마음이 통하는 관계가 아닌가! 그런 관계를 수군대는 사람들은 알 리가 없다.

이사종과 진이의 관계는 하늘도 땅도 모르고 오직 당사자인 둘만이 알고 있는 잠자리 비밀이다. 진이의 계약결혼은 그렇게 성사되었다. 소세양과 30일의 계약결혼이 그렇게 맺어졌다 헤어졌으며 이사종과의 관계도 역시 약속된 6년 후엔 또한 그렇게 미련 없이 진이는 송도로 돌아갈 것이다.

송도에서의 진이와 한양에서의 진이는 공주와 무수리만큼이나 차이가 있는 생활이었다. 하지만 진이는 행복하다. 그토록 오매불망하였던 이사종을 곁에서 볼 수 있고 일주일에 한 번이지만 마음껏 품을 수 있다는 데에 욕망의 나래를 접었다. "후회하지 않소?" 이사종은 뜨겁게 살을 섞고 나면 꼭 묻는다. "왜, 서방님은 후회하세요?" 진이의 말이 떨어지면 그들은 다시 이합(二合)에 들어갔다.

일합(一合)으로 육체의 허기를 채우고 이합은 더 길고 느긋하게 밀고 당기며 사랑의 진수를 음미하려는 것이다. 진이는 이때마다 옥섬 이모가 말해준 잠자리 기술을 행동으로 옮겼다.

"참으로 서방님은 참 잘생기셨어요! 진이의 눈엔 천하의 남정네 중 가장 헌헌장부예요."

진이의 손이 닿자 번개를 맞은 듯 놀라 다시 고개를 들었다. 진이는 두 팔과 두 다리를 벌리어 이사종의 등을 끌어안았다. 이사종이 입을 커다랗게 벌려 백합처럼 흰 진이의 탱탱한 젖가슴을 잘 익은 사과를 깨물 듯 깊게 물었다. 진이의 몸도 해일처럼 일어나며 출렁이기 시작하였다.

이사종은 일주일에 한 번씩 진이의 방을 찾았다. 조강지처 정씨의 허가 받은 합방이다. 몇 시간의 양해이지 밤새 허가는 아니다. 하지만 계약결혼 3년이 부득부득 대가오자 이사종은 조강지처의 눈치는 아랑곳하지 않고 진이 방에 들어오면 동창이 밝아올 때까지 송도 명월관에서 알몸뚱이로 사랑을 할 때를 연상케 하는 방사(房事)를 즐겼다.

진이의 몸은 한양에 와 있어도 마음은 송도에 가 있었다. 한양이 역동적이면서 마음에 조금씩 정이 붙어 가면 갈수록 고향 송도가 그리워지고 종적을 알 수 없는 어머니가 몸서리쳐지도록 보고 싶어졌다.

계약결혼 만기는 이제 보름 앞으로 다가왔다. 떠날 때까지 잠자리를 매일 허락한다는 조강지처 정씨 말에 이사종은 밥을 먹다 말고 벌떡 일어나 덩실덩실 춤까지 추었다.

"진이 내 그동안 독하게 대한 것 양해해주시게! 자네도 내 처지가 돼보면 여자 마음 알 걸세…."

정씨는 정말 아쉽고 미안하였다는 표정이다. 무거운 침묵이 잠시 흐른 뒤 정씨는 주섬주섬 밥상을 정리해 들고 나갔다.

3년 사이에 조강지처와 소실은 언니동생이 되었다. 떠날 날이 다가오자 진이는 주위를 정리하기 시작하였다. 잠자리도 매일 밤 양해를 받았으나 되도록 피하였다. 마음은 보이지 않으나 몸은 행동이 보여 떠날 때일수록 아름답게 정리하고 싶어서다. 이사종은 매일 밤 운우지락을 하려 하였으나 진이는 매정하게 거절하였다. 한양의 마지막 밤에 최후의 몸을 활짝 열어주려고 마음을 다잡았다.

그날은 공교롭게도 달이 휘영청 밝은 보름밤이다. 그날만은 진이가 아닌 명월이 되어 철저한 이사종의 여자가 되었다. 송도로 갈 날짜가 내일이다. 진이는 오랜만에 거문고를 꺼냈다. 그동안 첩살이를 하면서 거문고를 탈 만큼 여유 있는 생활이 아니었다. 아무리 너그러운 조강지처라도 첩이 예뻐 보일 여인은 이 세상엔 없다. 씨앗엔 돌부처도 돌아앉는다 하지 않았던가!

54
두 번째 선택한 남자와 금강산 여행

가을에 송도로 돌아왔다. 3년 사이에 송도는 많이 변해 있었다. 진이의 두 눈에서 구슬 같은 눈물이 소나기가 쏟아지듯 떨어졌다. 갈피를 잡을 수 없는 눈물이다. 이사종과 계약결혼을 연장하지 않고 오기를 잘하였다는 생각이 번개처럼 뇌리를 때렸다. 명월관은 그동안 가꾸지 않아 정원 등에 잡풀이 우거져 집 전체가 폐가처럼 보였다. 옥섬은 나이 들어 거동조차 불편한 상태다.

진이도 기생이었던 시절 돈 뭉치를 들고 찾아와 자신에게 소실로 들어와달라고 한 한량들이 수도 없이 많았으나 일언지하에 거절하여 돌려보냈다. 영혼의 자유를 위해서다. 진이가 명월관을 퇴기 이모 옥섬에게서 임대 등으로 호구지책을 해결하라고 맡기고 유랑 길에 오른 것도 자유로운 영혼을 위해서다. 체면과 명예를 중시하며 사내들만 사람으로 대접하고 여자들은 오직 성적 대상 정도로 취급되는 조선 사회 풍조에 대한 무언의 저항이다.

그래서 진이는 공부도 열심히 하였다. 그녀를 거쳐간 사대부와 한량들은 한결같이 성적 상대로 찾아왔다 떠나갈 때는 경모의 대상으로 가슴에 묻었다.

불을 본 부나비같이 달려드는 사내들을 피하여 만신창이가 된 몸뚱이를 자유의 몸으로 돌려놓으려 하였던 것이다. 기생이 아름답고 학문이 아무리 높아도 기생은 기생이다. 시기(詩妓)·악기(樂妓)·의기(義妓)·무기(舞妓) 등이 그녀의 대명사다. 진이는 그것이 싫었다. 기명(妓名)인 명월이 있으나 그녀는 진이를 고집하였다.

명월이라 부르는 손님은 받지 않았다. 진이를 상징하는 명월관으로도 족하다는 생각이다. 이제 명월관은 있어도 명월은 없고 진이만 남았다. 묘향산의 보현사를 시작으로 두류산의 골짜기 골짜기를 거쳐 한양을 들러 다시 고향 송도에 왔다.

진이는 금강산이 천하제일 명산이라는 말을 듣고 이제 여자의 남자를 데리고 금강산 유람을 떠나려 한다. 1만 2천 봉 골짜기 사찰을 찾아 어머니의 극락왕생을 빌 것이다. 유람을 하고자 하였는데, 함께 할 만한 사람이 없었다. 당시에 이생이라는 사람이 있었는데 재상가의 아들이었다. 그는 사람 됨이 호탕하고 속된 기운이 없어서 세속의 규범을 떠나 유람을 함께할 만하였다.

진이는 자신의 몸뚱이를 여행의 무기로 생각하고 있다. 돈이 떨어지면 이 절 저 암자를 찾아 구걸을 하고 그것이 안 되면 몸을 달라면 주려는 속내도 가졌다. 그런 생각까지 하니 무서울 것이 없다. 호위무사로 이생이 있으니 짐승한테 물려갈 염려도 없으니 진이 마음이 날아갈 듯이 가벼웠다.

이생은 이생대로 마음이 즐거웠다. 아버지는 포의(布衣: 벼슬 없는 선비)로 정암 조광조와 의기투합하였었으나 곤궁하여 그를 배신하여 선비로서 자격이 없다 하여 15살의 이생이 이름을 버리고 팔도를 유랑하고 있었다. 마침 그때 한양에서 진이와 연락이 닿았던 것이다. 아버지가 정암과 의기투합이 잘되었다면 출사는 못 하였어도 높은 학문의 세계에 있었을 게다. 그러나 그는 아버지가 준 이름을 버리고 세월을 낚으며 팔도를 유랑하였던 것이다.

진이가 조용히 이생에게 말하였다.

"제가 듣기에 중국 사람도 '고려국에 태어나서 금강산 한번 보는 것이 소원'이라고 합니다. 하물며 우리나라 사람으로 본국에 태어나 자라면서 신선의 산을 지척에 두고도 그 진면목을 보지 못한대서야 되겠습니까? 지금 제가 우연히 선랑(仙郎)과 짝하였으니 정히 신선의 유람을 하기에 좋습니다. 산의(山衣) 야복(野服)으로 빼어난 경물을 마음껏 찾아보고 돌아온다면 또한 즐겁지 않겠습니까?"

이에 이생에게 하인을 데려오지 말도록 하고 베옷 차림에 초립을 쓰고 직접 양식을 짊어지게 하였다. 진이 자신은 소나무 겨우살이 풀로 만든 둥근 모자를 머리에 쓰고 칡베 적삼과 무명 치마를 입고 대나무 지팡이를 짚고서 따랐다.

금강산에 들어가 깊은 곳까지 이르지 않은 데가 없었다. 여러 절에서 걸식하였는데 때로는 스스로 자신의 몸을 팔아 중들에게 양식을 얻기도 하였다. 그러나 이생은 이를 허물하지 않았다. 두 사람은 산 숲 먼 곳까지 두루 돌아다녔는데, 기갈로 인해 초췌해져 예전의 용모를 찾아볼 수 없었다. 길을 가다가 한 곳에 이르니, 시골 유생 10여 명이 시냇가 소나무 숲에 모여 철엽을 벌이고 있었다. 진이가 그곳을 지나다가 절을 하니 유생이,

"자네 사장(舍長: 절의 중을 이르는 말)도 술을 마실 줄 아는가?"
하며 술을 권하니, 진이가 사양하지 않았다. 이윽고 술잔을 잡고 노래를 부르니, 노랫소리가 맑고 높아서 그 음향이 숲과 골짜기에 울렸다. 여러 유생들이 특이하게 여기고 술과 안주를 주니 진이가 말하였다.

"첩에게 종이 한 명 있는데 매우 굶주렸습니다. 남은 음식을 먹여도 되겠습니까?"

그리고는 이생을 불러 술과 고기를 주었다. 당시 양쪽 집안에서는 두 사람이 간 곳을 알 수 없어 걱정이었다. 소식조차 듣지 못한 지 1년 남짓 지났는데, 어느 날 저녁 다 떨어진 옷을 입고 새까만 얼굴로 돌아오니 이웃 사람들이 보고는 매우 놀랐다.

사랑을 하면 정이 들고 뜨거운 살을 섞으면 욕심이 생겨 헤어지기 싫은 것이 남녀 사이의 관계일 것이다. 진이를 거쳐간 사내들은 수도 셀 수 없을 만치 많으나 그중에서도 소세양과 이사종이 특히 이따금씩 몸서리쳐지도록 간절하였다.

한양이 남성적 도시라면 송도는 여성적 도시다. 진이는 송도에서 소세양과 30여 일을 서로 신뢰하는 관계에서 사랑을 나누었다. 그리고 이사종과는 6년이란 짧지 않은 세월을 송도와 한양을 오가며 사랑의 싹을 키워 꽃피웠다.

지금 삼남(三南, 충정·전라·경상) 지방을 휘돌아 다시 송도에 오니 흘러간 애틋한 세월이 그리워지기까지 하였다. 밤새 이생에게 괴롭힘을 당하였으나 몸은 오히려 가뿐해졌다. 처음엔 못 이기는 척하다 차츰 몸이 달아오르자 여러 사내를 통하여 터득한 사랑의 기술이 저절로 나왔다.

이생과 남녀의 일을 할 때마다 몸이 저절로 따라 움직여 호흡이 일치하였다. 이생은 의아해하면서도 모르는 척하며 처음으로 진이에게서 흡족한 사랑을 채웠다. 진이는 동창이 밝자 아침도 거른 채 산행에 나섰다. 고향에 다시 돌아오니 힘이 다시 솟아났다.

진이는 명월관에 도착하자 이생을 떠나보낼 준비에 들어갔다. 옷도 새로 해 입히고 일주일을 밤마다 잠자리를 해주었다. 여행을 다니면서 신뢰와 속 깊은 정까지 들었다. 사실 가지 말라고 말하고 싶으나 수구초심(首丘初心)이라 하여 여우가 죽을 때에 머리를 자기가 살던 굴 쪽으로 향한다는데, 하물며 만물의 영장인 인간이 자기가 있을 곳을 찾아가는 것을 막을 수 없다는 결론이다.

이생은 일주일 내내 동창이 밝을 때까지 진이를 놓아주지 않았다. 그래도 진이가 아쉬운지 예성강을 건널 때는 강 건너 시야에서 보이지 않을 때까지 흔드는 손을 멈추지 않았다.

55
벽계수를 넘어트린 속내

임금의 친족 벽계수는 스스로 절조가 굳다고 말하면서, 자신은 황진이에게 유혹을 당하지 않을 뿐만 아니라, 오히려 그를 쫓아버릴 수 있다고 호언장담하였다. 벽계수의 본명은 이종숙(李琮淑). 세종대왕의 17번째 아들인 영해군의 아들 이의(李義)의 셋째 아들이므로, 세종대왕에게는 증손자가 된다. 이 얘기를 들은 진이가 벽계수를 유인해오도록 하였다. 진이의 부탁을 받은 사람이 거지 차림으로 벽계수에게 가서, 구걸하면서 그의 말벗이 되었다. 거지가 사는 곳이 개성 송악(松嶽) 밑이라고 말하니, 벽계수는 걸인에게 송악의 가을 경치를 얘기하라 하였다. 걸인은 유창한 언변으로 송악의 가을 경치를 얘기하니, 벽계수가 흥취를 못 이기어 걸인에게 같이 구경할 것을 제의하였다. 벽계수를 유인해 일부러 저녁에 달이 뜬 다음 경치 좋은 곳으로 인도하였다. 벽계수가 경치에 마음이 끌려 있는데, 마침 진이가 나귀를 몰고 나타나 고삐를 잡은 채 노래를 불렀다.

청산리 벽계수야 수이감을 자랑 마라*
일도창해하면 다시 오기 어려우니
명월이 만공산하니 쉬어간들 어떠리

노랫소리를 들은 벽계수는 달밤에 한 미인의 청아한 노래를 듣고 그것에 취해 자신도 모르게 나귀에서 떨어졌다.

지금 진이의 눈앞에는 어머니 현학금이 나타났다. 박꽃같이 흰 소복 차림에 커다란 거문고를 메고 서 있다. 그럴 때면 진이는 빙의(憑依) 상태가 되었다. 지금이 바로 그런 분위기다.

"진이야, 벽계수는 특별한 분이시다. 천침(薦枕: 윗사람과 잠자리)으로 모시면 너의 영혼에 위로가 될 것이다."

그러면서 『소녀경(素女經)』 구절을 말해주었다.

"네가 평소에 사대부 중 시대부인 벽계수를 사모하고 존경하였었지 않았느냐? 그러니 네가 천침할 때 사정하지 않고 사랑만 할 수 있도록 도와드려야지 않겠느냐? 그런 몸놀림은 여자만이, 특히 진이 너는 충분히 할 수 있는 방줄술이지! 남자들이 여자를 찾는 것은 방사를 하고 난 후에 정신이 말끔해져 새로운 의욕이 생겨야 되는데 그런 상황은 교접할 때 여자의 역할이 아주 중요하단다. 특히 교접 중 절정에 이를 때 왼손 두 번째 손가락과 세 번째 손가락으로 사내 음낭과 항문사이를 세게 눌러주면 정액이 나오려다 옥경에 머무르며 그

---

* 청산에 흐르는 벽계수야 쉽게 흐름을 자랑 마라
한번 바다에 닿으면 돌아오기 어려우니
달빛이 가득할 때 쉬어감이 어떠하겠는가

힘이 정력이 된다. 그리하면 정신이 맑아지고 정력은 더 강해진단다. 벽계수 선비와 교접할 때 꼭 그렇게 해보렴…."

벽계수는 달덩이 선녀의 알몸 같은 진이의 모습에 정신마저 몽롱한 상태에서 자신도 모르게 방사도 꿈속의 천도복숭아를 먹는 듯 황홀하고 신비한 기분이다. 진이가 어머니 현학금이 시키는 대로 벽계수의 숨소리가 높아지자 왼손 둘째와 셋째 손가락으로 사내 음낭과 항문 사이를 간질이듯이 눌러주었다.

벽계수는 시간이 가는 것도 잊은 듯 사랑을 마음껏 즐기다 제풀에 지쳐 진이 배 위에서 코를 골며 깊은 잠에 빠져 들었다. 그는 동창으로 눈부신 햇살이 들어와 나신에 머무를 때 두 눈을 비비며 잠에서 깨어났다.

사랑을 위해 한양에서 송도까지 온 사대부의 표상인 벽계수가 진이를 찾은 것은 수준 높은 풍류의 세계가 아닌 향기 나는 육체에 끌렸으리라는 생각에 이르자 진이는 사내의 뜨거운 시선을 피할 수가 없었다.

송도엔 개성 상인이 있다. 고려인삼을 연경에 가서 비단과 보석으로 교환해와 떼돈을 번 백부자(白富子)가 대표적이다. 그는 남산동에 고래 등 같은 집을 짓고 왕실도 부러워하는 호화 생활을 하고 있다. 그가 진이한테 첩이 되어달라는 제의를 여러 번 해왔으나 일언지하에 거절하였다.

그런 제의가 있은 후론 명월관 출입도 막았다. 어느 누구의 속박도 받지 않는 자유인의 삶에 어떤 제안에도 진이는 꿈적하지 않고, 오직 자신의 선택에 의해 사랑의 상대를 골랐다. 그래서 한 사내에게 마음을 주면 일편단심 그녀는 목숨을 걸었다.

지금 벽계수와 관계가 그러하다. 밤마다 뜨겁게 살을 섞고 나니 봄볕처럼 따뜻한 정이 들기 시작하였다. 오늘 밤이 새고 내일이 되면 벽계수는 다시 한양으로 간다. 그에겐 사대부의 풍모도 있고 패기도 있어 보였다.

이제 헤어져야 하는데 강렬한 인상을 주고 싶다. 지금 벽계수는 진이의 풍만한 육체에서 욕망을 만끽하고 코를 벌름거리며 깊은 잠에 빠졌다. 장관이다. 진이도 벌거숭이인 채다. 그녀는 살포시 일어나 학춤을 추기 시작하였다. 사랑하는 정인을 떠나보낼 때만 추는 춤이다. 양곡과 헤어질 때 마지막 밤에 추고 이번이 두 번째다.

진이도 사랑엔 약하다. 화대를 받고 몸을 내어주어도 영혼까지 울리는 사내가 더러 있다. 벽계수가 그렇다. 그래서 지금 그녀는 이 사내를 훌쩍 떠나보내면 두고두고 영혼이 통곡할 것 같아 겁이 덜컥 났다.

하루 이틀 더 있겠다니 천만다행이다. 마음속으로 더 있기를 바랐던 것이 성사되어 가슴이 콩콩 뛰고 기쁘나 표정을 숨기었다. 따로 방을 써야 한다는 조건도 사실은 일부러 붙인 조건에 불과하다. 바로 옆방인데 문지방만 넘으면 되는 방이다. 분 냄새까지 건너가는 거리다.

이튿날부터 진이는 겸상으로 저녁을 먹을 때까지는 다정한 여느 부부 모양 행동하였다. 거기까지였다. 잠자리는 문지방 건너 방에 차렸다. 평소 잠자리 옷차림과 달리 오늘은 남청색 치마에 미색 저고리로 트레머리를 단아하게 틀어 올리고 기초화장만 한 채 자리에 들었다. 창밖엔 보름달이 휘영청 밝다.

56
당대의 거목을 쓰러트리다

진이가 기생이 된 사연은 또 있다. 이웃집 총각이 상사병에 걸려 죽었는데 그의 상여가 집 앞에 와 멎어 옴짝달싹하지 않아 남녀칠세 부동석의 사회에 속곳으로 상여를 덮어주어 상여를 떠나보냈다. 영혼이지만 처녀가 총각의 여자가 되었다.

진이는 그 후 더럽혀진 몸으로 기생이 되어 전혀 예상치도 않았던 삶으로 살았다. 기구한 삶이다. 지금 고려 여인으로 곱게 몸단장과 화장을 하는 것은 천마산 지족암서 30년 벽면 수행을 하는 살아있는 부처 지족선사를 품으려 하는 것이다.

동그랗고 아담한 얼굴, 자그마한 아래턱, 다소곳한 콧날과 긴 코, 약간 통통한 뺨과 작고 좁은 입, 흐리고 가느다란 실눈썹과 쌍꺼풀 없이 가는 눈에 정적인 얼굴…. 지금 진이가 그렇게 화장을 하여 30년 벽면 수행하는 지족선사를 일반 세상으로 데려오려는 속내다.

그동안 진한 화장으로 하루하루를 세상 남자들을 황홀하게 해주었으나 지족선사는 사람 자체가 다르다. 청정 인간이다. 진이는 청정한 사내가 원할 여인이 되려고 벌써 열흘째 몸을 꾸미고 승무까지 익히고 있다. 진이의 승무는 환상적이다. 남색 치마에 흰 저고리, 흰 장갑, 흰 고깔, 붉은 가사, 양손엔 부채를 들어 마치 선녀의 학춤 같은 춤사위다.

송도엔 여전히 고려의 향기가 짙게 남아있다. 도성에서부터 고을고을마다 사람들의 풍습과 언행이 아직까지 억불숭유 정책이 착근되지 못한 상태다. 진이가 지금 고려 여인이 되어 승무를 추면서 지족선사를 뜨겁고 화려하게 품으려 한다. 쉽지 않은 목표다. 이번엔 꽃같이 탐스러운 여인의 승무가 무기다. 이 전략이 통하지 않으면 청상과부로 변장하여 유혹하려 한다. 두 계획이 모두 불교와 연이 닿는다.

천마산의 봄은 아름답다. 천하의 명산인 금강산엔 못 미치나 천마산도 계절마다 절경이다. 오늘 진이는 거문고를 메고 천마산 지족암으로 향하였다. 지족선사를 뜨겁고 사내답게 품으려는 속내다. 진이 옆엔 옥섬 이모가 따랐다.

"천천히 걷자! 이 늙은이는 숨이 차서 못 걷겠다!"

"길이 멀어요…. 자칫 가기도 전에 날이 저물면 어떻게 해요?"

진이의 걸음이 더욱 빨라졌다. 지족선사는 오후 늦게는 매일 지족암 연못가에서 산책을 즐긴다는 정보를 얻었다. 그때 산책하는 지족선사 앞에서 승무를 추려는 생각이다. 지금까지 진이가 손을 내밀어 거부한 사내는 없다. 지족선사도 그러하리라 믿고 지금 걸음을 재촉하고 있다.

산사의 오후는 짧다. 진이 일행이 지족암에 도착하였을 때는 지족선사가 산책을 마치고 선방(禪房)으로 들어가려는 찰나였다. 진이는 넙죽 큰절을 하고 제자로 삼아달라고 애원하였으나 일언지하에 거절당하자 준비한 대로 옥섬 이모의 거문고에 맞춰 승무를 추기 시작하였다. 진이는 지족선사 앞에서 고혹적인 춤사위로 승무를 송골매가 비상하듯 추었다. 술에 장사 없다 하듯이 절세미녀를 막무가내로 손사래를 칠 사내가 있을까? 그러나 거기까지였다.

집으로 내려온 진이는 계절이 바뀐 어느 여름날 다시 지족암으로 발길을 재촉하였다. 직성이 풀리지 않아 어젯밤을 꼬박 뜬 눈으로 샜다. "천하일색인 내가 당신의 제자로 들어가겠다는데 거절을 한단 말이지?" 생각만 해도 참을 수 없는 분통이 터졌다.

"천천히 가자! 나는 너의 발걸음을 따라갈 수가 없구나…."

사실 진이도 숨이 턱까지 치밀어 올라왔다. 하지만 지난봄에 지족선사에게 당한 모욕을 생각하면 참을 수가 없었다. 오늘은 더 매혹적이고 관능적으로 춤을 추려 한다. 마침 연못엔 연꽃이 절정이다. 고혹적 춤을 한바탕 추다가 연꽃이 만발한 연못에 진이가 풍덩 빠진다. 그러면 지족선사도 물에 빠진 중생을 그냥 하산하라 매몰찬 말을 못할 것을 노린 계략이다. 또 열 번 찍어 안 넘어가는 나무 없다 하였듯이 진이는 기어코 지족선사를 자신의 품으로 안기도록 하는 꿈을 접지 않았다.

신음하듯 움틀 거리는 초장의 춤사위에서부터 열반의 경지까지 범속을 벗어날 수 있다는 법열(法悅)이 불변의 진리와 더불어 표상된다는 말미의 춤사위에 이르기까지 뿌리고 제치고 엎은 장삼의 춤사위가 혼화(渾和)로 소쇄(瀟灑: 기운이 맑고 깨끗함) 속에 신비로움과 정교로움의 조화의 극치야말로 정중동(靜中動)의 뿌리칠 수 없는 매력이라고 하겠다.

진이가 결국 이겼다. 지족선사의 30년 벽면 수행을 버티다 하룻밤 사이에 허무하게 무너졌다. 도로 아미타불이 되어버렸다. 진이가 지족선사의 30년 벽면 수행을 하룻밤에 정념으로 만들어놓고 당나라 시인 맹호연 시를 떠올렸다. 당나라 헌종 때 위와 같은 역사가 있다.

당·송 팔대가의 한 사람으로 추앙받은 한퇴지(韓退之, 한유)는 처음에는 불교를 매우 배척하여 자사(지방장관, 주지사) 벼슬에 올라 불법을 비방하는 글을 자주 상소하다가 헌종의 미움을 받아 서울인 장안에서 8,000리 떨어진 변방의 조주지방 자사로 좌천되었다.

그때 조주에는 태전선사라는 고승이 축령봉에서 수년간 수도에만 전념하여 생불(生佛)로 추앙받고 있었다. 한퇴지는 문득 태전선사의 신심이 얼마나 깊은가를 시험하기 위해서 그 고을에서 미색이 유명한 기생 홍련을 불러 계교를 일러주었다. 그런데 만약 100일 안에 태전선사를 유혹하여 파계시키면 후한 상을 내리겠거니와 실패하는 날에는 죽음을 각오할 것을 약속하였다. 홍련은 자신의 미모나 경력으로 봐서도 그만한 일은 자신만만하였다.

다음 날 몸매를 더욱 아름답게 꾸미고 험한 산길을 올라 해 질 녘에야 스님의 암자에 도착하였다. 태전선사를 찾아뵙고 인사를 드린 홍련은 말하였다.

"오래전부터 큰스님의 훌륭한 덕을 흠모해오던 차 이번에 큰스님 시중도 들면서 백일기도를 올리고 싶어 먼 길을 마다하지 않고 왔습니다. 자비로 거두어주십시오. 만일 거절하신다면 소녀는 이 자리에서 목숨을 끊고 말겠습니다."

이렇게 하여 깊은 산골 외딴 암자에서 머물게 된 홍련은 일이 성사된 것처럼 마음속으로 기뻐하였다. 다음 날부터 건성으로 기도를 하고 태전선사의 시중을 들면서 기회만을 엿보고 있었지만 한 달이 넘어가도 선사는 좌선에만 전념한 채 홍련을 거들떠보지도 않았다. 일이 이렇게 되자 마음이 조급해진 홍련은 온갖 수단 방법을 동원하여 선사를 무너뜨리려 하였지만 요지부동이었다. 약속한 날은 하루하루 다가와서 마침내 약속한 100일이 내일로 다가왔으나 뜻을 이루지 못한 홍련은 이미 태전선사의 고매한 인품에 감동되어 자신의 행동이 얼마나 경망스러운 것이었는지를 깨닫게 되었다. 그렇지만 자사 한퇴지와의 약속을 지키지 못하였으니 화를 당할 일이 눈앞에 아른거려 약속한 100일이 되는 날 아침 태전선사 앞에 나아가 눈물을 흘리며

"큰스님 어리석은 소녀가 죽을 죄를 지었습니다. 조주자사 한 대감의 명이 스님을 파계시키고 오라 하였습니다. 그러나 이제야 저는 그 일이 얼마나 어리석은 일인가를 깨닫게 되었습니다. 그런데 한 대감과의 약속한 기일이 100일, 바로 오늘 저는 내려가면 큰 벌을 받아야 합니다. 이 일을 어찌하면 좋겠습니까?"

하고 섧게 울기 시작하였다. 흐느껴 우는 홍련을 자애로운 미소를 띠며 지켜보시더니,

"너무 염려 말고 이리 가까이 오너라. 조주자사 한 대감에게 벌을 받지 않게 해줄 것이다."

하고는 붓에 먹을 묻혀 치맛자락을 펴게 하여 단숨에 글을 써 내려갔다.

축령봉을 내려가지 않기를 10년, 색(色)을 보고 부질없음을 알았기에 형체가 곧 거품이라.

어찌 법(法)의 한 방울 물을, 홍련(弘蓮)의 잎사귀 가운데 즐겁다 떨어뜨리겠는가.

홍련의 치맛자락에 적힌 시를 본 한퇴지는 그 후 태전선사를 참방하여 선사로부터,

"불교의 어느 경전을 보았습니까?" 하는 물음에 "별로 뚜렷하게 본 경전은 없습니다" 하고 대답하자 선사가 다그치기를 "그러면 그대가 이제까지 불법을 비방함은 무엇 때문인가? 누가 시켜서 하였는가 아니면 스스로 하였는가? 만약 시킴을 받아서 하였다면 주인이 시키는 대로 따라서 하는 개〔犬〕와 다름이 없고 자신이 스스로 하였다면 이렇다 할 경전 읽음도 없이 어떻게 불법을 비방하는가? 알지 못하고 비방한 것이니 스스로를 속이는 일이나 다름없다" 하는 꾸짖음과 함께 심오한 가르침과 깨달음을 얻었다.

진이는 한퇴지와 홍련, 태전선사와 얽힌 역사를 떠올렸다. 그녀는 사내가 자신을 가지고 주인 행세 하는 것을 어느 것보다 싫어한다. 그만큼 주체의식이 강한 그녀였다. 그래서 진이는 사내가 자신의 불두덩 위에서 씩씩대며 황홀경에 빠져 있어도 어머니 품에 안긴 젖먹이 정도의 재롱으로 보고 있는 것이다. 그런 생각이 자신의 정체성을 정립하고 여자로서의 마지막 자존감을 지키는 마지막 보루라는 속내다.

대오성찰을 위해 30년 벽면 수행을 하던 지족선사를 불덩이처럼 뜨거운 하룻밤의 운우지정으로 접수하였으면 통쾌하여 춤을 추며 콧

노래를 불렀을 터인데 진이는 그렇지 않았다. 다른 사내들처럼 온몸에서 즐겼던 인간적인 쾌락보다는 오히려 그렇게 하지 않았으면 하는 후회가 들었다. 그러나 후회는 앞서 오지 않으니 인간사 그야말로 알 수 없는 일이다.

지족암에서 진이와 화촉동방의 뜨거운 밤을 보낸 지족선사는 그 후 종적을 감추었다. 조계(曹溪)에 부끄러웠을 것이고 스스로도 맑은 정신으론 대명천지 하늘 아래 고개를 들 수 없었을 것이다. 한낱 기생으로 인해 30년 벽면 수행이 물거품이 되었으니 자신이 너무 부끄러워 세상 사람들을 맨 정신으로 대할 수 있으면 그 또한 제정신이 아닌 수도승이었을 터다.

진이는 지족암에서 하산한 후 오늘로 열흘째 몸져누웠다. 정작 갖고 싶은 것을 성취하였으면 흡족하였을 텐데, 오히려 휑한 가슴을 그 어떤 것으로도 채울 수가 없었다. 지족선사의 "이 작은 절이 움직인다 하여 세상이 달라지겠소이까?"의 말이 새삼 귓가에 생생하다.

진이는 옥섬 이모의 애정 어린 간곡함에 겨우 흰죽 한 그릇을 먹은 후 자리를 털고 일어났다. 진이는 언제 자리에 누워 있었느냐는 듯이 그녀 특유의 해맑은 미소를 지으며 어디에 쓰려는지 거문고 연습에 밤낮이 없다. 그런데 거문고 음률이 기쁨과 환희의 소리가 아닌 처연하고 가슴이 시린 황량한 음률이었다.

57
오를 수 없는 나무

지족선사와의 뜨거웠던 하룻밤도 외롭고 쓸쓸하고 사내 살냄새가 아쉬울 때는 새록새록 누군가가 그리워졌다. 사내들은 진이를 쉽게 범접하지 못한다. 돈을 주고 육체적 기쁨을 맛보려는 족속은 많은 화대가 부담이 되어 쉽게 품을 수 없으며, 돈은 많으나 신분이 너무 낮으면 상대조차 해주지 않아 진이는 이래저래 기명이 명월처럼 화려해보이지만 외로운 존재다.

30년 벽면 수행의 지족선사를 뜨겁게 품었으나 그녀의 펄펄 끓는 가슴을 식힐 남심(男心)은 아직 찾지 못하고 오늘도 두서가 없다. 마음이 답답하고 세상의 갈피가 보이지 않을 때면 진이는 박연폭포를 찾았다. 폭포수 앞에서 노래가 아닌 고래고래 소리를 지르면 가슴이 조금은 열리기 때문이다. 한양 살이 3년 동안에 생기가 넘치는 세상을 보고 송도에 들어서자 가슴이 터질 것 같다.

유몽인(柳夢寅, 1559~1623)은 『어우야담』에서 '진이는 여자들 중에서 뜻이 높고 협기가 있는 자'로 평하였으며 허균(許筠, 1569~1618)은 『성옹지소록』에서 '성품이 활달하여 남자와 같으며 거문고를 잘 타고 노래를 잘 불렀다'고 높이 평가하였다.

숱한 사내들의 품을 통하여 세상살이를 살펴보았으나 진이는 성에 차지 않았다. 사내들은 진이를 소유하였다고 생각하겠지만 그녀는 그들을 잠깐 품었다고 생각하고 있다. 진이는 숱한 사내들을 품어봤으나 마음에 들고 존경할 만한 상대를 아직 찾지 못하여 방황하고 있다. 진이는 문득 화담(花潭) 서경덕(徐敬德, 1489~1546)을 번개처럼 떠올렸다. 화담이라면 그녀의 휑한 마음을 사로잡고 평생 존경의 대상이 되리라 믿기 때문이다.

진이는 어느 때보다도 곱고 단아하게 차려입었다. 하늘에서 하강한 선녀 모습이다. 어깨엔 자신의 키만 한 거문고가 메어져있고 손엔 송도 명주인 태상주와 간단한 안주가 들렸다. 화담을 공략하러 가는 길이다. 때마침 비가 추적추적 오고 있다. 진이는 비를 맞으면서도 『대학』은 젖지 않도록 가슴에 품었다. 제자가 되게 해달라고 호소하러 가는 길이다. 술과 거문고는 자신의 재능을 보여주려는 속내다.

지체 높은 사대부와 천하의 소리꾼과 풍류객들에게서 세상살이를 체득한 당돌한 계집이다. 진이의 명성은 송도를 넘어 한양은 물론이고 중국의 사신들은 조선에 오면 그녀를 찾아 자고 가는 것을 최고의 예우를 받는 것으로 생각하기까지 하였다. 중국의 사신뿐만이 아니다. 그들을 보내고 영접하는 조선의 관리들도 명월관에 들러 진이를 탐하였다.

화담도 제자들의 얘기를 통하여 진이의 신상에 대해 알고 있을 것이다. 진이가 화담을 뵈러 가겠다고 연통을 넣고 갔으나 집에 있지 않았다. 진이가 화담의 제자가 된다면 홍일점(紅一點)이 되는 것이다.

화담의 문하엔 기라성 같은 문인들이 많다. 행촌 민순, 사암 박순, 초당 허엽, 술한 박민헌, 토정 이지함, 지채 홍인우, 수암 박지화, 연방 이구, 동강 남언경, 죽계 마희경, 이재 차식, 남봉 정지연, 이소재 이중호, 척암 김근공, 사재 장가순 등 그 밖에도 많은 인물들이 있다.

아름다운 집이다. 진이는 마음속으로 화담 선생님의 거처가 선인(仙人)들이 산다는 동리(東籬)인가 싶어 눈이 휘둥그레졌다. 송악산 동북쪽에 자리 잡고 있는 오관산 화곡이 그곳이다. 오관산은 산봉우리가 다섯 개 나란히 서 있어 멀리서 보면 왕관처럼 보인다. 기암괴석이 둘러선 화곡에는 봄엔 진달래와 산철쭉이 흐드러지게 피어 산기슭을 불꽃처럼 물들이고 가을엔 붉은 단풍이 타올라 절경이다.

진이는 피곤함도 잊은 채 화담 주위와 초당 곁을 살폈다. 연못엔 이름 모를 고기들이 춤을 추며 노래라도 하는 듯이 즐거워 보였다. 연못 주위엔 나팔꽃과 해란초, 그리고 금낭화와 패랭이꽃까지 다투어 피어 또 다른 꽃의 세상을 만들었다.

해가 뉘엿뉘엿 지며 꽃 그림자들이 화담을 감쌀 때 두런두런 인기척이 났다. 화담 일행이 연못 앞으로 드러났다. 진이는 가슴이 뛰기 시작하였다. 허엽이 다가와 당나귀에 실린 짐을 받아 광에 들여놓고 진이를 화담에게 소개해주었다.

진이는 화담을 만난 것만으로도 황홀하다. 조선 팔도를 누비고 다니며 숱한 남자와 뜨거운 살을 섞으며 사랑을 찾아봤으나 아직까지 찾지 못하였다. 진이 그녀가 찾아 헤매는 사랑하는 사내는 22살이나 위인 화담으로 생각하고 있는 것이다. 지금 어렵사리 황홀한 기분으로 꿈속에서도 마음대로 못 뵈었던 화담을 극적으로 만났다.

뜬눈으로 밤을 샜다. 화담을 극적으로 만난 황홀감이 진이는 현실같지 않아 가슴이 진정되지 않았기 때문이다. 강심장으로 자타가 인정하는 진이지만 화담 앞에서는 수줍은 일개 여인이고 싶어서일게다.

화담의 아침은 일찍 찾아왔다. 어제의 비로 삼라만상은 세수와 목욕을 한 듯 깨끗하여 아침 해에 흐릿하게 보이는 샛별이 더욱 매력적으로 보였다. 진이는 뻑뻑한 눈을 부비고 일어났다. 집을 떠나 화담으로 올 때 맞은 비로 흠뻑 젖었던 옷이 말끔히 말랐다.

화담에 도착하여 화담 스승을 기다리는 동안에도 비가 계속 조금씩 쏟아졌다. 그 비로 사위가 젖어있어 그녀의 옷도 마르지 않았던 것을 말릴 사이도 없이 너무 피곤하여 그냥 곯아떨어졌던 것이다. 그리고 동창이 밝아오는 즈음 진이가 깨어났다.

그런데 화담이 진이 옆에서 자고 있다. 밤새 진이가 화담 곁에서 잤던 것이다. 하지만 진이의 몸엔 밤새 사내 손길이 왔다 간 흔적은 티끌만치도 찾을 길이 없었다. 너무 피곤하여 집에서 준비하여온 육포와 만두 등으로 태상주를 마신 것까지는 생각이 났으나 그 후론 기억이 없다.

화담은 처음엔 마뜩찮은 표정이었으나 태상주가 몇 잔 들어가자 마음을 푸는 표정이었다. 온화한 분위기이나 눈 속에 눈이 있는 눈으로 꿰뚫어 보는 시선에 진이는 생애 처음으로 전율을 느꼈다. 무서움이 아닌 강렬한 사나이의 힘이 투사(投射)되는 시선이다. 그런데 그 사내가 밤새 자신의 옆에서 잤다. 그러나 옷깃 하나 흐트러지지 않았으며 사나이 손끝이 왔다 간 어떠한 흔적도 찾을 수가 없었다.

진이는 바람처럼 일어나 부엌으로 갔다. 허엽이 벌써 나와 있었다. "잘 주무셨소?" "예, 소녀는 잘 잤습니다만 선비님들은 어디서 주무셨는지요?" "예, 우리들은 저 위에 또 초당이 있습니다. 그곳에서 공부하다 잠이 오면 자고 자다 깨어나면 다시 공부합니다! 딱히 밤과 낮이 없소이다!" 진이는 허엽에게서 알 수 없는 따뜻한 정이 느껴졌다.

지금까지 뜨거운 살을 섞었던 소세양·이사종·이생·벽계수, 그리도 송도 유수 등 자신의 몸뚱이에 목을 맸던 숱한 사내들에게서 느꼈던 정이 아닌 또 다른 느낌이 온몸을 감쌌다. 그런데 문득 허엽에게서 화담의 그림자가 보였다. 허엽은 진이보다 다섯 살이나 아래다. 그런데 그에게서 화담의 그림자를 찾았다.

아침 해가 중천에 뜨자 선비들이 모여들기 시작하였다. 박지화·이지함·박인헌·장가순·홍인우 등이 초당에서 내려왔다. 좁은 방에 콩나물시루같이 사내들이 질서정연하게 화담 스승을 중앙으로 둘러앉았다. 시래기국에 감자가 섞인 옥수수밥이다. 화담은 몇 숟가락을 먹는 시늉을 하다 국화차 한 잔을 마시고 밖으로 나갔다.

제자들도 마파람에 게 눈 감추듯 밥그릇을 비우고 초당으로 돌아갔다. 허엽과 박지화가 남았다. 셋은 국화차를 앞에 놓고 마주 앉았다. 허엽이 먼저 입을 열었다.

"명월은 이곳에 어찌 왔소이까?"

진지한 표정이다. 이곳은 청루가 아니란 의미가 담긴 말투다.

"화담 스승의 문인이 되려 합니다."

허엽과 박지화의 표정이 일그러졌다. 퇴기인 주제에 무슨 고매한 화담 스승의 문인이 되려는 얼빠진 소리냔 표정이 역력하다. 하지만 진이가 누구인가! 세상 사내들의 심리를 독심술로 읽듯 꿰뚫어 보는 기능이 있지 않은가! 몸과 마음으로 기계(妓界)에서 터득한 세상살이의 지혜다.

"소녀는 선비님들의 수발을 들으러 왔습니다. 소녀 아직 학문이 미천하여 어찌 화담 스승님의 문인이 되겠습니까? 밥 짓고 빨래하고 청소하면서 어깨 너머로 익히다 학문이 쌓이면 문인으로 받아주십사 찾아왔습니다."

논리가 정연한 진이의 말에 허엽과 박지화의 표정이 확 바뀌었다. 진이는 화담의 홍일점 문인이 되었다. 화담의 그림자가 되어 수발을 들었다. 술을 즐기는 화담을 위해 태상주는 명월관에서 2~3일에 한 번씩 가져왔으며 안주인 육포도 가져왔으나 산에서 버섯 등 산나물은 진이가 직접 채취하여 만들었다.

화담에게선 향긋한 선향(仙香)이 풍겼다. 그의 옆에 있으면 술에 취한 듯 선향에 취하여 온몸이 노곤해져 정신까지 몽롱해졌다. 진이는 그럴 때마다 비몽사몽의 꿈속에서 화담이 이사종으로 변신하여 숨 막히는 정사를 즐겼다. 이사종만이 아니다. 벽계수와 이생, 그리고 소세양까지 차례로 나타나 자기 여자라고 멱살잡이하며 싸웠다.

진이는 특별 배려로 화담과 같은 방을 쓰고 있다. 화담이 올 들어 갑자기 건강이 악화되어 옆에서 수발을 들라는 제자들의 회의에서 내린 결정사항이다. 진이가 잠꼬대를 할 때면 화담은 "황 선비, 황 선비…"라고 흔들어 깨웠다. 화담의 따뜻한 손길에 소스라치게 놀라 깨는 진이의 눈앞엔 화담이 아닌 신선의 모습이 보였다.

서경덕이 없는 화담은 꽃이 없는 정원과 같다. 꽃이 하나둘 사라지자 날아오던 벌, 나비도 날아들지 않는다. 사시사철 피고 지던 꽃들도 하나둘 자취를 감추었다. 정원에 꽃이 사라지는 것도 쓸쓸한데 문하생들마저 하나둘 화담을 떠나갔고 허엽과 진이만 덜렁 남은 어느 늦가을 오후다.

진이도 어느새 불혹(不惑)의 나이가 되었다. 그녀가 비록 기생의 신분이었으나 학문의 수준은 어느 사대부 못지않은 경지의 수준이었다. 시·서·화 속칭 3절(三節)을 넘어 노래·거문고·가야금·춤에 이르기까지 무불통지(無不通知)의 경지라고나 할까? 조선의 3대 여류시인으로 이매창(李梅窓, 1573~1610)·김부용(金芙蓉, 1812~1851)·황진이(黃眞伊)를 꼽는다. 이매창과 김부용도 뛰어난 시기(詩妓)였으나 황진이가 단연 으뜸일 것이다. 그러나 속절없는 나이는 누구나 속일 수가 없다. 그녀도 결국 세월 앞에서는 부귀공명, 미추, 남녀노소 상관없이 모두 평등하게 받아들 수밖에 없는 보잘것없는 여자였다.

진이의 유언은 『어우야담』에 전해진다. "나는 살아서 성품이 번잡하고 화려한 것을 좋아하였소. 죽은 후에도 나를 산골짜기에 장사 지내지 말고 마땅히 큰 길가에 장사 지내주오"라고 하였다. 현재 진이는 평양성 칠성문 밖에 있는 선연동 기생들의 공동묘지에 안장되어 있다.*

---

* 정비석, 『명기열전』, "풍류야화 황진이".

58
세자 이제(양녕대군)와 기생 봉지련

세자 이제(李禔, 1394~1462)는 이방원과 여흥 민씨가 잠저 시절에 어렵게 얻은 아들이다. 이방원과 여흥 민씨가 첫아이로 딸을 낳고, 둘째부터 넷째까지 아들 셋을 낳았으나 아들 셋을 연이어 이른 나이에 잃고, 이제를 어렵게 얻었다. 이제는 적장자로서 그 누구보다 많은 기대와 아낌을 받고 자랐다. 아들 셋을 요절하고 얻은 이제는 이방원 부부에게 무엇보다 귀한 아들이었다. 귀한 아들을 또 잃을까 전전긍긍하던 이방원은 이제를 외가인 여흥 민씨 본가에 보내서 키웠다. 민씨 본가는 고려 최고의 권문세족 가문으로 외가에는 민무구, 민무질 등 네 명의 외삼촌이 있어서 자연스럽게 이들의 영향을 받으며 성장하였다. 이제가 여섯 살 때 아버지 이방원이 조선 3대 임금 태종이 된다. 그때부터 이제는 궁궐에서 살게 된다. 그리고 열 살 때 이제는 세자에 책봉되어 태종을 이을 후계자가 되었다.

세자 이제는 양녕이란 군호를 붙여 표기하는데, 정확히 말하면 양녕(讓寧)은 세자를 폐한 후에 임금이 군(君)을 봉할 때 내리던 칭호이다. 왕위를 양보하였다 하여 사양할 양(讓)에 태종 대왕이 왕자들에게 내리던 군호(君號)에 붙이던 녕(寧)을 붙여서 내린 군호이다. 양녕대군은 세자로서 제법 오랜 기간 제왕학 수업을 받으며, 평탄하게 태종 다음 왕의 재목으로서 준비를 해왔다. 학문뿐만 아니라 때론 부왕을 도와 여러 가지 일을 도모하였다.

14살의 나이로 광산 김씨 김한로의 딸과 결혼하여 가정을 이루고 자식도 낳고 안정적으로 세자 수업을 받았다. 김한로는 고려 우왕 시절 태종과 과거시험을 함께 본 동기였다. 당시 태종은 과거에서 10등을 하였는데, 이때 장원한 인물이 바로 김한로였다. 함께 과거를 보았던 두 사람은 이후에도 돈독한 우정을 자랑하며 친하게 지냈고, 이런 인연으로 결국 태종이 왕이 된 후에는 사돈관계를 맺었다. 이때까지는 세자 이제에게 무능이라든지, 왕으로서 자질이 없다든지 하는 혹평이 없어 태종도 이제가 자질이 있다 싶어 엄격히 가르치려 하였고, 훌륭한 스승을 붙여 세자 수업을 착실히 받게 하였다.

세자 이제와 세자빈 김씨의 부부관계는 이렇다 할 문제가 없이 지내는 듯하였다. 그런데 세자는 17살 되던 1410년 어찌된 일인지 사냥과 술, 여색에 빠져 심신을 바로 잡지 못하는 방탕한 모습을 보이는가 싶더니 갈수록 도를 넘기 시작하였다. 이때 세자 이제의 마음을 사로잡은 여인이 생기게 되었다. 그 여인은 봉지련이라는 기생이었다.

우연인지 몰라도 두 외삼촌이 아버지가 내린 사약을 받아 죽음을 당하고 6개월 후, 태종이 중국 사신을 위해 연 연회에서 이제는 봉지련이라는 기생을 만나 그녀에게 첫눈에 반하고 만다. 연회가 끝나고 세자는 시종을 이끌고 은밀하게 봉지련의 집을 찾아간다. 그리고 약속이나 한 듯이 사통한다. 사통은 부부가 아닌 남녀가 몰래 정을 통하는 것을 말한다. 그날 이후 틈만 나면 봉지련의 집을 찾거나 동궁으로 불러들여 정을 통하곤 하였다.

얼마 후 이런 사실을 알게 된 태종은 격노하였다. 나이 들면서 학업을 게을리하던 세자가 이제 여색까지 탐하기까지 하였으니 큰일일 수밖에 없었다. 태종은 세자를 봉지련의 집으로 안내한 시종 두 명에게 곤장을 치고, 봉지련을 옥에 가둬버렸다. 그러자 세자는 단식하며 봉지련을 풀어주지 않으면 굶어죽겠다고 으름장을 놓았다. 태종은 세자가 이상하게 될까 염려하여 봉지련을 풀어주고 비단까지 하사하였다. 하지만 세자가 봉지련을 동궁으로 불러들이는 것은 하지 못하게 하였다. 그러자 세자는 동궁 밖에서 사람을 구해 봉지련을 만나러 다녔다. 그리고 그들을 통해 다른 기생까지 동궁으로 불러들여 풍악을 울리며 여흥을 즐겼다.

이러한 사실을 듣게 된 태종은 이번에는 관련 환관들과 교육담당자가 세자를 잘못 가르쳐서 그렇게 되었다면서 곤장을 치거나 귀양을 보낸다. 세자전의 시종들이 모두 잡혀가 옥살이를 하게 되자, 세자는 또다시 단식투쟁을 시작하였다. 세자의 단식이 멈출 기미가 없자, 자식 이기는 부모 없다고 태종은 환관과 시종들을 모두 풀어주고 세자의 마음을 달랬다.

59
멈출 줄 모르는 기행

이와 유사한 일들이 계속 일어나면서 태종 13년(1413) 3월 27일, 사헌부에서 태종에게 이런 보고를 한다. 즉 세자가 기거하는 세자궁 담장 아래 사람이 뻔질나게 드나들어 길이 생길 정도의 흔적이 있다는 것이었다. 그 흔적은 소앵이라는 평양 기생이 세자의 부름을 받고 몰래 세자궁을 드나들어 생긴 길이라는 것이다. 태종의 지시로 조사한 결과, 종 조덕중과 허원만, 진포 등이 몰래 평양 기생 소앵을 동궁에 바친 지 여러 날이 되었다는 것이 밝혀졌다. 태종은 즉시 소앵은 평양으로, 진포는 홍주로, 조덕중은 공주로 잡아 보내고 모두 정역하도록 하며, 진포에게는 장(杖) 1백 대를 치게 하였다. 유독 허원만은 도망 중에 있으므로 명하여 동궁의 북문을 막도록 하였다.

또 빈객 조용·변계량을 불러 "세자를 교양함이 경들의 직책인데, 불의한 일이 어째서 이 지경에 이르게 하였는가?"라고 책망하니, 세자가 먹지 않고 굶기 시작하였다. 원경왕후까지 나서 세자에게 말하였다.

"너는 어리지도 않은데 지금 어째서 부왕께 이와 같이 노염을 끼치느냐? 이제부터는 조심하여 효도를 하고 또 밥을 들도록 하라"라고 타일렀다.

그런데 세자 이제는 하루가 멀다 하고 걸핏하면 세자궁으로 기생들을 불러들여 동침하였고, 풍악을 울리는 것도 모자라 한량들과 어울리며 주색잡기를 소일로 삼았다. 문제는 여기서 그치지 않고 큰아버지 정종과 잠자리를 같이하였던 기생 초궁장과 사통하여 동궁에서 함께 지내기도 하였다.

세자 이제가 초궁장을 처음 만난 것은 태종 14년(1414년) 10월 26일이었다. 이날 청평군 이백강의 집에서 연회가 있었는데, 그 자리에 초궁장이 참석하였다. 이백강은 한때 권신이었던 이거이의 아들이며, 세자 이제의 누나 정순공주의 남편이기 때문에 세자의 매형이다. 초궁장과 만난 당시 상황의 기록을 보면 다음과 같다.

> 여러 대군이 부마 청평군 이백강의 집에서 연회하였다. 이백강이 아비의 상을 끝냈으므로, 여러 대군이 연회를 마련하여 위로한 것이었다. 임금이 명하여 세자도 또한 갔는데, 밤이 깊도록 세자가 기생 초궁장을 끼고 공주의 대청으로 들어가서 즐기고 술을 마셨다.

초궁장은 조선왕조 제2대 왕 정종이 상왕으로 있을 때 정종을 궁에서 모시던 기생이다. 본래 황주 기생이었던 초궁장은 인물이 뛰어나 서울로 뽑혀왔고, 이후 세자 이제의 큰아버지 정종의 눈에 들어 사랑을 받게 되었다. 그러나 정종은 그녀를 후궁으로 삼지 않았다. 이미 초궁장은 장안의 알 만한 한량들에게 알려진 기생이었고, 정종이 왕위에 머문 기간은 2년 2개월이다. 그 기간마저도 정사는 대부분 이방원의 뜻대로 처리됐기 때문인지 몰라도 그녀는 정종의 후궁이 되지 못한 채 기생으로 살았던 것이다.

초궁장에게 넋이 빠진 이제는 연회가 끝나자마자 그녀와 나와 잠자리를 같이하였다. 이 사실을 알게 된 태종은 그녀를 궁궐에서 내쫓았다. 그 이유는 세자 이제가 큰아버지인 정종의 기생이었던 초궁장과 사통하였기 때문이다. 그런데 정작 세자는 이러한 사실을 알지 못하였다는 이유로 문제 삼지 않았다. 『태종실록』 17년(1417) 2월 15일 기록을 보면 초궁장과 세자의 일을 자세히 볼 수 있다.

목진공*이 아뢰었다.

"이법화가 말하기를, '전년 정월에 세자께서 밤을 타서 구종수의 집에 이르러 저를 부르기에 제가 이오방과 함께 갔었는데, 뒤이어 으뜸 기생 초궁장이 와서 노래하니, 저더러는 거문고를 타게 하고, 이오방에게는 피리를 불게 하여 밤을 새다가 새벽에 이르러서야 초궁장을 끼고 궁중으로 들어갔습니다'라고 하였습니다."

이보다 앞서 세자가 음률을 좋아하니, 궁중에서 음악을 담당하는 악공 이오방과 이법화 등이 날마다 음벽(淫僻)한 일로 유인하였고, 구종수도 서로 안팎이 되어 세자와 함께 몰래 강변에서 놀기도 하고, 혹은 밤에 구종수의 집에 가서 유숙하였는데, 초궁장이 이때마다 따

---

* 목진공(睦進恭): 조선 태종 때 우부대언(右副代言) 등을 거쳐 참판 벼슬을 지냈다. 부평부사를 지내던 1417년(태종 17년) 우희열이 들판을 개간하겠다고 신청하자 태종의 윤허를 받아 이를 실행하도록 하였다. 이때의 개간으로 수전(水田)이 450결(結)에서 1천 결로 늘어남으로써 농업에 크게 기여하였다.

라다녔었다.

세자 이제는 초궁장이 큰아버지와 사통하였던 기생인 사실을 알고도 계속 초궁장과 만나 정을 통하였다. 이런 두 사람의 관계는 무려 2년 뒤까지 지속되다 급기야 태종이 이 사실을 알고 초궁장을 황주로 내쫓자 비로소 끝나게 되었다.

초궁장의 사건이 마무리되자, 정신을 차린 줄 알았던 세자 이제의 난행이 하나씩 드러나기 시작하였다. 이미 초궁장 이전에도 다른 여자에게 관심을 갖고 있었던 것이다. 이번에 그의 마음을 사로잡은 여인은 기생 칠점생이었다. 태종 16년(1416) 3월 20일에는 세자가 매형인 이백강이 축첩한 기생 칠점생을 궁궐로 데리고 오려 하였다. 물론 기생 출신이었지만 엄연히 자신의 매형 이백강이 사랑하는 첩 신분이었다. 그러나 세자에게는 매형의 첩이든 큰아버지의 여인이든 자신이 점을 찍은 여인은 포기한 법이 없었다. 그런데 칠점생과의 거사에 난데없이 장애물이 등장한다. 바로 이를 보다 못한 동생 충녕대군이었다.

> 임금이 인덕궁에 나아가니, 상왕(정종)이 이를 위하여 술자리를 베풀었다. 여러 종친들이 모두 자리를 함께했는데, 연회가 파하자 세자가 부마 청평군 이백강이 일찍이 축첩한 기생 칠점생을 데리고 돌아오려 하였다. 충녕대군이 만류하며 말했다.
>
> "친척 중에서 서로 이같이 하는 것이 어찌 옳겠습니까?"
>
> 말을 여러 번하니, 세자가 마음으로 노하였으나 애써 그 말을 따랐는데, 그 뒤로 세자는 대군과 도가 같지 아니하여 마음으로 매우

꺼려하였다. 임금이 이를 염려하여 바로 여러 대군의 시종하는 인원의 수를 줄였다.

충녕대군의 "친척의 첩을 이렇게 데려오면 어떻게 하느냐"고 한 이 일은 세자(양녕대군)와 동생(충녕대군·세종)의 사이를 갈라놓은 결정적인 사건이 됐다. 이 일은 태종이 염려하여 대군들의 시종하는 인원을 줄이게 된 계기가 되었다.

충녕대군의 훼방으로 큰아버지 정종의 연회장에서 칠점생과의 거사는 성공하지 못하였지만, 그렇다고 물러날 세자가 아니었다. 세자는 곧 자신의 수하들을 시켜 칠점생을 불러낸 다음 기어이 자신의 욕망을 성사시키고 말았다. 세자의 눈에 들면 그는 수단을 가리지 않고 목적을 이루고 만 것이다.

60
광기에 가까운 욕망

세자 이제의 애욕은 칠점생에서 그치지 않았다. 중추원 부사 곽선의 첩 어리가 자색이 빼어나단 소문을 듣고 그녀를 찾아가 취하였다. 처음에는 어리는 남편이 있는 몸이라고 거부하였으나 세자 이제는 궁을 나와 어리가 머무는 집에 찾아가 협박하여 궁으로 납치하였고 결국은 자신의 욕망을 성취하였다. 『태종실록』 17년(1417) 2월 15일 '세자가 곽선의 첩 어리를 간통하여 궁중에 들어온 사건 기사'를 보면 다음과 같다.

> 명하여 전 판관 이승 · 전 소윤 권보 · 악공 이법화 · 환자 김기 등을 의금부에 가두게 하였다. 처음에 악공 이오방이 몰래 동궁에 들어가 전 중추원 부사 곽선의 첩 어리의 자색과 재예가 모두 뛰어났다고 칭찬하니, 세자가 즉시 이오방으로 하여금 그를 도모하게 하였다. 이오방이 이에 그 무리 홍만과 더불어 곽선의 생질녀의 남편 권보에게 청하니, 권보가 말하였다.
>
> "곽선은 나와 사돈의 은혜가 있어 속일 수 없다. 그러나 감히 명을

따르지 않을 수 있겠느냐?"

그의 첩 계지를 시켜 어리에게 말하였으나, 어리가 응하지 아니하였다. 이법화가 세자에게 고하였다.

"선물을 보내느니만 같지 못합니다."

즉시 나이가 젊고 지위가 낮은 환관을 시켜 수주머니를 보내었으나, 어리가 사양하는데 억지로 두고 돌아왔다. 어리가 이 일을 곽선의 양자 이승에게 알리고 그대로 그 집에서 유숙하였다. 이법화가 달려가 세자에게 고하였다.

"이 기회를 놓쳐서는 안 됩니다."

세자가 젊고 지위가 낮은 환관을 거느리고 대궐 담을 넘어 도보로 이오방의 집에 가서 그와 함께 이승의 집에 이르렀다. 어리를 찾으니, 이승이 듣지 않으므로 그에게 강요한 뒤에야 만나게 되었다. 드디어 어리와 함께 이법화의 집에 가서 자고, 그를 궁중으로 납치한 다음, 세자가 활을 이승에게 보내고, 어리도 또한 비단을 이승의 처에게 보냈으나, 이승은 활만 받고 비단은 받지 아니하였다. 임금에게 계문(啓聞: 관찰사·어사 등이 임금에게 글로 아뢲)하고자 하니, 세자가 사람을 시켜 힐난하기를,

"너는 나의 한 일을 사헌부나 형조에 고하려 하는가? 이 일을 어디에 고할 것인가?"

하여, 이승이 두려워서 계문하지 못하였다. 마침 전별감 소근동은 본래 김한로의 가노(家奴)인데 수사비(水賜婢: 무수리. 나인에게 세숫물을 드리는 일을 맡아보던 궁궐의 계집종)와 서로 희롱하였으므로 김한로가 이를 알고 임금에게 아뢰기를,

"소근동은 범한 것이 있으니, 청컨대, 그 죄를 물으소서."

하였다. 임금이 내관 최한에게 명하여 심문하게 하였더니, 소근동이 두려워서 어찌할 바를 모르면서 어리의 일을 가지고 대답하였다. 임금이 이를 듣고 대노하여 즉시 이승을 불러 그 연유를 물었더니, 이승이 고하였다.

"작년 섣달에 신이 가족을 거느리고 곽선이 사는 적성현에서 서울로 돌아올 때, 어리가 서울에 사는 족친을 보고 싶다고 말하니, 곽선이 이를 허락하므로 즉시 신과 함께 왔었습니다. 며칠 있다가 신더러 말하기를, '근자에 기이한 일이 있다. 계지가 처음에는, 「효령 대군이 너를 보고자 한다」 말하더니, 나중에는 「세자가 너를 보고자 한다」고 말하기에, 내가 대답하기를, 「나는 본래 병이 있고 얼굴도 예쁘지 않은 데다 더욱이 지금은 남편이 있는데 그것이 무슨 말인가?」고 하였다' 하였으므로, 신이 놀라서 여종을 시켜 권보의 집으로 가서 계지가 중매한 일을 말하게 하였더니, 권보가 대답하기를, '근일에 나갔다가 돌아오지 않아 아직 그 행방을 알지 못하겠다'고 하였습니다. 날이 저물어 문을 두드리는 사람이 있기에 종을 불러 내다보게 하였더니, 바로 환관 김기였습니다. 김기가 말하기를, '세자께서도 오셨다' 하기에, 신이 이를 듣고 황급하게 의관을 차리고 나가 뵙고 엎드렸더니, 세자께서 말씀하기를, '빨리 어리를 내라' 하시므로, 제가 부득이 그 말을 좇았습니다만, 세자께서 데리고 가신 그 뒤로는 신도 그가 간 곳을 알지 못하고 있습니다."

임금이 말하기를,

"이 같은 큰일을 어째서 계문하지 않았느냐?"

하니, 이승이 대답하기를,

“처음에 계문하고자 하였으나, 권보가 와서 말리면서 말하기를, ‘네가 임금에게 아뢰는 것은 속담에 이른바, 누이 주고 형께 호소한다는 것과 같은 것이다’ 하기에, 신이 어찌할 바를 알지 못하여 즉시 계달하지 않았습니다.”

하니, 조말생에게 명하여, 이승에게 가죽 채찍 1백 대를 때리고 그 직첩(職牒: 조정으로부터 내리는 벼슬아치의 임명장)을 거두게 하였다. 또 참찬 윤향·우부대언 목진공과 형조·대간에 명하여 잡치(雜治)*하게 하였다. 의정부·육조·대간에 명하여, 권보·이승·이오방·이법화의 죄를 의논하게 하니, 모두가 다음과 같이 말하였다.

“뒤의 사람들이 만약 세자에게 향복(享福)하게 하고자 했다면 어찌 이런 일을 함에 이르렀겠습니까? 이는 세자로 하여금 불의에 빠지게 한 것이니, 반역과 무엇이 다르겠습니까? 또 전하께서 세자가 착한 일을 하도록 하신 뜻을 생각하지 아니하고, 세자의 일시적 쾌락만을 얻게 하려고 했으니, 그들이 주상께 불충함도 또한 분명하니, 청컨대, 율을 따라 시행함으로써 뒤에 오는 사람을 경계하소서. 세자의 전후·좌우가 모두 정직한 사람이라면 세자께서 족히 개과천선할 것입니다.”

세자 이제가 행한 불의의 행동은 그 주위에 있는 사람들의 부추

---

* 잡치(雜治): 나라에서 중죄인을 심문할 때 대간(臺諫)·형조(刑曹)의 관원이 합동으로 신문하던 일. 이때 위관(委官)은 임금이 임시로 임명하였다.

임에 의해서 행한 일이므로 반드시 법에 따라 시행하는 것이 옳다고 신하들이 이구동성으로 태종에게 아뢰었다. 따라서 세자 주위에 있는 사람들이 착한 사람이라면 세자도 지나간 허물을 고치고 착하게 살 것이라고 하였으나 그것은 기대에 불과하였다.

결국 꼬리가 길면 밟히는 법이다. 이 사건도 이내 들통나고, 태종은 어리를 내쫓았는데, 세자가 이번엔 수업 거부에 침식도 거부하고 부왕을 상대로 시위를 하면서 부왕의 속을 또 한 번 뒤집어놓았다. 거기에 쫓아낸 어리란 여인을 장인인 김한로의 집에 몰래 숨겨두었다가 세자전에 또다시 들였고, 어리는 세자의 아이를 가져 낳게 되었고, 또다시 쫓겨나게 되었다.

『태종실록』 18년(1418) 5월 10일 '세자에게 어리의 일로 궁전에 나가 거처하도록 하다'의 기록을 보면 다음과 같다.

> "지난번에 세자가 곽선의 첩 어리를 빼앗아 궁중에 들이었으나, 내가 즉시 쫓아 버렸다. 이제 들으니, 김한로의 어미가 들어가 숙빈(淑嬪: 세자빈 김씨)을 볼 때 어리를 데리고 몰래 들어가서 아이를 가지게 하였다. 또 세자전에 들어가 데리고 바깥으로 나와서 아이를 낳게 하고, 도로 세자전 안으로 들이었다. 김한로 등이 나에게 충성하고 사직을 위하는 계책인가? 아니면 세자를 사랑하여 하는 것인가? 또 들으니, 세자가 아우 성녕대군이 죽었을 때에 궁중에서 활 쏘는 놀이를 하였다니, 같은 어머니 동생의 죽음을 당하여 부모가 애통하는 때에 하는 짓이 이와 같다면 사람의 마음이라고 할 수 있겠느냐?"

태종은 다시 분노하였고, 세자의 출궁과 알현 금지를 명령하였다. 또 1417년(태종 17년) 4월 23~24일 『태종실록』을 보면 세자의 외도를 도운 소친시(세자의 곁에서 잔심부름을 하는 나이 어린 사내아이) 이귀수와 진포를 참형에 처하는 등 관련자들을 처벌하였다는 기록이 등장한다. 즉 세자의 곁에서 비위를 맞추던 진포라는 인물이 "세자에게 바칠 예쁜 여자가 있느냐"고 묻자 이귀수가 군기시 관리를 지낸 방유신의 손녀를 선택하였다. 세자는 방유신을 협박하여 그 집을 두 번이나 찾아가 기어코 방유신의 손녀와 강제로 사통하고 새벽에 궁궐로 돌아왔다. 이 사건이 발각되자 태종은 이귀수와 진포를 참형에 처하였다. 그리고 자신의 손녀가 세자에게 능욕당한 죄도 없는 방유신에게 장 1백 대를 때리고 3천 리 밖으로 유배를 보냈다. 진포는 물론 이귀수는 단지 세자의 비위를 맞추려다 참형을 당한 것이다. 물론 그들이 죄가 없다 할 수는 없지만 세자 대신 당한 형벌치고는 너무도 혹독하다고 볼 수 있다.

성녕대군이 천연두 같은 전염병인 창진(瘡疹)에 걸려 위독해졌다. 태종이 승정원에 명해 점을 잘 치는 사람을 모아 병의 예후를 알아봤는데, 청성군 정탁이 『주역』 점을 쳐서 태종에 올렸다. 이때 충녕대군(세종)이 나와 이것을 풀이해 모두 감탄하였다. 당시 충녕대군은 양녕대군과 달리 의원들과 함께 밤낮으로 동생 곁에서 병수발을 하였다. 그러나 부모형제의 정성과 점의 결과에도 불구하고 성녕대군은 14살의 나이로 죽고 말았다.

양녕의 장인 김한로도 조정에서 내리는 벼슬아치의 임명장을 빼앗기고 죽산(竹山, 지금 경기도 안성)에 유배되었다. 양녕대군을 폐위로 몰고 간 결정적인 사건은 이때 발생하였다. 세자는 자신에게 내린 부왕의 처벌이 부당하다는 반론을 직접 작성해 올렸다. 『태종실록』 18년(1418) 5월 30일의 기록이다.

세자가 내관 박지생을 보내어 친히 지은 수서(手書: 손수 쓴 편지)를 상서(上書)하였는데, 사연은 이러하였다.

"전하의 시녀는 다 궁중에 들이는데, 어찌 다 중하게 생각하여 이를 받아들입니까? 가이(加伊, 김한로의 비첩)를 내보내고자 하시나, 그가 살아가기가 어려울 것을 불쌍히 여기고, 또 바깥에 내보내어 사람들과 서로 통하게 하면 훌륭한 명망이 아름답지 못할 것이므로, 이 때문에 내보내지 아니하였습니다. 지금에 이르도록 신의 여러 첩을 내보내어 곡성이 사방에 이르고 원망이 나라 안에 가득 차니, 어찌 스스로에게서 반성하여 구하지 않으십니까? … 전하는 어찌 신이 끝내 크게 효도하리라는 것을 알지 못하십니까? 이 첩 하나를 금하다가 잃는 것이 많을 것이요, 얻는 것이 적을 것입니다. 어찌하여 잃는 것이 많다고 하느냐 하면, 능히 천만세 자손의 첩을 금지할 수 없으니, 이것이 잃는 것이 많다는 것이요, 첩 하나를 내보내는 것이 얻는 것이 적다는 것입니다. 왕자는 사사로움이 없어야 하는데, 신효창은 태조를 불의에 빠뜨렸으니 죄가 무거운데 이를 용서하였고, 김한로는 오로지 신의 마음을 기쁘게 하기를 일삼았을 뿐인데 포의지교(布衣之交: 벼슬하지 않을 때 사귐)를 잊고 이를 버려서 폭로하시니, 공신이 이로부터 위험하여질 것입니다. 숙빈(세자빈 김씨)이 아이를 가졌는데 일체 죽도 마시지 아니하니, 하루아침에 변고라도 생긴다면 보통 일이 아닙니다. 원컨대, 이제부터 스스로 새 사람이 되어, 한 터럭이라도 임금의 마음을 움직이지 아니할 것입니다."

세자의 말인즉, 아버지는 수많은 후궁과 첩을 거느리면서 왜 자신은 첩 한 사람도 거느리지 못하게 하는지, 그 이유를 모르겠다는 말이다. 또 세자의 첩을 궁에서 내보내서 곡성이 사방에 가득 차고 원망이 가득 차니, 아버지 자신도 스스로 반성해야 한다고 반기를 든 것이다.

이튿날(6월 1일자), 최한을 남경에 보내어 좌의정 박은·옥천 부원군 유창·찬성 이원·예조판서 김여지 등을 부르고, 최한에게 명하여 전지(傳旨: 임금의 뜻을 담아 관청이나 관리에게 전함)하기를, "내가 세자의 글을 보니, 몸서리쳐 가르치기가 어렵겠다. 경 등은 이미 사부의 직임을 겸하였으니, 함께 의논하여 잘 가르치도록 하라. 나는 관용을 베풀어 그 여자를 돌려주려는데, 어떠하겠는가?"라고 말하였다. 그리고 태종은 비서들과 세자의 스승 변계량에게 세자의 편지를 내보이며 이렇게 말하였다.

"이 말은 모두 나를 욕하는 것이니, 이른바 '아버지가 올바르게 하지 못한다'는 말인데, 내가 만약 부끄러움이 있다면 어찌 감히 이 글을 너희들에게 보이겠느냐? 모두 망령된 일을 가지고 말을 하니, 내가 변명하고자 한다."

"이 말은 모두 나를 욕하는 것"이라는 태종의 개탄대로, 이것은 중대한 항명이었다. 세자의 사람됨이 본래 광포하고, 미혹하고, 음란하고, 오락을 즐기고, 말을 달리기를 좋아하고, 유생을 좋아하지 아니하고, 학문을 일삼지 않았다. 매양 서연(書筵: 왕세자에게 경서를 강론하던 자리)에는 병이라 칭하고 나오지 않다가, 서연관이 두세 번씩 청한 뒤에야 어쩌다 나왔다. 강론하는 스승이 앞에 있으면서 전에 한 말과 지나간 행동을 이끌어다가 되풀이하여 이를 타일러도 마음을 오로지 하여 이를 듣지 않았다. 그가 좋아하는 사람은 활 쏘고 말 타고 힘이 센 무사가 아니면 반드시 비위 맞추는 폐인(嬖人: 비위를 맞춰 사랑을 받는 사람)·영인(伶人: 광대)의 무리였다. 일찍이 임금이 무예를 강습하기 위해 평안하게 출행하던 날에 연고를 칭탁하고 나오지 않아서 도성문에서 배송하는 예를 폐하였으나, 즉시 그날 그 소인배의 무리를 거느리고 몰래 금천·부평 등지로 가서 말을 달려 사냥하고 매를 놓고 배를 띄워서 즐기다가 3일 만에 돌아왔다. 또 임금이 중국 조정의 사신을 연회하던 날에 세자에게 명하여 시연하게 하니, 바야흐로 창기에게 빠져서 병이라 핑계하고 따르지 않았다.

함길도 절제사가 훌륭한 매를 바친다는 소문을 듣고 사람을 시켜 길에서 요구하게 하여 유혹하여 이를 빼앗고 다른 매를 대신하여 바치게 하였다. 또 4월 8일 밤에 궁의 담장을 넘어가서 간사한 소인배의 무리와 더불어 탄알을 가지고 등을 쏘는 놀이를 하였다. 일찍이 폐인 구종수·영인 이오방 등과 몰래 결탁하여 담장을 넘어서 궁에 들어오게 하여 바둑을 두고 술을 마시면서 저녁까지 이르렀고, 혹은 달밤에 소인배의 무리와 담장을 넘어 나가서 길 위에서 노닐고 비파를 치면서 놀이하였다.

또 이오방 등과 더불어 구종수의 집에 가서 술에 취하여 새벽녘까지 이른 적이 두 번이었는데, 그 일이 발각되자, 구종수·이오방 등이 모두 형을 받아 죽게 되었다. 세자 이제가 잘못을 뉘우친다는 뜻으로 맹세의 글을 지어서 종묘에 고하였으나, 얼마 안 되어 어리를 김한로의 집에 숨겨두고 다시 전에 들이었다가, 일이 또 발각되니, 임금이 종사(宗社)의 국가의 미래를 위하여 통절히 이를 꾸짖어 거의 스스로 새 사람이 되도록 하였고, 또 김한로를 외방에 유배하였다. 세자가 도리어 원망하고 분개하는 마음을 품고 드디어 상서(上書)하였는데, 사연이 심히 패만(悖慢: 사람됨이 온화하지 못하고 거칠고 거만함)하고, 또 큰 글씨로 특별히 써서 2장이나 부진(敷陳: 널리 진술)하여 심히 무례하였다. 이에 조말생에게 명하여 세자의 글을 가지고 영의정 유정현·좌의정 박은 등에게 보이고 말하였다.

> "세자는 그동안 여러 번 불효했지만, 집안의 부끄러움을 바깥에 드러낼 수 없어서 항상 그 잘못을 덮어두려고 했다. 직접 그 잘못을 지적해 그가 뉘우치고 깨닫기를 바랐지만, 이제 도리어 원망하는 마음을 가지고 싫어함이 이런 지경에 이르렀으니 어찌 숨기겠는가?"

세자를 교체해야겠다는 태종의 결심은 여기에서 거의 굳어졌다고 판단된다. 국왕의 심중을 파악한 의정부·삼공신·육조·삼군도총제부·각사 등 거의 모든 주요 신하들은 세자를 폐하기를 주청하였다. 태종은 양녕대군의 아들 중에서 왕세손을 선정하려고 하였지만 영의정 유정현 등은 어진 사람을 선택해야 한다고 주장하였다. 이튿날 태종은 결국 양녕대군을 폐위하고 충녕대군 이도를 새로운 왕세자로 책봉하였다. 태종의 많은 업적 중에서 가장 중요한 것이 충녕대군 이도를 후사로 결정한 것이라는 평가도 있듯이, 이것은 그야말로 조선의 운명을 결정한 중대한 선택이었다.

61
폐위 이후, 양녕대군의 난행

충녕대군 이도에게 왕세자 자리가 넘어간 이후 양녕대군의 출궁을 청하는 상소가 거듭되어 태종은 하는 수 없이 출궁을 명하였다. 태종은 양녕대군을 유배 보내면서도 양녕대군을 생각하여 동궁전에서 쓰던 기물들도 모두 딸려 보내고, 수발을 들 노비들 20명, 또 그가 좋아하던 여인들을 모두 데리고 가게 하였고, 생활비까지 넉넉하게 줘가며 사는 데 부족함이 없이 배려해주었다. 이즈음 신하들은 어리를 참수하라고 직언하였으나 듣지 않고 양녕대군과 함께 경기도 광주로 보내주었다.

그러나 양녕대군은 태종이 상왕이 된 후에도 그 버릇을 고치지 못하고 계속 사고를 쳐서, 참지 못한 상왕 태종이 그를 가두다시피 하고 철저히 감시하라는 명령을 내렸다. 그러자 양녕대군이 갑자기 사라져버렸다. 상왕인 태종과 원경왕후 내외는 빨리 양녕대군을 찾으라고 명령을 내렸다. 양녕대군의 장인인 김한로의 첩과 양녕대군의 유모는 어리에게 쳐들어가서 "대체 언제까지 우리 대군의 신세를 망칠 거냐!"라며 어리에게 욕하고 구타하였다. 물론 세자 이제는 어리를 만나기 전부터 행실이 고약하기로 소문이 나 있었고, 오히려 어리는 미색이 뛰어나다는 이유만으로 양녕대군에게 납치당하는 수모를 겪은 피해자였던 것이다.

그런데도 마땅히 분풀이할 대상자가 없으니 대신 어리에게 닦달을 한 것으로 보인다. 어리는 자신의 신세에 대한 한탄 때문인지 그날로 목을 매어 자살해 생을 마감한다. 이튿날 가출한 양녕대군이 아무 일 없었다는 듯이 귀가하였다. 문제는 한때 좋다고 납치까지 해서 자신의 아이를 낳은 여인 어리가 생을 마감하였다는 말로를 듣고도 유유히 악기 연주를 즐겼다고 한다.

양녕대군의 이해할 수 없는 행동은 폐세자 이후에도 계속된다. 양녕이 광주에 있으면서 조금도 뉘우치는 마음이 없고, 또 밤을 이용하여 두 사환을 거느리고 담을 넘어 어떤 사람의 집에 들어가, 그 사람의 첩을 빼앗으려다가 실패하였다. 그 집에서 완강하게 거절하였기 때문이다. 상왕인 태종이 이 소문을 듣고 그 담을 넘어갈 때 따라간 두 사환은 크게 징계하여 다음 사람에게 경계가 되도록 하였다.

그러나 양녕대군의 난행은 멈출 줄을 몰랐다. 『세종실록』에 사람으로 해서는 안 될 양녕의 난행 기록이 등장한다. 즉 양녕대군의 아들인 이혜는 요즘으로 치면 조현병에 걸린 듯 천하의 망나니 같은 짓을 저질렀다. 1447년(세종 27년) 10월 3일 술주정을 하다가 살인을 저질러 유배형에 처하였다. 그럼에도 제 버릇 고치지 못하였다. 무단으로 가출해서 금강산에 다녀오더니 갑자기 승려가 되겠다고 상투를 제 스스로 자른 채 거리를 배회하였다. 그 무렵 노비 한 명을 또 죽이는 등 해괴한 행동을 일삼았다. 1451년(문종 1년) 2월 13일 이혜가 쇠못으로 여종을 찌르고 그 집에 불을 지른 뒤 도망친 일이 벌어졌다. 우여곡절 끝에 집으로 돌아온 이혜는 이번에는 자기 아들을 역시 쇠못으로 찔러 죽이려 하였다.

이혜는 결국 두 달 뒤 목을 매달아 스스로 목숨을 끊었다. 그런데 이혜가 천하의 망나니 같은 짓을 하게 된 원인이 자신의 아버지 양녕에게 있었음을 시사하는 내용이 있어 주목된다.

『세종실록』 32년(1450) 2월 11일에 심상치 않은 기록이 부연되어 있다.

> "이혜는 양녕대군 이제의 아들인데, 사랑하는 첩을 아비에게 빼앗긴 뒤 울화병을 얻어 주정을 부리다 사람을 죽인 까닭에 이혜에게 술을 마시게 한 자는 제서유위(制書有違: 임금이 제도에 관련한 사항을 내릴 때 사용하는 명령서에 적힌 명령을 위반한 행위)로 논죄하고, 술 마시는 것을 보고 아뢰지 아니한 자는 응주불주(應奏不奏: 임금에게 아뢰어야 할 것을 아뢰지 아니한 죄)로 논죄하겠다"는 명령을 세종이 내린 것이다.

내용이 사실이라면 양녕의 아들 이혜가 조현병에 걸리고, 망나니짓을 일삼으며 살인을 일삼은 이유가 바로 아버지 양녕대군에게 사랑하는 첩을 빼앗긴 것이 결정적인 원인이 되었던 것이다.

인간으로서 마땅히 지켜야 도리 및 그에 맞는 행위인 도덕은 인간관계에서 인간이 자연적·문화적으로 또는 물질적·정신적으로 발전하는 요구와 욕망을 충족시키기 위하여 어떻게 행동할 것인가를 나타내는 규범·기준이며, 그러한 데서 일어나는 행동을 지도하고 평가하는 원리의 의식에서 이루어져 있다. 그러므로 개인이 처해 있는 사회적 규범을 지키지 않을 경우에는 그 행위를 도덕적으로 볼 수 없다. 이런 의미에서 양녕대군의 행위는 타인에게 아픔과 괴로움을 주면서 자신의 지위를 이용해 억지와 강제로 자신의 욕망을 충족시킨 행위로 간주될 수밖에 없다.